Übungsaufgaben mit Lösungen zu

Prof. Dr. Andreas Paulsen

Allgemeine Volkswirtschaftslehre

III/IV

von

Dr. Wilhelm Wedig

Sammlung Göschen Band 1240/1240 a

Walter de Gruyter & Co · Berlin 1969

vormals G. J. Göschen'sche Verlagshandlung · J. Guttentag, Verlagsbuchhandlung · Georg Reimer · Karl J. Trübner · Veit & Comp.

Vorwort

Dieser Band ist die Fortsetzung meiner Schrift „Übungsaufgaben mit Lösungen zu Prof. Dr. Andreas Paulsen, Allgemeine Volkswirtschaftslehre I/II (Grundlegung, Wirtschaftskreislauf, Haushalte, Unternehmungen, Marktformen)" und dient den dort genannten Zwecken.

Der Inhalt dieses Bandes bezieht sich auf die in diesem Verlag erschienenen Bände III (Produktionsfaktoren) und IV (Gesamtbeschäftigung, Konjunkturen, Wachstum) der „Allgemeinen Volkswirtschaftslehre" von Prof. Dr. Andreas Paulsen, dem ich für manche wertvolle Anregung dankbar bin. Die Verantwortung für den Inhalt des Bandes liegt jedoch allein bei mir.

Wilhelm Wedig

Inhaltsverzeichnis

Aufgaben

Lösungen

Aufgaben

Teil III: Produktionsfaktoren

Aufgabe 1

a) Definieren Sie eine ‚Produktionsfunktion'.

b) Diskutieren Sie den Satz „Die Produktionsfunktion gilt für eine bestimmte Produktionstechnik".

Aufgabe 2

Gegeben sei die Produktionsfunktion:

$$q = f(v_1, v_2)$$

(q = Ausstoßmenge; v_1 und v_2 = Einsatzfaktormengen). Definieren Sie folgende Begriffe:

a) Faktorkoeffizient,
b) Faktorproduktivität,
c) Faktorintensität,
d) Grenzproduktivität eines Faktors,
e) Grenzeinsatz eines Faktors,
f) Partielles Grenzprodukt,
g) Totales Grenzprodukt,
h) Grenzrate der Substitution,
i) Produktionselastizität eines Faktors,
j) Substitutionselastizität.

Aufgabe 3

a) Was bedeutet die Aussage „Eine Produktionsfunktion $q = f(v_1, v_2)$ ist homogen vom Grade r"?

b) Bestimmen Sie den Homogenitätsgrad der Produktionsfunktion:

$$q = \frac{5 \cdot v_1^2 + 2 \cdot v_1 \cdot v_2 + 4 \cdot v_2^2}{6 \cdot v_1 - 2 \cdot v_2}$$

Aufgabe 4

Beweisen Sie, daß für linear-homogene Produktionsfunktionen der Eulersche Lehrsatz (‚Ausschöpfungstheorem') gültig ist. Die Ausstoßmenge soll von zwei Faktormengen abhängig sein:

$$q = f(v_1, v_2)$$

Aufgabe 5

a) Was verstehen Sie unter ‚über- bzw. unterlinearer Homogenität' einer Produktionsfunktion?

b) Wann ist eine Produktionsfunktion inhomogen?

Aufgabe 6

Beweisen Sie, daß in einer Produktionsfunktion vom Cobb-Douglas-Typ

$$q = a^m \cdot k^n$$

(q = Output; a = Arbeitsmenge; k = Kapitalmenge) die Exponenten m und n den Produktionselastizitäten der Faktoren entsprechen.

Aufgabe 7

Gegeben sei die Cobb-Douglas-Funktion:

$$q = 1{,}5 \cdot a^{2/3} \cdot k^{1/3}$$

(q = Produktionsmenge; a = Arbeitseinsatz; k = Kapitaleinsatz).

a) Bestimmen und zeichnen Sie die Kurve der Grenzproduktivität der Arbeit für verschiedene Arbeitseinsätze (a = 10, 20, 30, 40, 50) bei einem Kapitaleinsatz von k = 8.

b) Angenommen, die Entlohnung der Produktionsfaktoren entspreche den jeweiligen Grenzproduktivitäten. Erschöpft die Summe der Faktorentlohnungen das Produkt, so daß keine Restgröße als ‚Überschuß' des Unternehmers verbleibt?

Aufgabe 8

Für eine Produktionsfunktion

$$q = f(v_1, v_2)$$

sei die Faktorintensität konstant.

a) Erläutern Sie für diese Produktionsfunktion die Begriffe Niveaugrenzprodukt und Niveauelastizität.

b) Wie können ‚constant, increasing bzw. decreasing returns to scale' beschrieben und dargestellt werden?

Aufgabe 9

Beweisen Sie, daß in der Cobb-Douglas-Funktion (s. Aufgabe III, 6) die Substitutionselastizität gleich minus eins ist.

Aufgabe 10

In einer Produktionsfunktion sei die Ausstoßmenge (q) von zwei Produktionsfaktormengen (v_1 und v_2) abhängig.

Es sollen drei Typen dieser Produktionsfunktion gegeben sein:

Fall I: die Substitutionselastizität ist null,
Fall II: die Substitutionselastizität ist minus eins,
Fall III: die Substitutionselastizität ist minus unendlich.

Vergleichen Sie diese Produktionsfunktionen, indem Sie für jeden Typ folgende Fragen beantworten:

a) In welchem Verhältnis stehen die Produktionsfaktoren?

b) Wie kann die Gleichung der Produktionsfunktion geschrieben werden?

c) Welchen Verlauf zeigen die Isoquanten? Bestimmen Sie aus der Produktionsfunktion die ‚Faktorintensität' und die ‚Grenzrate der Substitution' und diskutieren Sie diese Größen!

d) Beschreiben Sie die ‚Ertragskurve', die bei partieller Variation eines Produktionsfaktors und

Konstanz des anderen Produktionsfaktors gewonnen wird. Was läßt sich über die ‚Grenzproduktivität' bzw. die ‚Produktionselastizität' aussagen?

e) Wie verläuft die ‚Faktorintensitätskurve' als funktionale Beziehung zwischen dem Faktormengenverhältnis und dem Faktorpreisverhältnis (unter der Annahme, daß die Faktorpreise den Grenzproduktivitäten entsprechen)?

Aufgabe 11

Gegeben sei eine Produktionsfunktion:

$$q = f(v_1, v_2)$$

(q = Produktionsmenge; v_1 und v_2 = Einsatzfaktormengen).

Erklären und zeichnen Sie die ‚Ertragskurve' bei partieller Variation des Faktors 1 und Konstanz des Faktors 2 ($v_2 = 8$), wenn die Produktionsfunktion folgende Form hat:

a) $$q = v_1^{1/3} \cdot v_2^{2/3}$$

b) $$q = \min \begin{cases} 1/3 \cdot v_1 \\ 1/2 \cdot v_2 \end{cases}$$

Aufgabe 12

a) Was verstehen Sie unter technischem Fortschritt? Welcher Unterschied besteht zwischen ‚invention' und ‚innovation'?

b) Wie kann in der Isoquantendarstellung die Wirkung des technischen Fortschritts zum Ausdruck gebracht werden?

c) Diskutieren Sie die Aussage: „Vom technischen Fortschritt ist die Substitution eines Produktionsfaktors durch einen anderen und eine bessere Kombination der Produktionsfaktoren bei einer gegebenen Produktionsfunktion zu trennen."

d) Die Kosten (K) einer Produktion sollen aus Kosten für Arbeitseinsatz,

$$K_a = a \cdot w$$

(a = Menge des Faktors Arbeit; w = Lohn), und Kosten für Kapitaleinsatz,

$$K_k = k \cdot i$$

(k = Menge des Faktors Kapital; i = Zins), bestehen:

$$K = a \cdot w + k \cdot i$$

Infolge der Wirksamkeit des technischen Fortschritts sollen die Kosten bei konstanter Ausstoßmenge sinken:

$$dK < 0$$

Welche Arten des technischen Fortschritts sind zu unterscheiden, wenn die Kostensenkung durch veränderte Arbeits- bzw. Kapitaleinsatzmengen bewirkt wird? Zeigen Sie in einem Diagramm (mit a bzw. k auf den Koordinatenachsen) die möglichen Verschiebungen einer Isoquante, wenn die Kapitalintensität steigt, fällt oder konstant bleibt.

Aufgabe 13

Für einen Unternehmer, der einen variablen Produktionsfaktor (v = Faktormenge) nachfragt, gelte folgende Funktion für den Faktorpreis (r):

$$r = 0{,}5 \cdot v + 30$$

Das Grenzprodukt (GP) sei durch folgende Funktion bestimmt:

$$GP = -2 \cdot v + 40$$

Der Produktpreis (p) soll bei unterschiedlichen Absatzmengen konstant sein:

$$p = 2$$

a) Welche Marktform ist auf dem Beschaffungs- bzw. Absatzmarkt des Unternehmers gegeben?

b) Bestimmen Sie rechnerisch und graphisch die Menge des variablen Faktors, die der Unternehmer nachfragen wird, wenn er Gewinnmaximierung anstrebt.

c) Wie groß sind bei dieser Faktormenge der Faktorpreis, die Grenzkosten (bezogen auf v) und der Wert des Grenzprodukts?

d) Berechnen Sie die Größen der Elastizität bzw. Flexibilität der Faktormenge in bezug auf den Faktorpreis für v = 15.

Aufgabe 14

Ein Unternehmer frage einen variablen Produktionsfaktor (v) nach. Die Gleichung für den Wert des Grenzprodukts (WGP) laute unter der Annahme eines vollkommenen Absatzmarktes:

$$WGP = 10 - v$$

Die Preisflexibilität des Faktors sei

$$\eta_{v,r} = \frac{1}{2}$$

bei der gewinnmaximalen Faktormenge $v_1 = 4$.

Berechnen Sie die Differenz zwischen Grenzproduktwert und Faktorpreis als ‚Überschuß' des Unternehmers, die auch als ‚Ausbeutung' bezeichnet wird, wenn es sich um den Produktionsfaktor Arbeit handelt (J. Robinson).

Ist diese ‚Ausbeutung' monopolistisch oder monopsonistisch?

Aufgabe 15

Die Funktion der Beschaffungskosten habe die Form:

$$K = v^2 + 4 \cdot v$$

(v = Faktormenge). Die Erlösfunktion sei:

$$E = 2 \cdot q$$

(q = Produktmenge). Die Produktionsfunktion laute:

$$q = 2 \cdot v + \frac{3}{2} \cdot v^2 - \frac{1}{6} \cdot v^3$$

a) Welche Form haben die Märkte, auf denen der Unternehmer den variablen Produktionsfaktor beschafft bzw. das Produkt verkauft?

b) Welche Faktormenge setzt der Unternehmer ein, wenn er Gewinnmaximierung anstrebt? Rechnerische und graphische Lösung (nur der nach rechts fallende Teil der Kurve des Wertes des Grenzprodukts ist zu zeichnen).

c) Bestimmen Sie rechnerisch und zeichnerisch die der gewinnmaximalen Faktormenge entsprechende Preiselastizität des Faktors.

Aufgabe 16

Gegeben sei die Produktionsfunktion

$$q = \frac{1}{2} \cdot v^2 - \frac{1}{30} \cdot v^3$$

(q = Produktmenge; v = Faktormenge); die Kurve des Grenzerlöses in bezug auf die Produktmenge (GE_q) habe die Form:

$$GE_q = 10 - q$$

Die gewinnmaximale Faktoreinsatzmenge für den Unternehmer sei $v_1 = 4$.

a) Wie groß ist der Faktorpreis, wenn ein vollkommener Beschaffungsmarkt unterstellt wird? Rechnerische und zeichnerische Lösung.

b) Liegt ein ‚Überschuß' des Unternehmers als Differenz von Grenzproduktwert und Preis des Faktors vor? Wenn ja, wie hoch ist er? Rechnerische und zeichnerische Lösung.

c) Wie können aus der obigen Graphik die Kurven für den Wert des Grenzprodukts (WGP) und für den Grenzerlös in Abhängigkeit von v (GE_v) abgeleitet werden?

Hinweis zur zeichnerischen Lösung: Tragen Sie in einem Koordinatenkreuz mit vier Quadraten im Uhrzeigersinn auf den Achsen folgende Größen ab: Produktmenge (q), Faktormenge (v), Grenzprodukt (GP) und Grenzerlös (GE_q) bzw. Produktpreis (p).

Aufgabe 17

Ein Unternehmer frage einen variablen Produktionsfaktor nach. Seine Zielsetzung sei Gewinnmaximierung. Die Gleichung für den Wert des Grenzprodukts in Abhängigkeit von der Faktormenge (v) laute:

$$WGP = 50 - \frac{1}{2} \cdot v$$

Der Preis des Faktors (r) soll mit der Nachfrage des Unternehmers variieren:

$$r = 10 + \frac{3}{10} \cdot v$$

a) Bestimmen Sie die für den Unternehmer günstigste Faktoreinsatzmenge (rechnerisch und zeichnerisch).

b) Wie groß ist bei dieser Einsatzmenge der Gewinn des Unternehmers, wenn seine Fixkosten 180 betragen?

c) Ist der ‚Überschuß' des Unternehmers (Differenz zwischen Wert des Grenzprodukts und Faktorpreis) oder die ‚Ausbeutung des Faktors' monopolistisch oder monopsonistisch?

Aufgabe 18

Erklären Sie die Form einer ‚S-förmigen' Arbeitsangebotskurve auf einem partiellen Markt, die unterschiedliche Reaktionen des Arbeitsangebots auf Lohnänderungen zum Ausdruck bringen will:

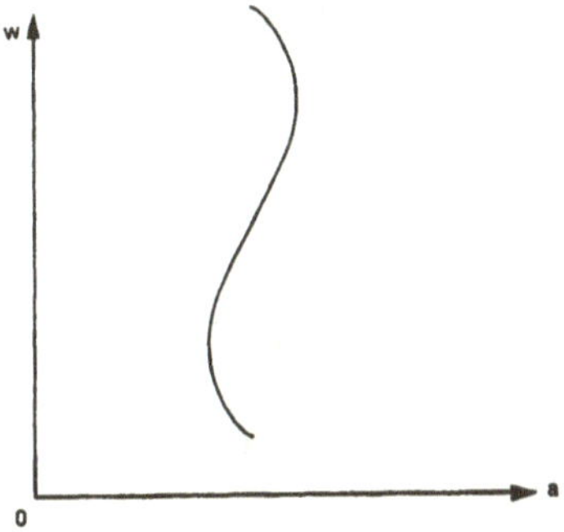

(a = Arbeitseinsatzmenge; w = Lohn)

Aufgabe 19

Die Nachfragekurve für den Produktionsfaktor Arbeit, a = f (w), verlaufe linear fallend (a = Arbeitsmenge, w = Lohnhöhe). Erläutern Sie den Zusammenhang von Lohnhöhe, Lohnsumme und Elastizität der Nachfrage nach Arbeit in bezug auf Lohnänderungen anhand einer Graphik.

Aufgabe 20

Auf dem Arbeitsmarkt einer Volkswirtschaft sei das Arbeitsangebot (OB) fest; die Nachfragekurve für den Faktor Arbeit (DD) verlaufe fallend.

Gegeben sei ein Lohnniveau w_1, bei dem die Arbeitsmenge MN nicht beschäftigt ist (Abbildung S. 14).

Nehmen Sie Stellung zu folgender Aussage: „Die Arbeitslosigkeit würde beseitigt werden, wenn das Lohnniveau auf den Gleichgewichtslohn w_2 sinkt.“

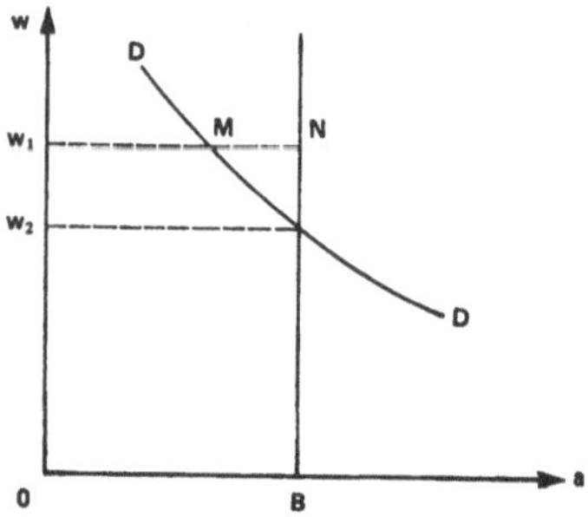

Aufgabe 21

a) Wie kommt es nach Marx zum ‚tendenziellen Fall der Profitrate'?

b) Welche Einwendungen bestehen gegen die Marxsche These von der ‚Zunahme der organischen Zusammensetzung des Kapitals'? Erklären Sie den hier vorliegenden Widerspruch im ökonomischen System von Marx.

Aufgabe 22

a) Unterscheiden Sie die Begriffe ‚Zeitlohn' und ‚Leistungslohn'.

b) Was verstehen Sie unter dem ‚Lohndrift'?

Aufgabe 23

Der Ausgangslohn bei Tarifverhandlungen sei:

$$w_a = 2{,}00 \text{ DM}$$

Der in einem bestimmten Verhandlungszeitpunkt ausgehandelte Lohn sei:

$$w_v = 2{,}30 \text{ DM}$$

Die Gewerkschaft stehe vor der Frage, ob sie weitere 0,10 DM fordern soll oder nicht. Die Wahrscheinlichkeit, daß ein mit Kosten verbundener Konflikt ausbricht, schätzt sie dabei auf 1/6.

Beantworten Sie mit Hilfe des Zeuthen'schen Ansatzes (s. F. Zeuthen, Undeterminierte Lohnprobleme. In: Archiv für Sozialwissenschaft und Sozialpolitik, Bd. 62/1929) folgende Fragen:

a) Wird die Gewerkschaft die zusätzlichen 0,10 DM fordern?

b) Wie groß wäre die maximal zulässige Konfliktwahrscheinlichkeit?

c) Angenommen, die zusätzlichen 0,10 DM würden der Gewerkschaft zugestanden. Würde sie dann weitere 0,10 DM verlangen, wenn sie die Konfliktwahrscheinlichkeit auf $\frac{1}{4}$ einschätzt?

Aufgabe 24

a) Definieren Sie den Begriff ‚unfreiwillige Arbeitslosigkeit'.

b) Erklären Sie kurz folgende Begriffe: Konjunkturelle, strukturelle, saisonale, technologische, versteckte Arbeitslosigkeit, Fluktuations- und Friktionsarbeitslosigkeit.

Aufgabe 25

Erläutern Sie den Begriff ‚Grundrente' nach David Ricardo.

Aufgabe 26

a) Beschreiben Sie das Modell der ‚Thünenschen Kreise'.

b) Konnten durch dieses Modell die wirklichen Verhältnisse erfaßt bzw. abgebildet werden?

Aufgabe 27

Diskutieren Sie den Satz: „Aufwendungen zur Verbesserung der Infrastruktur und zur Bildung von ‚Human Capital' sind den Aufwendungen zur Erhöhung des produktiven Kapitals komplementär."

Aufgabe 28

In einer Volkswirtschaft gelte folgende Investitionsfunktion (I = Investierungen; i = Kalkulationszinssatz; r = interner Zinssatz):

$$I = 50 \cdot (r - i)$$

a) Der interne Zinssatz (Grenzertrag der Investierungen) sei

$$r_1 = 5$$

Stellen Sie die Abhängigkeit der Investierungen vom Kalkulationszinssatz graphisch dar. Wie groß ist die Höhe der Investitionen, wenn $i_1 = 3$ ist?

b) Zeigen Sie, wie — ausgehend von $r_1 = 5$ und $i_1 = 3$ — eine Verdoppelung der Höhe der Investierungen erreicht werden kann, wenn

1. der Kalkulationszinssatz unverändert bleibt,
2. der interne Zinssatz nicht variiert.

Erläutern Sie die beiden Möglichkeiten in der Graphik. Welcher Unterschied besteht?

Aufgabe 29

Für eine feste Größe der Grenzleistungsfähigkeit des Kapitals seien die Investierungen (I) einer Volkswirtschaft von der Höhe des Kalkulationszinssatzes (i) abhängig:

$$I = 100 - 20 \cdot i$$

a) Bestimmen Sie die Formel für die Elastizität der Investierungen in bezug auf Änderungen des Zinssatzes und stellen Sie die Abhängigkeit der Elastizität von der Höhe des Zinssatzes graphisch dar.

b) Wie hoch sind die Investierungen, wenn die Zinselastizität der Investitionen

$$e_{I,i} = -\frac{7}{3}$$

ist?

Aufgabe 30

Ein Unternehmer erwartet bei einer Investierung einen Netto-Ertrag (nach Abzug der mit der Nutzung verbundenen Kosten) von

$$E = 500\,,$$

der in vier Jahren folgendermaßen anfallen soll (E_i = Netto-Ertrag am Ende des i-ten Jahres):

$$E_1 = 200$$
$$E_2 = 150$$
$$E_3 = 100$$
$$E_4 = 50$$

a) Wie groß ist der kapitalisierte Ertragswert der Investierung (V) bei einem Kalkulationszinsatz von

$$(1)\ i_1 = 4\%\,,$$
$$(2)\ i_2 = 6\%\,?$$

b) Die Beschaffungskosten der Investierung betragen:

$$K = 450$$

Lohnt sich die Durchführung der Investierung für den Unternehmer in den Fällen (1) und (2)?

Aufgabe 31

Ein Unternehmer stehe vor der Entscheidung, ob er eine neue Maschine aufstellen soll oder nicht. Die Beschaffungskosten betragen:

$$K = 2600$$

Der Unternehmer kann mit einer Lebensdauer der Maschine von fünf Jahren und einem konstanten jährlichen Nettoertrag (E) rechnen. Der Kalkulationszinssatz sei:

$$i = 5\%$$

Wie groß muß der jährliche Nettoertrag mindestens sein, damit sich die Anschaffung der Maschine für den Unternehmer lohnt?

Aufgabe 32

a) Ein Unternehmer benötige eine Maschine, die ihm von zwei Firmen A und B angeboten wird. Die Firma A kann die Maschine zu einem Preis von 22000,— DM mit einer Nutzungsdauer von 6 Jahren, die Firma B zu einem Preis von 18000,— DM mit einer Nutzungsdauer von 4 Jahren liefern. Die jährlichen Nettoerträge beider Maschinen seien gleich und konstant. Der Kalkulationszinssatz betrage 8%. Von welcher Firma wird der Unternehmer die Maschine kaufen? (Es bleibe unberücksichtigt, daß der Unternehmer für den Fall, daß er die billigere Maschine kauft, die nicht verausgabten 4000,— DM anderweitig gewinnbringend anlegen kann.)

b) Um wieviel DM müßte die nach Teil (a) nicht gekaufte Maschine billiger werden, damit der Unternehmer diese Maschine vorzieht?

Aufgabe 33

Wie können ‚autonome' und ‚induzierte' Investierungen unterschieden werden?

Aufgabe 34

a) Welcher Unterschied besteht zwischen dem ‚Zins' und dem ‚Diskont'?

b) Wie differenziert Wicksell zwischen dem ‚natürlichen Zins' und dem ‚Geldzins'?

c) Was versteht I. Fisher unter dem ‚Realzins'?

d) Welche Beziehung kann zwischen dem ‚Nominalzins' und dem ‚Effektivzins' aufgestellt werden?

Aufgabe 35

Diskutieren Sie den Satz: „Der Geldzins ist immer positiv und kann eine bestimmte Mindesthöhe nicht unterschreiten."

Aufgabe 36

Skizzieren Sie kurz folgende Zinstheorien:

a) Fruktifikationstheorie (Turgot),
b) Produktivitätstheorie (v. Thünen),
c) Abstinenztheorie (Senior),
d) Nutzungstheorie (Menger, v. Hermann),
e) Ausbeutungstheorie (Marx),
f) Agio-Theorie (v. Böhm-Bawerk),
g) Waiting-Theorie (Marshall, Cassel).

Aufgabe 37

Was verstehen Sie unter dem Kapital-, Geld- und Kreditmarkt?

Aufgabe 38

a) Beschreiben Sie die ‚Motive der Kassenhaltung'.
b) Erklären Sie den Begriff ‚Liquiditätspräferenz'.
c) Durch welche Bedingung ist das ‚Gleichgewicht' der Kassenhaltung bestimmt?

Aufgabe 39

Die Nachfrage nach Geld zu Transaktionszwecken sei:

$$L_1 = 0{,}2 \cdot Y$$

(Y = Volkseinkommen); die Geldnachfrage zu Spekulationszwecken sei vom Zins (i) abhängig:

$$L_2 = \frac{30}{i - 2}$$

a) Der Zinssatz werde von der Zentralbank auf i = 5 fixiert. Zeichnen Sie die Liquiditätsfunktion L = f (Y). Wie groß ist das Gleichgewichtseinkommen, wenn die Zentralbank eine Geldmenge von M = 30 zur Verfügung stellt (rechnerische und graphische Lösung)?

b) Das Volkseinkommen sei Y = 200. Zeichnen Sie die Liquiditätsfunktion L = f (i). Welche Höhe hat der Gleichgewichtszins, wenn von der Zentralbank eine Geldmenge M = 50 angeboten wird (rechnerische und graphische Lösung)?

c) Stellen Sie die L = M-Kurve bei einer Geldmenge von M = 70 graphisch dar. Was sagt die Kurve aus? Wie groß ist der Gleichgewichtszins bei einem Volkseinkommen Y = 312,5 (rechnerische und zeichnerische Lösung)?

Aufgabe 40

a) Inwiefern besteht für eine Kreditbank ein Liquiditätsproblem?

b) Wovon hängen die Geldschöpfmöglichkeiten einer Kreditbank bzw. des Bankensystems ab?

Aufgabe 41

a) Was ist eine ‚hinkende Währung'?

b) Beschreiben Sie den ‚Goldautomatismus'.

c) Welche Bedeutung haben in einer Goldwährung die ‚Goldpunkte'?

Aufgabe 42

Ist die Quantitätstheorie mit der Quantitätsgleichung (‚Fisher'sche Verkehrsgleichung') identisch?

Aufgabe 43

a) Welche Sektoren der Ersparnisbildung werden in der volkswirtschaftlichen Gesamtrechnung üblicherweise unterschieden?

b) Welche Formen des Sparens kennen Sie? Was bedeutet in diesem Zusammenhang der Begriff ‚Konsolidierung‘?

Aufgabe 44

Erklären Sie — an Hand einer Graphik — den Begriff ‚Zwangssparen‘ im Modell einer geschlossenen Volkswirtschaft ohne staatliche Aktivität.

Aufgabe 45

Unterscheiden Sie die Begriffe ‚Unternehmereinkommen‘, ‚Unternehmerlohn‘ und ‚Unternehmergewinn‘.

Aufgaben

Teil IV: Gesamtbeschäftigung, Konjunkturen, Wachstum

Aufgabe 1

a) Nennen Sie kurz die wichtigsten Voraussetzungen der klassischen Auffassung über die Bildung des Systemgleichgewichts.

b) Was besagt das ‚Say'sche Theorem‘?

Aufgabe 2

Erläutern Sie das ‚Gesetz von Walras‘. In welcher Beziehung steht dieses ‚Gesetz‘ zum Say'schen Theorem?

Aufgabe 3

Das reale Produktionsvolumen (Volkseinkommen) einer Volkswirtschaft betrage:

$$Y = 99$$

Aufgrund statistischer Untersuchungen wurde festgestellt, daß die durchschnittliche Umlaufsgeschwindigkeit (V) der gesamten Geldmenge (M) konstant ist:

$$V = 2$$

Ferner wurde ermittelt, daß die Beziehung zwischen der umlaufenden Geldmenge und dem durchschnittlichen Preisniveau (P) in guter Approximation der Gleichung

$$\frac{1}{2} \cdot P^2 + 40 \cdot P - M = 0$$

entspricht.

a) Wie hoch ist das Preisniveau (P) bei dem gegebenen Sozialprodukt?

b) Wie verändert sich das Sozialprodukt, wenn die realen Investierungen (I) um $\Delta I = 18$ steigen und wenn zwischen dem realen Konsum (C) und dem Sozialprodukt eine funktionale Beziehung des Typs

$$C = +2 \cdot \sqrt{Y + 1}$$

besteht? Wie hoch ist das Preisniveau bei dem neuen Volkseinkommen?

Aufgabe 4

Welcher Unterschied besteht zwischen der ‚Gleichheit' und dem ‚Gleichgewicht' von Investieren und Sparen in einer geschlossenen Volkswirtschaft ohne staatliche Aktivität? Gehen Sie von den Keynes'schen Einkommensgleichungen aus (die Investierungen sollen modellexogen vorgegeben sein; Konsum und Sparen seien vom Volkseinkommen abhängig).

Aufgabe 5

Die Keynes'sche Sparfunktion unterstellt eine Abhängigkeit der makroökonomischen Ersparnisse (S) vom Volkseinkommen (Y):

$$S = f(Y)$$

Welche wichtigen Größen können Sie nennen, die Keynes in dieser Funktion als Parameter (‚ceteris-paribus-Größen') setzt?

Aufgabe 6

In einer geschlossenen Volkswirtschaft ohne staatliche Aktivität sei die makroökonomische Konsumfunktion (C = Konsum; Y = Volkseinkommen):

$$C = 10 + 0{,}8 \cdot Y$$

Die Investierungen seien autonom bestimmt:

$$\bar{I} = 20$$

a) Ermitteln Sie rechnerisch und graphisch das Gleichgewichtseinkommen.

b) Das Volkseinkommen sei:

$$(1)\ Y = 100\,,$$
$$(2)\ Y = 200\,.$$

Besteht in diesen Situationen ‚Gleichgewicht' bzw. ‚Gleichheit' von Investieren und Sparen?

Aufgabe 7

In einem Entwicklungsland sei die Höhe des Volkseinkommens (Y) 200 Mrd. (ohne staatliche Aktivität und Außenhandel); die Höhe der geplanten und realisierten Investitionen betrage 50 Mrd. Die Wirtschaftssubjekte beabsichtigen, ihr gesamtes Einkommen zu verbrauchen.

Welche ungeplante Größe tritt auf? In welcher Höhe?

Aufgabe 8

Die Gleichgewichtssituation einer Volkswirtschaft sei bestimmt durch die vom Volkseinkommen abhängigen Ersparnisse (S(Y)) und die modell-exogen vorgegebenen Investierungen ($\bar{I}$):

$$S = 0{,}2 \cdot Y - 50$$
$$\bar{I} = 70$$

a) Die Sparfunktion ändere sich:

$$S' = 0{,}2 \cdot Y - 30$$

Entsteht eine Expansions- oder Kontraktionslücke? Rechnerische und graphische Lösung.

b) Wie könnte die entstandene ‚Lücke' überwunden werden, so daß das Gleichgewichtseinkommen erhalten bleibt?

Aufgabe 9

Der Begriff ‚Zwangssparen' wird in der Wirtschaftstheorie in bestimmter Bedeutung verwendet (s. Aufgabe III, 44). Wie wäre der (nicht gebräuchliche) entgegengesetzte Begriff ‚Zwangsverbrauch' zu definieren?

Aufgabe 10

Es seien in einer geschlossenen Volkswirtschaft ohne staatliche Aktivität folgende Funktionen für den Konsum (C) bzw. die Investition (I) gegeben:

$$C = 0{,}7 \cdot Y + 40$$

$$I = 0{,}2 \cdot Y + 10$$

(Y = Volkseinkommen).

a) Wie groß ist das Gleichgewichtseinkommen (Y_1)? Rechnerische und graphische Lösung.

b) Bei einem Volkseinkommen von $Y_2 = 300$ sind die geplanten Investierungen nicht gleich den geplanten Ersparnissen. Was geschieht, wenn

1. die Wirtschaftssubjekte ihre geplanten Ersparnisse realisieren,

oder

2. die Unternehmer ihre beabsichtigten Investitionen durchsetzen?

Aufgabe 11

Das Produktionsvolumen der Stahlindustrie sei Q. Von dieser Menge werde ein bestimmter Teil (c = 30%) in der Stahlindustrie verwendet; der Rest (R) stehe für den Verkauf auf dem Markt zur Verfügung. Dieser Marktabsatz soll um $\Delta R = 210$ erhöht werden. Wie groß ist die erforderliche Produktionsmenge an Stahl? Welches allgemeine Prinzip ist erkennbar?

Aufgabe 12

Die Konsumfunktion einer Volkswirtschaft laute:

$$C = 0{,}6 \cdot Y + 100$$

Die modell-exogen vorgegebenen Investitionen seien $I = 20$. Staatliche Aktivität und Außenhandel sollen nicht berücksichtigt werden.

a) Ermitteln Sie zeichnerisch und rechnerisch die Höhe des Gleichgewichtseinkommens.

b) Wie groß sind der Investitionsmultiplikator und das neue Gleichgewichtseinkommen, wenn die Investierungen um $\Delta I = 40$ steigen?

Aufgabe 13

Die makroökonomische Verbrauchsfunktion hat die Form:

$$C = 0{,}8 \cdot Y + 80$$

Diese Funktion verändere sich:

$$C' = 0{,}8 \cdot Y + 97$$

Wie groß ist die Differenz des Gleichgewichtseinkommens?

Aufgabe 14

In einer geschlossenen Volkswirtschaft ohne staatliche Aktivität seien $Y_1 = 384$ und $Y_2 = 476$ Gleichgewichtseinkommen. Wie groß ist die erforderliche

Erhöhung der exogen vorgegebenen Investitionen, wenn das Volkseinkommen von Y_1 auf Y_2 steigen soll? Die marginale Konsumquote sei konstant (b = 0,85).

Aufgabe 15

Es sind folgende Konsum- bzw. Investitionsfunktion gegeben:

$$C = \frac{2}{3} \cdot Y + 80$$

$$I = \frac{1}{4} \cdot Y$$

Zusätzlich werden einkommensunelastische Investierungen in Höhe von $\bar{I} = 10$ getätigt.

Zeigen Sie rechnerisch und graphisch, um welchen Betrag das Gleichgewichtseinkommen steigt, wenn die modell-exogen vorgegebenen Investitionen um $\Delta I = 30$ erhöht werden.

Aufgabe 16

Die Verbrauchs- und Investitionsfunktion lauten:

$$C = 0{,}8 \cdot Y + 20$$

$$I = -10 \cdot i + 80$$

(C = Konsum; Y = Volkseinkommen; I = Investition; i = Zins).

a) Kann aufgrund der gegebenen Funktionen das Gleichgewichtseinkommen bestimmt werden?

b) Wie hoch ist das Gleichgewichtseinkommen bei einem Zins von $i_1 = 4$? Rechnerische und graphische Lösung.

c) Zeichnen und erklären Sie die I = S-Kurve.

d) Wie variiert das Gleichgewichtseinkommen, wenn sich beim Zins von $i_1 = 4$ die Investitionsfunktion verändert zu

$$I' = -10 \cdot i + 60 \text{ ?}$$

Interpretieren Sie die Verlagerung der Investitionsfunktion!

Aufgabe 17

In einer Volkswirtschaft sei die Nachfrage nach Geld zu Transaktionszwecken (L_1) vom Volkseinkommen (Y) abhängig:

$$L_1 = 0{,}25 \cdot Y$$

Die Geldnachfrage zu Spekulationszwecken (L_2) sei durch den Zins (i) bestimmt:

$$L_2 = \frac{60}{i - 2}$$

a) Stellen Sie die Nachfrage nach Geld ($L = L_1 + L_2$) in Abhängigkeit vom Zins für verschiedene Größen des Volkseinkommens (Y = 0, 100, 200, 300, 400) graphisch dar.

b) Ermitteln Sie in dieser Graphik die Höhe des Gleichgewichtszinses für Y = 200 bei einem Geldangebot von M = 70. Prüfen Sie das Ergebnis durch eine rechnerische Lösung.

c) Die Ersparnisse (S) bzw. die Investierungen (I) seien durch das Volkseinkommen bzw. durch den Zins determiniert:

$$S = -10 + 0{,}2 \cdot Y$$

$$I = 90 - 15 \cdot i$$

Bestimmen Sie rechnerisch und graphisch (nach Palander und Hicks) die Gleichgewichtsgrößen von Zins und Volkseinkommen, wenn M = 80 ist.

d) Der Zinssatz werde von der Zentralbank auf $i_1 = 5$ fixiert. Welche Geldmenge muß zur Verfügung gestellt werden, damit bei unveränderter Spar-, Investitions- und Liquiditätsneigung das Gleichgewichtseinkommen realisiert wird? Welche Größe hat das Gleichgewichtseinkommen?

Aufgabe 18

Das Gleichgewicht in einer Volkswirtschaft sei durch die Bedingungen

$$\text{Investieren} \overset{!}{=} \text{Sparen}$$

und

$$\text{Geldnachfrage} \overset{!}{=} \text{Geldangebot}$$

bestimmt. Die gesamte geplante Kassenhaltung (Geldnachfrage, L) setze sich aus der Nachfrage nach Geld zu Transaktionszwecken (L_1) und zu Spekulationszwecken (L_2) zusammen:

$$L = L_1 + L_2$$

Folgende funktionale Beziehungen seien gegeben:

$$\text{Investieren:} \quad I = \frac{140}{i}$$

$$\text{Sparen:} \quad S = 0{,}4 \cdot Y - 100$$

$$\text{Geldnachfrage:} \quad L = 0{,}2 \cdot Y + \frac{70}{i}$$

(Y = Volkseinkommen; i = Zins).

a) Können die Gleichgewichtswerte des Modells ermittelt werden?

b) Die Zentralbank stelle für Transaktionszwecke eine Geldmenge von $M_1' = 70$ zur Verfügung. Berechnen Sie die Gleichgewichtsgrößen von Zins und Volkseinkommen sowie die Größe der Spekulationskasse. Stellen Sie die Gleichgewichtssituation in einem Vier-Quadrantensystem graphisch dar; auf den Koordinatenachsen sollen folgende Größen abgetragen werden: Investieren und Sparen; Volkseinkommen; Geldmenge; Zins.

c) Die wirtschaftspolitischen Instanzen streben ein Volkseinkommen von $Y_1 = 390$ an. Wie groß müssen Zins und Geldmenge sein, damit Gleichgewicht vorliegt?

Aufgabe 19

In einer geschlossenen Volkswirtschaft ohne staatliche Aktivität sei das Gleichgewicht $(Y_1; i_1)$ durch die Bedingungen, daß das einkommens-elastische Sparen, S(Y), der Höhe der zinselastischen Investierungen, I(i), entspreche und daß die Geldnachfrage zu Transaktions- und Spekulationszwecken, L(i, Y), gleich dem vorgegebenen Geldangebot, $\overline{M}$, sei, bestimmt:

$$S(Y) \overset{!}{=} I(i)$$

$$L(i, Y) \overset{!}{=} \overline{M}$$

Eine Änderung der Investitionsneigung (d. h. Verlagerung der Investitionsfunktion), die durch einen Verschiebungsparameter (n) gemessen werden soll, führt zu einer Änderung der Investitionsfunktion:

$$I(i) + n = S(Y)$$

$$S(Y) - I(i) = n$$

und damit zu einem neuen Gleichgewichtseinkommen:

$$Y_2 = Y_1 + dY$$

Die Einkommensänderung, dY, ist durch den Investitionsmultiplikator, k_n, determiniert:

$$dY = k_n \cdot dn$$

a) Bestimmen Sie die Formel für den Investitionsmultiplikator.

b) Die obigen Funktionen lauten:

$$S = 0{,}25 \cdot Y - 30$$

$$I = \frac{125}{i} + 20$$

$$L = 0{,}15 \cdot Y + \frac{150}{i}$$

$$M = 75$$

Berechnen Sie das Gleichgewichtseinkommen und den Gleichgewichtszins. Welche Größe hat der in Teil a ermittelte Investitionsmultiplikator für das durch die obigen Funktionen skizzierte Modell? Wie verändert sich das Gleichgewichtseinkommen, wenn die Investitionsfunktion sich um dn = 15 verlagert?

Aufgabe 20

a) Was besagen der ‚Pigou'- bzw. der ‚Keynes-Effekt'?

b) Welche Bedeutung haben die Erwartungen der Wirtschaftssubjekte hinsichtlich der Preis- und Zinsentwicklung für das Eintreten der o. g. Effekte? Durch welchen Elastizitätskoeffizienten kann die Erwartungsbildung zum Ausdruck gebracht werden?

Aufgabe 21

a) Skizzieren Sie kurz die Keynes'sche Kritik an der klassischen Auffassung über die Bildung des Systemgleichgewichts.

b) Welche wichtigen wirtschaftspolitischen Folgerungen sind aus der Keynes'schen Kritik am klassischen ‚Funktionsmechanismus' der Marktwirtschaft zu ziehen?

Aufgabe 22

Im ‚Neo-Keynesianismus' wird zur Bestimmung des Systemgleichgewichts neben dem realen ($I \overset{!}{=} S$) und monetären Sektor ($L \overset{!}{=} M$) noch der Beschäftigungssektor berücksichtigt, indem postuliert wird, daß die beim realen Lohn (w) angebotene Menge des Produktionsfaktors Arbeit (A) der bei diesem Lohn nachgefragten Menge gleich sein soll. Es wird weiterhin angenommen, daß

a) kurzfristig der Kapitalstock konstant ist, so daß in der Produktionsfunktion das Sozialprodukt (Y) lediglich eine Funktion des Arbeitseinsatzes ist; wegen der Gültigkeit des Ertragsgesetzes wächst das Sozialprodukt bei steigendem Arbeitseinsatz mit abnehmender Rate;

b) die Nachfragekurve für den Produktionsfaktor Arbeit mit der — fallenden — Grenzproduktkurve (GP_A) identisch ist.

Das Modell wäre durch folgende acht Gleichungen zu beschreiben:

1. Sparfunktion:

$$S = S(Y) = -100 + 0{,}25 \cdot Y$$

(Y = Volkseinkommen)

2. Investitionsfunktion:

$$I = I(i) = \frac{100}{i}$$

(i = Zins).

3. Gleichgewichtsbedingung des realen Sektors:

$$I(i) \overset{!}{=} S(Y)$$

4. Funktion der Geldnachfrage:

$$L = L(i, Y) = 0{,}1 \cdot Y + \frac{40}{i}$$

5. Angebotene Geldmenge:

$$M = \overline{M} = 60$$

6. Gleichgewichtsbedingung des monetären Sektors:

$$L(i, Y) \overset{!}{=} \overline{M}$$

7. Produktionsfunktion:

$$Y = Y(A) = 50 \cdot \sqrt{A}$$

8. Gleichgewichtsbedingung des Beschäftigungssektors:

$$GP_A = w$$

Ist dieses Modell determiniert? Wenn ja, so berechnen Sie die Lösung, d. h. die Höhe der einzelnen Modellgrößen. Prüfen Sie das Ergebnis durch eine graphische Darstellung in einem Vier-Quadrantensystem, indem Sie auf den Koordinatenachsen folgende Größen abtragen: i, Y, A und w.

Aufgabe 23

a) Bestimmen Sie rechnerisch und graphisch (auf der Ordinatenachse werden das Volkseinkommen, Y, und seine Bestandteile, auf der Abszissenachse wird das disponible Einkommen, Y_d, abgetragen) das Gleichgewichtseinkommen (Y_1) in einer geschlossenen Volkswirtschaft mit staatlicher Aktivität, wenn folgende Gleichungen gegeben sind:

Privater Konsum: $C = 75 + 0{,}5 \cdot Y_d$

Steuern: $T = 70$

Transferzahlungen: $Tr = 20$

Staatsausgaben für Güter und Dienste: $G = 25$

Private Investitionen: $I = 125$

Das disponible Einkommen (Y_d) ist definiert als:

$$Y_d = Y - T + Tr$$

Ist der Staatshaushalt in dieser Situation defizitär oder überschüssig? Ist die Gleichheit von Investieren und Sparen gegeben?

b) Wie hoch ist das Gleichgewichtseinkommen, wenn der Staatshaushalt durch eine Änderung der Größe G (bei Konstanz von T und Tr) zum Ausgleich gebracht wird? Zeigen Sie die Situation in der Graphik von Teil a. Gilt jetzt $I = S$?

Aufgabe 24

In einer geschlossenen Volkswirtschaft mit staatlicher Aktivität laute die Gleichgewichtsbedingung:

$$I + G = S(Y_d) + T - Tr$$

Die privaten Investitionen (I), Staatsausgaben für Güter und Dienste (G), Transferzahlungen (Tr) und Steuern (T) sind modell-exogen vorgegeben:

$$I = 150$$

$$G = 34$$

$$T = 80$$

$$Tr = 20$$

Die Konsumfunktion hat die Form:

$$C = 65 + 0{,}75 \cdot Y_d$$

Das disponible Einkommen (Y_d) unterscheidet sich von Volkseinkommen (Y) folgendermaßen:

$$Y_d = Y - T + Tr$$

a) Berechnen Sie das Gleichgewichtseinkommen (Y_1).

b) Die wirtschaftspolitischen Instanzen wollen durch alleinige Änderung der Transferzahlungen ein Gleichgewichtseinkommen von $Y_2 = 888$ realisieren. Um welchen Betrag müssen die Transferzahlungen variieren?

Aufgabe 25

a) Was verstehen Sie unter dem ‚Haavelmo'schen Theorem'? Geben Sie eine kurze Begründung.

Beweisen Sie mathematisch die Gültigkeit des Theorems, indem Sie davon ausgehen, daß das Volkseinkommen (Y) durch folgende Größen bestimmt ist: Investition (I), Staatsausgaben für Güter und Dienste (G) und Konsum (C):

$$Y = C + I + G$$

I und G sind modell-exogen vorgegeben; C hängt vom disponiblen Einkommen (Y_d) ab:

$$C = a + b \cdot Y_d = a + b \cdot (Y - T + Tr)$$

(T = Steuern; Tr = Transferzahlungen).

b) Welcher Unterschied besteht zwischen einer Erhöhung der Staatsausgaben für Güter und Dienste und einer Steigerung der Transferzahlungen des Staates in der Wirkung auf das Volkseinkommen? Sind die Multiplikatoren der Staatsausgaben und der Transferzahlungen identisch?

Aufgabe 26

a) Ermitteln Sie rechnerisch und graphisch (analog zu Aufgabe IV, 23) in folgendem Modell das Gleichgewichtseinkommen:

$$C = 20 + \frac{2}{3} \cdot Y_d = 20 + \frac{2}{3} \cdot (Y - T + Tr)$$

$$I = 60$$

$$G = 80$$

$$T = 65$$

$$Tr = 5$$

(Erklärung der Symbole s. Aufgabe IV, 23).

Ist der staatliche Haushalt ausgeglichen?
Wie groß ist das disponible Einkommen?

b) Aus konjunkturellen Gründen soll das Volkseinkommen auf $Y_2 = 280$ verringert werden. Zeigen Sie rechnerisch und graphisch, wie der Staat seine Steuereinnahmen variieren müßte (‚ceteris-paribus'). Wie ändern sich der Staatshaushalt und das disponible Einkommen?

c) Ausgehend vom Gleichgewichtseinkommen Y_1 (Teil a) strebt der Staat eine Vergrößerung des Volkseinkommens um $\Delta Y = 40$ an; diese Einkommenssteigerung soll durch zusätzliche staatliche Ausgaben für Güter und Dienste, die durch erhöhte Steuereinnahmen finanziert werden sollen, erreicht werden. Um welchen Betrag müssen die Staatsausgaben zunehmen (rechnerische und graphische Lösung)? Wie groß ist der Multiplikator? Wie verändern sich der Staatshaushalt und das disponible Einkommen?

Aufgabe 27

a) Wie werden innerhalb der staatlichen Einnahmen die ‚Steuern', ‚Gebühren' und ‚Beiträge' unterschieden?

b) Welche Steuern werden zu den ‚direkten' bzw. ‚indirekten' Steuern gerechnet?

Aufgabe 28

a) Was verstehen Sie unter einer ‚Zahlungsbilanz'? Wie kann eine Zahlungsbilanz zweckmäßig gegliedert werden?

b) Erklären Sie den Unterschied folgender Aussagen:
„Die Zahlungsbilanz ist ausgeglichen."
„Die Zahlungsbilanz befindet sich im Gleichgewicht."

Aufgabe 29

Erläutern Sie kurz folgende Begriffe, die in der Außenwirtschaftstheorie bedeutsam sind:
a) Währungsreserven,

b) Terms of Payment,
c) Terms of Trade,
d) Wechselkurs.

Aufgabe 30

In einer offenen Volkswirtschaft ohne staatliche Aktivität lauten die Einkommensgleichungen:

Einkommensentstehung: $Y = C + I + X - M$

Einkommensverwendung: $Y = C + S$

Die Ersparnisse (S) und Importe (M) seien vom Volkseinkommen (Y) abhängig:

$S = 0{,}4 \cdot Y - 50$ (Sparfunktion)

$M = 0{,}2 \cdot Y + 30$ (Importfunktion)

Investierungen (I) und Exporte (X) seien modell-exogen vorgegeben:

$I = 80$

$X = 20$

a) Bestimmen Sie rechnerisch und graphisch das Gleichgewichtseinkommen. Ist die Handelsbilanz aktiv oder passiv? Gilt $I = S$?

b) Die Exporte sollen um $\Delta X = 30$ zunehmen. Wie ändern sich Gleichgewichtseinkommen und Handelsbilanz?

Aufgabe 31

In einer offenen Volkswirtschaft ohne staatliche Aktivität sind folgende Beziehungen bzw. Größen gegeben:

Sparfunktion: $S = 0{,}3 \cdot Y - 46$

Investierungen: $I = 54$

Importfunktion: $M = 0{,}1 \cdot Y + 6$

Exporte: $X = 34$

a) Berechnen Sie das Gleichgewichtseinkommen (Y_1)

b) Es ist geplant, das Volkseinkommen durch eine autonome Exporterhöhung auf $Y_2 = 350$ zu erhöhen. Um welchen Betrag müssen die Exporte zunehmen?

Aufgabe 32

Welche Bedeutung hat in einem Goldwährungsland der sog. ‚external drain' für den Ausgleich der Handelsbilanz?

Aufgabe 33

In zwei Ländern A und B sei die Währungseinheit jeweils durch eine bestimmte Gewichtsmenge Gold definiert. Der Goldpreis in jedem Land sei fest; der Wechselkurs ändere sich nicht.

Die Exportmenge (bzw. Importmenge) des Landes A, q_x (bzw. q_m), ist gleich der Importmenge (bzw. Exportmenge) des Landes B. Folgende Größen sind gegeben:

$$q_x = 300$$

$$q_m = 400$$

Das Preisniveau im Inland A sei (ausgedrückt in Inlandswährung):

$$p_a = 100$$

Im Land B soll das Preisniveau (ebenfalls ausgedrückt in Inlandswährung) konstant sein:

$$\bar{p}_b = 110$$

Der Wert der Exporte des Inlandes ist daher:

$$X = p_a \cdot q_x = 30000$$

Da der Wert der Importe,

$$M = p_b \cdot q_m = 44000$$

größer als der Wert der Exporte ist, besteht ein Importüberschuß im Land A (passive Handelsbilanz).

Aufgrund dieses Importüberschusses soll das Preisniveau im Land A um 4 Einheiten fallen (‚externa drain', s. Aufgabe IV, 32).

Die Nachfrage des Landes A nach Gütern des Landes B (q_m) sei vom Preisniveau im Land A abhängig; die Stärke der Abhängigkeit werde durch die ‚Importelastizität' (e_m) gemessen. Analog sei die Nachfrage des Landes B nach den Gütern des Landes A (q_x) elastisch in bezug auf Preisänderungen im Land A, gemessen durch die ‚Exportelastizität' (e_x).

a) Geben Sie die Formeln dieser Elastizitätsausdrücke (e_m und e_x) an. Welche Vorzeichen haben die Elastizitäten?

b) Untersuchen Sie, ob — ausgehend von den obigen Zahlenwerten — in folgenden Fällen die Preissenkung im Land A zu einem Ausgleich der Handelsbilanz im Land A führt:

1. Fall: $e_x = -1/4$ und $e_m = 3/4$
2. Fall: $e_x = -1/4$ und $e_m = 1/2$
3. Fall: $e_x = -1/2$ und $e_m = 3/4$

Welche allgemeine Regel kann aus den Ergebnissen abgeleitet werden?

Aufgabe 34

Was verstehen Sie unter ‚beggar-my-neighbour-Politik'?

Aufgabe 35

Was sind ‚Konjunkturen'? Welches sind die wichtigsten ökonomischen Schwankungsgrößen?

Aufgabe 36

Inwiefern liefert nach der Unterkonsumtionstheorie die Ungleichheit der Einkommensverteilung einen Erklärungsversuch für konjunkturelle Erscheinungen? Handelt es sich um eine exogene oder endogene Konjunkturtheorie?

Aufgabe 37

Welche Bedeutung hatte das Harvard-Konjuktur-Barometer für die Konjunkturprognose?

Aufgabe 38

Wie werden in der ‚monetären Konjunkturtheorie' von Hawtrey die konjunkturellen Schwankungen erklärt?

Aufgabe 39

Der Konsum einer Volkswirtschaft (C) möge im Zeitablauf (t) kontinuierlich nach folgender Funktion wachsen:

$$C = 4 \cdot \sqrt{t}$$

a) Bestimmen Sie die Funktion, die die kontinuierliche Entwicklung der induzierten Investitionen (I) im Zeitablauf (gemäß Akzelerationsprinzip) angibt, wenn der Akzelerator $\beta = 2{,}5$ ist.

b) Zeichnen Sie die Funktionen C(t) und I(t) für verschiedene t-Werte.

Aufgabe 40

Die Konsumgüternachfrage (C) einer Volkswirtschaft wachse im Zeitablauf (t) folgendermaßen:

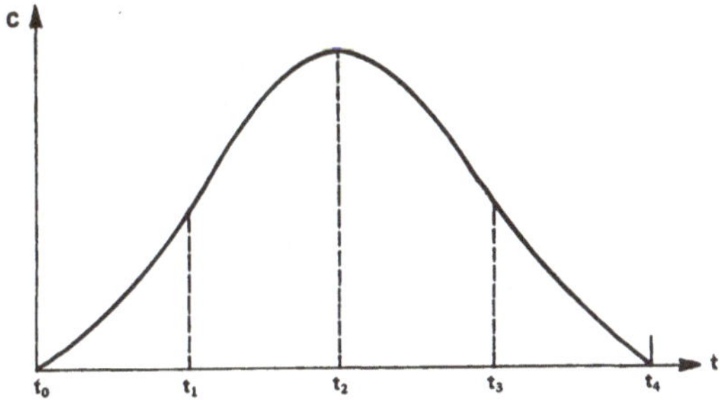

Von t_0 bis t_1 steige der Konsum mit wachsender Rate (‚überlinear'), von t_1 bis t_2 mit abnehmender Rate (‚unterlinear'); nach dem Maximum in t_2 sinken die Konsumausgaben, und zwar bis t_3 mit fallender Rate, von t_3 bis t_4 mit zunehmender Rate.

Zeigen Sie in einer Graphik, wie sich — unter Annahme der obigen Konsumänderung — die induzierten Investitionen I(t) gemäß Akzelerationsprinzip (Akzelerator $\beta > 1$) im Zeitablauf entwickeln. Welche fundamentalen Regeln des Akzelerationsprinzips sind aus dem Verlauf der Kurven C(t) und I(t) erkennbar?

Aufgabe 41

Erläutern Sie, warum beim Akzelerationsprinzip die Wirksamkeit des Akzelerators im Abschwung (negative Richtung) begrenzt ist.

Aufgabe 42

Welche wichtigen ökonomischen Bedingungen müssen für die Gültigkeit des Akzelerationsprinzips

$$I_t = \beta \cdot (C_t - C_{t-1})$$

erfüllt sein?

Aufgabe 43

In einer Volkswirtschaft setze sich das Volkseinkommen (Y) in jeder Periode (t) aus der Höhe des Konsums (C) und der Größe der autonomen (I^a) und induzierten (I^i) Investierungen zusammen:

$$Y_t = C_t + I_t^a + I_t^i$$

Die autonomen Investierungen werden in jeder Periode in der Höhe von $I_t^a = 200$ durchgeführt; die induzierten Investierungen seien durch die Konsumänderung bestimmt:

$$I_t^i = C_t - C_{t-1}$$

Der Verbrauch sei vom Volkseinkommen der vorhergehenden Periode abhängig; die marginale Sparquote betrage $s = 0{,}5$; Ausgangssituation sei $C_1 = 0$ und $I_1^i = 0$.

a) Samuelson hat gezeigt, daß in einem durch die obigen Gleichungen beschriebenen Modell die Größe der marginalen Konsumquote (b) und die Größe des Akzelerators (β) die Entwicklung des Volkseinkommens im Zeitablauf determinieren, wobei es darauf ankommt, ob

$$b \gtreqless \frac{1}{\beta}$$

$$\text{bzw. } b \gtreqless \frac{4\beta}{(1+\beta)^2}$$

Welche Situation ist in dem obigen Beispiel gegeben? Welche Einkommensentwicklung ist daher zu erwarten?

b) Berechnen Sie die Größe des Volkseinkommens in den Perioden $t = 1, 2, 3, \ldots, 13$ und stellen Sie die Variation des Volkseinkommens graphisch dar. Entspricht diese Einkommensentwicklung dem Ergebnis von Teil a?

Aufgabe 44

a) Wodurch unterscheiden sich die Konjunkturmodelle von Samuelson und Hicks?

b) Wie erklärt Hicks in seinem Modell die Grenzen ‚ceiling' und ‚floor'?

c) Beschreiben Sie kurz an Hand der Hicks'schen Graphik (Y, t-Diagramm) die Bewegung des Volkseinkommens im Zeitablauf.

Aufgabe 45

Wie unterscheidet sich die sog. ‚postkeynesianische' von der sog. ‚neoklassischen' Wachstumstheorie?

Aufgabe 46

Was verstehen Sie unter ‚extensivem' bzw. ‚intensivem' Wachstum des Volkseinkommens?

Aufgabe 47

Wie definiert Domar in seinem Wachstumsmodell den dualen Effekt der Investierungen und aus dieser dualen Wirkung die gleichgewichtige Wachstumsrate des Volkseinkommens?

Aufgabe 48

Wie kann in einer Volkswirtschaft, in der ‚capital-widening-' und ‚capital-deepening-Investitionen' durchgeführt werden, die festgestellte Konstanz des makroökonomischen Kapitalkoeffizienten erklärt werden?

Aufgabe 49

a) Wie unterscheidet Harrod die ‚actual', ‚warranted' und ‚natural rate of growth'? Wann liegt ein ‚full-capacity'- bzw. ‚full-employment-growth' vor?

b) Skizzieren Sie das Harrodsche Instabilitätstheorem.

Aufgabe 50

In einer Volkswirtschaft ohne staatliche Aktivität und Außenhandel seien folgende Größen gegeben:

$b = 0{,}88$ (marginale und durchschnittliche Verbrauchsquote)

$v = 4$ (Kapitalkoeffizient)

Beide Größen seien konstant.

Welcher Prozentsatz des Wachstums des Volkseinkommens ist gleichgewichtig?

Aufgabe 51

Im Wachstumsmodell von Harrod ist die gleichgewichtige Wachstumsrate des Sozialprodukts (G_w) durch den ‚Akzelerator' (C_r) und durch die marginale Sparquote (s) bestimmt:

$$G_w = \frac{s}{C_r}$$

Domar definiert die gleichgewichtige Wachstumsrate durch das Produkt von Kapitalproduktivität (o) und Sparquote bzw. durch den Quotienten von Sparquote und Kapitalkoeffizient (v):

$$g_Y = o \cdot s = \frac{s}{v}$$

Sind Akzelerator und Kapitalkoeffizient in diesen Formeln identisch?

Aufgabe 52

In einem einfachen Wachstumsmodell vom Harrod-Domar-Typ haben der makroökonomische Kapitalkoeffizient (v), die marginale und durchschnittliche Sparquote (s) und der Anfangskapitalbestand (K_0) folgende Größe:

$$v = 1$$
$$s = 0{,}2$$
$$K_0 = 50$$

Stellen Sie das gleichgewichtige Wachstum des Volkseinkommens in einem Vier-Quadranten-System graphisch dar. Auf den vier Koordinatenachsen sollen folgende Größen abgetragen werden: das Volkseinkommen (Y) auf der rechten Abszissenachse und auf der unteren Ordinatenachse, das Sparen (S) bzw. Investieren (I) auf der oberen Ordinatenachse, der Kapitalstock (K) auf der linken Abszissenachse.

Aufgabe 53

a) Bestimmen Sie in einem Wachstumsmodell vom Harrod-Domar-Typ (ohne staatliche Aktivität und Außenhandel) die gleichgewichtige (prozentuale) Wachstumsrate des Volkseinkommens:

$$g_Y = \frac{Y_t - Y_{t-1}}{Y_{t-1}}$$

Die Konsum- bzw. Investitionsfunktion haben die Form:

$$C_t = 0{,}8 \cdot Y_t$$

$$I_t = 2 \cdot (Y_t - Y_{t-1})$$

b) Ermitteln Sie die Gleichung für den Wachstumspfad des Volkseinkommens bei einem Anfangseinkommen von $Y_0 = 100$ und stellen Sie den Wachstumspfad graphisch dar für $t = 1, 2, 3, \ldots 10$ (in kontinuierlicher Form).

c) Untersuchen Sie die Veränderung des Wachstumspfades, wenn die Investitionsfunktion lauten würde:

1. Fall: $I_t = 2 \cdot (Y_t - Y_{t-1}) + 15$

2. Fall: $I_t = 2 \cdot (Y_t - Y_{t-1}) + 0{,}15 \cdot Y_t$

Vergleichen Sie die Ergebnisse.

Aufgabe 54

Das Sozialproduktswachstum soll in einem Diagramm dargestellt werden, in dem auf der Ordinatenachse die Ersparnisse (S) bzw. die Investierungen (I), auf der Abszissenachse das Volkseinkommen (Y) gemessen werden. Die Sparfunktion sei:

$$S = 0{,}5 \cdot Y$$

Ferner sei die Kapitalproduktivität (o) als Verhältnis von Volkseinkommen zu Kapitalbestand (K) bzw. als Verhältnis von Einkommensänderung (ΔY) zur Änderung des Kapitalstocks ($\Delta K = I$) gegeben:

$$o = \frac{Y}{K} = \frac{\Delta Y}{I} = 0{,}7$$

Ausgangspunkt sei das Gleichgewichtseinkommen $Y_0 = 100$, bei dem die geplanten Ersparnisse gleich den geplanten Investierungen sind.

Aufgabe 55

In einem Wachstumsmodell vom Harrod-Domar-Typ gelten folgende Beziehungen:

Sparfunktion: $S = -10 + 0{,}3 \cdot Y$

Investitionsfunktion: $I = 3 \cdot \Delta Y$

Bestimmen Sie die Wachstumsraten des Volkseinkommens,

$$g_Y = \frac{\Delta Y}{Y},$$

und der Investierungen,

$$g_I = \frac{\Delta I}{I}$$

Stellen Sie die Veränderung der Wachstumsraten im Zeitablauf graphisch dar.

Aufgabe 56

Wie ändert sich die gleichgewichtige Wachstumsrate des Volkseinkommens (g_Y), die durch den Quotienten aus Kapitalkoeffizient (v) und Sparquote (s) determiniert ist,

$$g_Y = \frac{\Delta Y}{Y} = \frac{v}{s}$$

in einem Wachstumsmodell vom Harrod-Domar-Typ, in dem das Wachstum des Sozialprodukts allein auf die fortgesetzte Erhöhung des Kapitalstocks (K) zurückgeführt wird, wenn zusätzlich der Produktionsfaktor Arbeit (A) eingeführt wird? Der Faktor Arbeit soll mit der gleichen Rate wie der Kapitalstock wachsen; der Arbeitskoeffizient,

$$a = \frac{A}{Y}$$

sei konstant.

Aufgabe 57

In einem Wachstumsmodell vom Harrod-Domar-Typ werde die staatliche Aktivität berücksichtigt, indem die Steuern (T), Transferzahlungen (Tr) und staatlichen Ausgaben für Güter und Dienste (G) jeweils dem Volkseinkommen direkt proportional sind:

$$T = 0{,}2 \cdot Y$$

$$Tr = 0{,}05 \cdot Y$$

$$G = 0{,}15 \cdot Y$$

Der Kapitalkoeffizient (v) bzw. die Sparquote (s) seien:

$$v = 5$$

$$s = 0{,}25$$

a) Berechnen Sie die gleichgewichtige Wachstumsrate des Volkseinkommens. Liegt in diesem Modell ein Überschuß oder ein Defizit des Staatshaushalts vor?

b) Wie variiert die gleichgewichtige Wachstumsrate des Volkseinkommens, wenn das Modell auf eine offene Volkswirtschaft erweitert wird, indem Exporte (X) und Importe (M) eingeführt werden:

$$X = 0{,}145 \cdot Y$$

$$M = 0{,}12 \cdot Y$$

Aufgabe 58

Im Marx'schen System wird der Produktionsbereich in die Sektoren ‚Kapitalgüterabteilung' (I) und ‚Konsumgüterabteilung' (II) aufgeteilt. Der Wert des Outputs eines Sektors ist durch folgende Summe gegeben:

$$W_1 = c_1 + v_1 + m_1$$

bzw.

$$W_2 = c_2 + v_2 + m_2$$

Das ‚konstante Kapital' (c) wird im Sektor I produziert und verbleibt zum Teil in diesem Bereich (c_1), zum Teil wird es vom Sektor II aufgenommen (c_2). Das ‚variable Kapital' (v) entspricht der Summe aller Löhne, die an die Arbeiter gezahlt und von diesen voll verbraucht werden. Der Mehrwert (m) fließt als ‚arbeitsloses Einkommen' den Kapitalisten zu.

Folgende Werte seien bekannt:

$$v_1 = 70$$

$$c_1 = 80$$

$$m_1 = 30$$

$$v_2 = 50$$

$$m_2 = 40$$

a) Stellen Sie den Wirtschaftsablauf in einem Kreislaufschema dar (vier Sektoren: Kapitalgüterabteilung, Konsumgüterabteilung, Kapitalisten, Arbeiter), wenn angenommen wird, daß die Kapitalisten den Mehrwert voll konsumtiv verausgaben. Wie wäre dieser Wirtschaftsprozeß zu kennzeichnen?

b) Wie ändert sich das Kreislaufschema, wenn unterstellt wird, daß 30% des Mehrwertes für Investitionszwecke (es soll folgende Aufteilung gegeben sein: $^2/_3$ der Investitionen im Kapitalgütersektor, $^1/_3$ der Investitionen im Konsumgütersektor) verwendet werden? Läßt sich durch dieses Schema der Wachstumsprozeß einer Volkswirtschaft darstellen?

Aufgabe 59

In einem Zwei-Sektoren-Modell vom Mahalanobis-Typ haben die Kapitalproduktivitäten im Investitionsgütersektor (o_I) bzw. Konsumgütersektor (o_c), die jeweils durch das Verhältnis von Output des Sektors (I_t bzw. C_t) zum Kapitaleinsatz (unter Beachtung eines time-lags: K^i_{t-1} bzw. K^c_{t-1}) bestimmt sind, folgende Größen:

$$o_i = \frac{I_t}{K^i_{t-1}} = 0,2$$

$$o_c = \frac{C_t}{K^c_{t-1}} = 0,5$$

a) Ermitteln Sie die Wachstumsrate des Sozialprodukts ($Y_t = C_t + I_t$):

$$g_Y = \frac{Y_t - Y_{t-1}}{Y_{t-1}}$$

wenn der Allokationsparameter des Investitionsgütersektors folgende Größe hat:

1. Fall: $\lambda_i = 0,1$

2. Fall: $\lambda_i = 0,3$

b) Berechnen Sie in beiden Modellen den Wachstumspfad des Volkseinkommens und stellen Sie die Entwicklung des Sozialprodukts im Zeitablauf graphisch dar. Der Kapitalstock soll bei einem Anfangsbestand von

$$K_0 = 400$$

mit folgender Rate wachsen:

$$g_K = \lambda_i \cdot o_i$$

Welcher Wachstumspfad wäre vorteilhaft, wenn die wirtschaftspolitischen Instanzen langfristig ein möglichst hohes Wachstum des Sozialprodukts anstreben? In welcher Periode hat das Volkseinkommen in beiden Modellen die gleiche Höhe?

Aufgabe 60

Ein neoklassisches Wachstumsmodell, wie es beispielsweise von J. E. Meade (A Neo-Classical Theory of Economic Growth, 1961) dargestellt wurde, basiere auf einer Produktionsfunktion vom Cobb-Douglas-Typ:

$$Y = A^m \cdot K^n \cdot F^t$$

(Y = Volkseinkommen; A = Produktionsfaktor Arbeit; K = Produktionsfaktor Kapital; F^t = Stand des technischen Wissens, der sich im Zeitablauf verbessert; der technische Fortschritt soll ‚autonom', d. h. modell-exogen bestimmt, und ‚neutral', d. h. keine Veränderung des Verhältnisses der Grenzproduktivitäten bewirkend, sein; m und n sind die Produktionselastizitäten der Faktoren Arbeit und Kapital, wobei gilt: m + n = 1).

a) Welchen Prämissen unterliegt dieses neoklassische Wachstumsmodell?

b) Bestimmen Sie die Formel für die ‚stetige' Wachstumsrate des Sozialprodukts. Wie groß ist diese Zuwachsrate, wenn die geplante und realisierte Sparrate

$$s = 0{,}1\,,$$

die Produktionselastizität des Faktors Arbeit

$$m = 0{,}75\,,$$

die Zuwachsrate des Faktors Arbeit

$$g_A = 0{,}02$$

und die Wachstumsrate des Sozialprodukts, die auf den technischen Fortschritt zurückzuführen ist,

$$z = 0{,}015$$

ist?

c) Ist die abgeleitete Wachstumsrate des Volkseinkommens stabil?

Aufgabe 61

Ein einfaches neoklassisches Wachstumsmodell (s. R. M. Solow, A Contribution to the Theory of Economic Growth; Quarterly Journal of Economics, 1956) werde durch folgende Gleichungen charakterisiert:

In der Produktionsfunktion (Cobb-Douglas-Typ) ist das Sozialprodukt der Periode t (Y_t) vom Einsatz der Produktionsfaktoren Arbeit (A_t) und Kapital (K_t) abhängig:

$$Y_t = A_t^m \cdot K_t^n$$

m und n sind die Produktionselastizitäten; es soll gelten:

$$m + n = 1$$

Der Produktionsfaktor Arbeit soll exponentiell mit einer konstanten Rate g_A wachsen:

$$A_t = A_0 \cdot e^{g_A \cdot t}$$

Das Wachstum des Produktionsfaktors Kapital ist durch die Investierungen (I_t) bestimmt, die den Ersparnissen ($S_t = s \cdot Y_t$; s = geplante und realisierte Sparrate) entsprechen:

$$\frac{dK}{dt} = I_t = s \cdot Y_t$$

Die Parameter des Modells haben folgende Größen:

$$m = 0{,}75$$

$$A_0 = 50$$

$$g_A = 0{,}08$$

$$s = 0{,}1$$

Wie bestimmt Solow den ‚Gleichgewichtswert' der Kapitalintensität ($r_t = K_t/A_t$)? Ermitteln Sie die Größe dieses Wertes (rechnerisch und graphisch). Was sagt er aus?

Aufgabe 62

In der Wachstumstheorie wird zwischen neutralem, arbeitssparendem und kapitalsparendem technischen Fortschritt unterschieden. Wie kennzeichnen Hicks und Harrod/Robinson die einzelnen Arten des technischen Fortschritts? Sind die Einteilungen von Hicks bzw. Harrod/Robinson identisch?

Aufgabe 63

a) Was verstehen Sie unter ‚dis-embodied-‘ und ‚embodied technical progress‘? Skizzieren Sie den ‚vintage-Ansatz‘.

b) Welcher Unterschied besteht zwischen ‚induziertem‘ und ‚embodied‘ technischen Fortschritt?

Lösungen

Teil III: Produktionsfaktoren

Aufgabe 1

Teil a: Eine Produktionsfunktion gibt die funktionale Beziehung zwischen der Produktmenge (Ausstoß, Ausbringungsmenge, Output) und den eingesetzten Faktormengen (Input) an:

$$q = f(v_1, v_2, \ldots, v_n)$$

Teil b: Eine konstante Produktionstechnik beinhaltet, daß die Produktionsfunktion ein bestimmtes technisches Wissen impliziert, welches durch die Erfindungen und die Kenntnisse möglicher technischer Verfahren repräsentiert wird. Von konstanter Produktionstechnik bei einer Ausdehnung der Produktion wird gesprochen, wenn der Unternehmer entweder seine Kapazität durch die Inbetriebnahme von Maschinen gleicher Art erweitert (‚Baukastenprinzip‘) oder ein anderes Verfahren wählt, das aber ‚reversibel‘ ist (d. h. bei einem Rückgang der Produktion würde wieder das vorherige alte Produktionsverfahren angewendet).

Aufgabe 2

Teil a: Der Faktorkoeffizient entspricht dem Verhältnis von Faktoreinsatzmenge und Produktmenge z. B.:

$$k_1 = \frac{v_1}{q}$$

Teil b: Die Faktorproduktivität ist gleich dem Verhältnis von Produktmenge zu Faktormenge, also gleich dem Kehrwert des Faktorkoeffizienten, z. B.:

$$o_1 = \frac{q}{v_1} = \frac{1}{k_1}$$

Teil c: Die Faktorintensität (des Faktors 1 in bezug auf den Faktor 2) ist durch das Verhältnis der Einsatzmengen der beiden Faktoren bestimmt:

$$t_1 = \frac{v_1}{v_2}$$

Aus der Definition der obigen Quotienten lassen sich (tautologische) Beziehungen bilden, z. B.:

$$t_1 = \frac{o_2}{o_1}$$

Teil d: Durch partielle Differentiation der Produktmenge nach einer Faktormenge wird die Grenzproduktivität gewonnen. Dieser Ausdruck ist keine Veränderungsgröße, sondern das Verhältnis zweier infinitesimaler (marginaler) Änderungen (Steigung der Kurve; ‚Fähigkeit'), z. B.:

$$GP_1 = \frac{\partial q}{\partial v_1}$$

Teil e: Der Grenzeinsatz eines Faktors gibt die zusätzliche Menge eines Faktors an, die erforderlich ist, um die Ausstoßmenge um eine marginale Größe zu erhöhen; der Grenzeinsatz ist gleich dem Kehrwert der Grenzproduktivität, z. B.:

$$\frac{\partial v_1}{\partial q} = \frac{1}{GP_1}$$

Teil f: Das partielle Grenzprodukt entspricht dem Grenzzuwachs des Produkts in bezug auf die marginale Variation eines Faktors (partielles Produktdifferential), z. B.:

$$d q_1 = \frac{\partial q}{\partial v_1} \cdot d v_1 = GP_1 \cdot d v_1$$

Wird angenommen, daß die Faktormenge sich um eine Einheit ändert, so gilt die (oft unterstellte) Identität der Begriffe Grenzprodukt und Grenzproduktivität.

Teil g: Der Grenzzuwachs des Produkts bei Variation beider Faktoreinsatzmengen wird als totales Grenzprodukt bezeichnet:

$$dq = dq_1 + dq_2 = GP_1 \cdot dv_1 + GP_2 \cdot dv_2$$

Teil h: Die Grenzrate der Substitution (des Faktors 1 durch den Faktor 2) ist die Menge v_1, deren Abgang durch den Zugang einer infinitesimalen Menge v_2 ersetzt wird, ohne daß sich die Ausbringungsmenge ändert:

$$GR_{1/2} = \frac{dv_1}{dv_2} \quad \left(= \frac{GP_2}{GP_1}\right)$$

Teil i: Die Produktionselastizität eines Faktors kann durch das Verhältnis der relativen Änderungen von Produktmenge und Faktormenge oder durch den Quotienten aus Grenzproduktivität und Produktivität ausgedrückt werden, z. B.:

$$e_{q, v_1} = \frac{dq}{q} : \frac{dv_1}{v_1} = GP_1 : o_1$$

Teil j: In der Literatur finden sich verschiedene Definitionen der Substitutionselastizität (e_S).

1. e_S ist gleich dem Verhältnis der relativen Änderung der Faktorintensität ($t_1 = v_1/v_2$) zur relativen Änderung des Faktorpreisverhältnisses (r_1/r_2). Ausgehend von der ‚Faktorintensitätsfunktion'

$$\frac{v_1}{v_2} = f\left(\frac{r_1}{r_2}\right)$$

lautet der Elastizitätsausdruck:

$$e_S = \frac{d\left(\frac{v_1}{v_2}\right)}{\frac{v_1}{v_2}} : \frac{d\left(\frac{r_1}{r_2}\right)}{\frac{r_1}{r_2}} < 0$$

Durch diese Größe wird der Grad der Anpassungsfähigkeit der Faktorintensität an Variationen der Faktorpreisrelation gemessen.

2. es ist gleich dem Verhältnis der relativen Änderung der Faktorintensität zur relativen Änderung des Verhältnisses der Grenzproduktivitäten der Produktionsfaktoren:

$$es = \frac{d\left(\frac{v_1}{v_2}\right)}{\frac{v_1}{v_2}} : \frac{d\left(\frac{GP_1}{GP_2}\right)}{\frac{GP_1}{GP_2}} < 0$$

3. e_S ist gleich dem Verhältnis der relativen Änderung der Faktorintensität zur relativen Änderung der umgekehrten Grenzrate der Substitution:

$$es = \frac{d\left(\frac{v_1}{v_2}\right)}{\frac{v_1}{v_2}} : \frac{d\left(\frac{dv_2}{dv_1}\right)}{\frac{dv_2}{dv_1}} < 0$$

Alle drei Definitionen sind identisch (bei Gültigkeit der Grenzproduktivitätstheorie).

Teilweise wird die Substitutionselastizität in der Literatur auch positiv definiert, wenn z. B. die relative Änderung der Faktorintensität auf die direkte Grenzrate der Substitution bezogen wird.

Aufgabe 3

Teil a: Eine Produktionsfunktion ist homogen vom r-ten Grade, wenn bei einer Änderung der Faktoreinsatzmengen um $\lambda\%$ die Produktmenge um $\lambda^r\%$ variiert:

$$f(\lambda \cdot v_1, \lambda \cdot v_2) = \lambda^r \cdot f(v_1, v_2) = \lambda^r \cdot q$$

Teil b: In der gegebenen Produktionsfunktion werden die Faktormengen mit dem Koeffizienten λ multipliziert:

$$f(\lambda \cdot v_1, \lambda \cdot v_2) = \frac{5 \cdot (\lambda \cdot v_1)^2 + 2 \cdot (\lambda \cdot v_1) \cdot (\lambda \cdot v_2) + 4 \cdot (\lambda \cdot v_2)^2}{6 \cdot (\lambda \cdot v_1) - 2 \cdot (\lambda \cdot v_2)}$$

Durch Ausklammern und Kürzen ergibt sich:

$$\frac{\lambda^2 \cdot (5 \cdot v_1^2 + 2 \cdot v_1 \cdot v_2 + 4 \cdot v_2^2)}{\lambda \cdot (6 \cdot v_1 - 2 \cdot v_2)} = \lambda^1 \cdot q$$

Der Grad der Homogenität ist $r = 1$; es handelt sich um eine linear-homogene Funktion.

Aufgabe 4

Linear-homogene Produktionsfunktionen sind dadurch gekennzeichnet, daß bei einer Erhöhung der Faktormengen um λ% auch der Ausstoß um λ% steigt (Homogenitätsgrad $r = 1$).

Das Ausschöpfungstheorem (als Anwendung des ‚Eulerschen Lehrsatzes' in der Produktionstheorie) besagt, daß die Ausbringungsmenge der Summe aus den Produkten von Faktormenge und Grenzproduktivität entspricht (‚adding-up'-Problem). Bestimmt die Grenzproduktivität den Preis eines Produktionsfaktors (s. Grenzproduktivitätstheorie), so erschöpft die Summe der Faktorentlohnungen das Produkt:

$$v_1 \cdot \frac{\partial q}{\partial v_1} + v_2 \cdot \frac{\partial q}{\partial v_2} = q$$

Zum Beweis dieses Satzes für linear-homogene Produktionsfunktionen wird von der Bedingung ausgegangen:

$$f(\lambda \cdot v_1, \lambda \cdot v_2) = \lambda \cdot f(v_1, v_2)$$

Es wird gesetzt:

$$\lambda = \frac{1}{v_1}$$

Daher:

$$f\left(1, \frac{v_2}{v_1}\right) = \frac{1}{v_1} \cdot f(v_1, v_2)$$

und:

$$v_1 \cdot f\left(1, \frac{v_2}{v_1}\right) = f(v_1, v_2) = q$$

Die Produktmenge q kann als Funktion des Quotienten v_2/v_1 dargestellt werden:

$$q = v_1 \cdot g(v_2/v_1)$$

Diese Funktion wird partiell nach v_1 bzw. v_2 differenziert (Anwendung der Produktenregel):

$$\frac{\partial q}{\partial v_1} = 1 \cdot g(v_2/v_1) + v_1 \cdot g'(v_2/v_1) \cdot \frac{\partial(v_2/v_1)}{\partial v_1}$$

$$\frac{\partial q}{\partial v_1} = g + v_1 \cdot \left(\frac{-v_2}{v_1^2}\right) \cdot g' = g - \frac{v_2}{v_1} \cdot g'$$

Und:

$$\frac{\partial q}{\partial v_2} = v_1 \cdot g'(v_2/v_1) \cdot \frac{\partial(v_2/v_1)}{\partial v_2} = v_1 \cdot \frac{1}{v_1} \cdot g' = g'$$

$$\left(\text{wobei } g'(v_2/v_1) = \frac{d\,g(v_2/v_1)}{d(v_2/v_1)} \text{ ist.}\right)$$

Die partiellen Ableitungen werden mit v_1 bzw. v_2 multipliziert und addiert:

$$v_1 \cdot \frac{\partial q}{\partial v_1} + v_2 \cdot \frac{\partial q}{\partial v_2} = v_1 \cdot g - v_1 \cdot \frac{v_2}{v_1} \cdot g' + v_2 \cdot g'$$

$$v_1 \cdot \frac{\partial q}{\partial v_1} + v_2 \cdot \frac{\partial q}{\partial v_2} = v_1 \cdot g(v_2/v_1) = q$$

q. e. d.

Aufgabe 5

Teil a: Im Produktionsprozeß sind oft Einsatzfaktoren relevant, die nicht spezifiziert werden können, da der Unternehmer auf diese Faktoren keinen Einfluß hat. Sie bewirken, im Zusammenhang mit einer veränderten Produktionstechnik, über- oder unterlineare Homogenität der Produktionsfunktion.

Überlineare Homogenität ist dann gegeben, wenn die Effizienz der Faktorkombination infolge verbesserter Produktionsverfahren (z. B. Produktivitätssteigerung durch eine neue Organisation der Einsatzfaktoren, Übergang von maschineller zu automatischer Fertigung, Spezialisierung der Einsatzfaktoren durch fortschreitende Arbeitsteilung) oder durch Vorteile infolge Auftretens nicht-spezifizierter Faktoren (‚external economies' als positive Einflüsse auf das Produktionsergebnis, die nicht als Kosten berücksichtigt werden; z. B. eine verbesserte Infrastruktur) steigt.

Unterlineare Homogenität der Produktionsfunktion liegt vor, wenn durch Anwendung anderer Produktionsverfahren bei einer Produktionsausdehnung Verluste auftreten oder wenn durch nicht-spezifizierte Faktoren Nachteile entstehen (‚external diseconomies' als negative Einflüsse in der Produktion, die bei gegebenen Kosten das Produktionsergebnis schmälern).

Teil b: Eine Produktionsfunktion ist inhomogen, wenn die Homogenitätsbedingung nicht erfüllt ist, d. h. wenn bei einer Erhöhung der in der Funktion implizit enthaltenen Einsatzfaktoren um $\lambda\%$ der Ausstoß nicht mehr mit einer Rate λ^r (für einen bestimmten Homogenitätsgrad r) steigt. Es kann daher die Ausbringungsmenge bei Konstanz der spezifizierten Produktionsfaktoren vergrößert werden, da bestimmte interne oder externe Einflüsse auf die Produktion positiv einwirken.

Inhomogene Produktionsfunktionen sind bisher in der Literatur wenig diskutiert worden, da es kaum empirische Unterlagen gibt.

Aufgabe 6

Wird die Cobb-Douglas-Funktion partiell nach dem Produktionsfaktor Arbeit differenziert, ist der Faktor Kapital bei dieser Rechenoperation als parametrische Konstante anzusehen:

$$\frac{\partial q}{\partial a} = k^n \cdot m \cdot a^{m-1} = k^n \cdot a^m \cdot m \cdot \frac{1}{a}$$

$$\frac{\partial q}{\partial a} = q \cdot m \cdot \frac{1}{a}$$

bzw.:

$$m = \frac{\partial q}{\partial a} : \frac{q}{a} = GP_a : o_a$$

Der Exponent m ergibt sich als Produktionselastizität des Faktors Arbeit (Verhältnis von Grenzproduktivität zu Produktivität).

Analog läßt sich ableiten, daß der Exponent n der Produktionselastizität des Faktors Kapital entspricht.

Aufgabe 7

Teil a: Die Gleichung für die Grenzproduktivitätskurve des Faktors Arbeit wird durch partielle Differentiation der Produktionsfunktion nach dem Faktor Arbeit gewonnen:

$$GP_a = \frac{\partial q}{\partial a} = 1{,}5 \cdot k^{1/3} \cdot \frac{2}{3} \cdot a^{-1/3} = \left(\frac{k}{a}\right)^{1/3} = \sqrt[3]{\frac{k}{a}}$$

Bei einem Kapitaleinsatz von k = 8 ergibt sich:

$$GP_a = \frac{2}{\sqrt[3]{a}}$$

In der Graphik stellt diese Kurve eine Hyperbel dar:

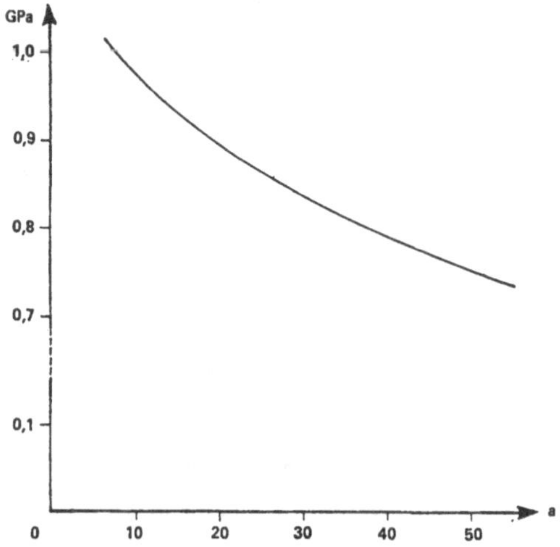

Teil b: Wenn eine Produktionsfunktion linear-homogen ist, gilt der Euler'sche Lehrsatz bzw. das ‚Ausschöpfungstheorem' (s. Aufgabe III, 4); Unternehmergewinne als ‚Überschüsse' sind dann nicht möglich, da der Wert der Produktion auf die eingesetzten Produktionsfaktoren aufgeteilt wird (unter der Annahme, daß der Wert des Grenzprodukts den Preis des Faktors bestimmt):

$$GP_a \cdot p \cdot a + GP_k \cdot p \cdot k = p \cdot q \qquad (p = \text{Produktpreis})$$

bzw.

$$GP_a \cdot a + GP_k \cdot k = q$$

Die hier gegebene Produktionsfunktion hat den Homogenitätsgrad eins (lineare Homogenität), da die Summe der Produktionselastizitäten $\left(\frac{2}{3} + \frac{1}{3}\right)$ gleich eins ist.

Mathematisch kann die Gültigkeit des ‚Ausschöpfungstheorems' folgendermaßen bewiesen werden: Es werden zunächst die partiellen Ableitungen gebildet:

$$GP_k = \frac{\partial q}{\partial k} = 1{,}5 \cdot a^{2/3} \cdot \frac{1}{3} \cdot k^{-2/3} = 0{,}5 \cdot \sqrt[3]{(a/k)^2}$$

und (s. o.)

$$GP_a = \sqrt[3]{(k/a)}$$

Die Summe aus den Produkten von Grenzproduktivität und Faktormenge muß dann gleich der Ausstoßmenge sein:

$$GP_a \cdot a + GP_k \cdot k = \sqrt[3]{(k/a)} \cdot a + 0{,}5 \cdot \sqrt[3]{(a/k)^2} \cdot k$$

$$= \sqrt[3]{k \cdot a^2} + 0{,}5 \cdot \sqrt[3]{a^2 \cdot k} = 1{,}5 \cdot \sqrt[3]{a^2 \cdot k}$$

$$= 1{,}5 \cdot a^{2/3} \cdot k^{1/3} = q$$

q. e. d.

Aufgabe 8

Teil a: Die konstante Faktorintensität besagt, daß die Produktionsfaktoren in einer festen Mengenrelation eingesetzt werden und daher in einem limitationalen Verhältnis stehen. Die Isoquanten verlaufen rechtwinklig:

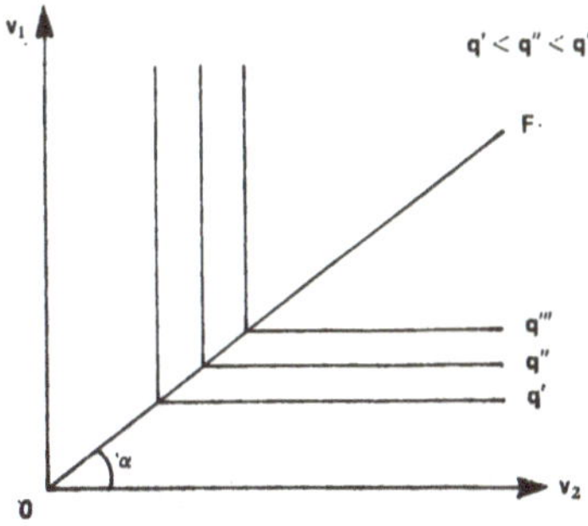

Das konstante Einsatzverhältnis der Faktoren kennzeichnet einen bestimmten ‚Prozeß' und wird in der Graphik als Fahrstrahl OF abgebildet:

$$\operatorname{tg}\alpha = \frac{v_1}{v_2} = \text{const.}$$

Eine Bewegung auf dem Fahrstuhl OF bedeutet, daß das Niveau (Dosis) des Prozesses variiert. Wird die Produktionsfunktion in der Form

$$q = f(\mu \cdot \bar{v}_1, \mu \cdot \bar{v}_2)$$

geschrieben, wobei $\bar{v}_1$ und $\bar{v}_2$ die Ausgangsmengen der Faktoren sind, die die konstante Faktorintensität bestimmen, so gibt die Größe μ das Prozeßniveau an. Die Produktmenge kann dann als Funktion des Prozeßniveaus bei unverändertem Einsatzmengenverhältnis der Faktoren dargestellt werden:

$$q = g(\mu)$$

Aus dieser Funktion wird das Niveaugrenzprodukt (‚marginal return to scale') als Veränderung der Ausstoßmenge bezogen auf eine marginale Variation des Prozeßniveaus abgeleitet:

$$GP_\mu = \frac{dq}{d\mu}$$

Die Niveauelastizität ist gleich dem Verhältnis der relativen Änderung der Produktmenge und der relativen Änderung des Prozeßniveaus:

$$e_{q,\mu} = \frac{dq}{q} : \frac{d\mu}{\mu}$$

Teil b: Von ‚constant returns to scale' wird gesprochen, wenn das Prozeßniveau und die Produktmenge bei unverändertem Einsatzmengenverhältnis der Faktoren in gleicher Proportion wachsen; die Produktionsfunktion ist linear-homogen (s. Aufgabe III, 4). Das Niveaugrenzprodukt ($GP\mu$) ist konstant; die Niveauelastizität ($e_{q,\mu}$) ist gleich eins.

‚Increasing returns to scale' liegen vor, wenn bei einer Erhöhung des Prozeßniveaus die Ausstoßmenge überproportional ansteigt (überlineare Homogenität der Produktionsfunktion, ‚external economies'; s. Aufgabe III, 5). Das Niveaugrenzprodukt nimmt ständig zu; die Niveauelastizität ist größer als eins.

Bei ‚decreasing returns to scale' wächst die Ausbringungsmenge unterproportional zum Prozeßniveau (unterlineare Homogenität der Produktionsfunktion, ‚external diseconomies'; s. Aufgabe III, 5). Das Niveaugrenzprodukt fällt; die Niveauelastizität ist kleiner als eins.

In einer Graphik, die auf den Achsen q und μ enthält, lassen sich ‚constant, increasing und decreasing returns to scale' als Kurven mit konstanter, zu- und abnehmender Steigung darstellen:

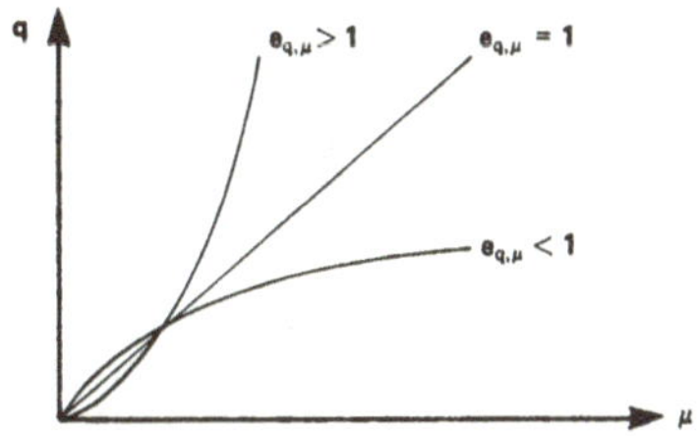

Aufgabe 9

In der Cobb-Douglas-Funktion

$$q = a^m \cdot k^n$$

sind a und k die eingesetzten Mengen der Faktoren Arbeit und Kapital; die Faktorpreise seien w (Lohn) und i (Zins), so daß gilt (s. Aufgabe III, 2):

$$e_S = \frac{d\left(\frac{k}{a}\right)}{\frac{k}{a}} : \frac{d\left(\frac{i}{w}\right)}{\frac{i}{w}} = \frac{d\left(\frac{k}{a}\right)}{d\left(\frac{i}{w}\right)} \cdot \frac{a}{k} \cdot \frac{i}{w}$$

Lohn und Zins sollen durch den Grenzproduktwert (bewertete Grenzproduktivität) determiniert sein:

$$w = \frac{\partial q}{\partial a} \cdot p = GP_a \cdot p \quad (p = \text{Produktpreis})$$

$$i = \frac{\partial q}{\partial k} \cdot p = GP_k \cdot p$$

Die Exponenten m und n in der Cobb-Douglas-Funktion entsprechen den Produktionselastizitäten der Faktoren:

$$m = \frac{\partial q}{\partial a} : \frac{q}{a} = GP_a \cdot \frac{a}{q} = \text{const.}$$

$$n = \frac{\partial q}{\partial k} : \frac{q}{k} = GP_k \cdot \frac{k}{q} = \text{const.}$$

Daraus folgt:

$$\frac{n}{m} = \frac{GP_k}{GP_a} \cdot \frac{k}{a} = \frac{i}{w} \cdot \frac{k}{a}$$

Aus dieser Gleichung kann eine funktionale Beziehung zwischen dem Faktormengenverhältnis (Kapitalintensität k/a) und dem Faktorpreisverhältnis (Zins-Lohn-Relation i/w) abgeleitet werden; der konstante Proportionalitätsfaktor ist n/m:

$$\frac{k}{a} = f\left(\frac{i}{w}\right) = \frac{n}{m} \cdot \frac{1}{i/w}$$

Die erste Ableitung dieser Funktion ergibt:

$$\frac{d\left(\frac{k}{a}\right)}{d\left(\frac{i}{w}\right)} = -\frac{n}{m} \cdot \frac{1}{(i/w)^2}$$

Dieser Ausdruck wird in die Formel für die Substitutionselastizität eingesetzt:

$$e_S = -\frac{n}{m} \cdot \frac{1}{(i/w)^2} \cdot \frac{a}{k} \cdot \frac{i}{w} = -\frac{n}{m} \cdot \frac{1}{(i/w)^2} \cdot \frac{m}{n} \frac{i}{w} \cdot \frac{i}{w}$$

(da: a/k = m/n · i/w).

Durch Kürzen folgt:

$$e_S = -1$$

q. e. d.

Aufgabe 10

Teil a: Die Substitutionselastizität (s. Aufgabe III, 2)

$$e_S = \frac{d\left(\frac{v_1}{v_2}\right)}{\frac{v_1}{v_2}} : \frac{d\left(\frac{r_1}{r_2}\right)}{\frac{r_1}{r_2}}$$

kann zur Charakterisierung einer Produktionsfunktion und damit zur Bestimmung des Verhältnisses der eingesetzten Faktormengen herangezogen werden.

Fall I: Ist $e_S = 0$, so ist keine Substitutionsmöglichkeit der Produktionsfaktoren gegeben; die Faktoren stehen in einem festen Einsatzverhältnis (‚Limitationalität').

Fall II: Ist $e_S = -1$, so sind die Produktionsfaktoren unbegrenzt substituierbar; das Einsatzverhältnis ist variabel (s. Aufgabe III, 9).

Fall III: Ist $e_S = -\infty$, so sind die Produktionsfaktoren voll substituierbar; die Substitutionsrate ist von den Einsatzmengen der Produktionsfaktoren unabhängig und konstant.

Teil b: Zur Bestimmung der Gleichung der Produktionsfunktion im Fall I wird davon ausgegangen, daß ein festes Verhältnis zwischen Output und Input (Produktivität = o) besteht:

$$\bar{o}_1 = \frac{q}{v_1} = \text{const.}$$

$$\bar{o}_2 = \frac{q}{v_2} = \text{const.}$$

Zur Erstellung einer bestimmten Produktmenge gibt es eine feste Kombination der Produktionsfaktoren, bei der die 'minimalen' Faktormengen eingesetzt werden ('effiziente' Nutzung der Faktoren). Der Ausstoß kann durch einseitige Steigerung der Einsatzmenge eines Faktors nicht erhöht werden. Die Funktion kann daher folgendermaßen geschrieben werden:

$$q = \min \begin{cases} \bar{o}_1 \cdot v_1 \\ \bar{o}_2 \cdot v_2 \end{cases}$$

(Produktionsfunktion vom ‚Leontief-Typ').

Im Fall II handelt es sich um eine Produktionsfunktion vom ‚Cobb-Douglas-Typ', die folgende Form hat:

$$q = v_1^m \cdot v_2^n$$

Die Exponenten m und n entsprechen den konstanten Produktionselastizitäten der Faktoren (s. Aufgabe III, 6).

Im Fall III soll die ‚Faktorproduktivität' bei alleinigem Einsatz eines Faktors, d. h. bei völliger Substitution des anderen Faktors, bezeichnet werden mit:

$$o_1' = \frac{q}{v_1} \quad \text{bei } v_2 = 0$$

bzw.

$$o_2' = \frac{q}{v_2} \quad \text{bei } v_1 = 0$$

Dann kann die Funktion durch folgende Gleichung ausgedrückt werden:

$$q = o_1' \cdot v_1 + o_2' \cdot v_2$$

Teil c: Im Fall I sind die Isoquanten rechtwinklig; der ‚effiziente' Faktoreinsatz zur Erstellung einer bestimmten Produktmenge wird durch den Eckpunkt einer Isoquante ($S_1, S_2, S_3, \ldots$) dargestellt, da hier kein Faktor im Überschuß vorhanden ist. Auf den senkrechten bzw. waagerechten Ästen der Isoquanten ist jeweils ein Faktor im Überschuß (‚ineffizienter Bereich').

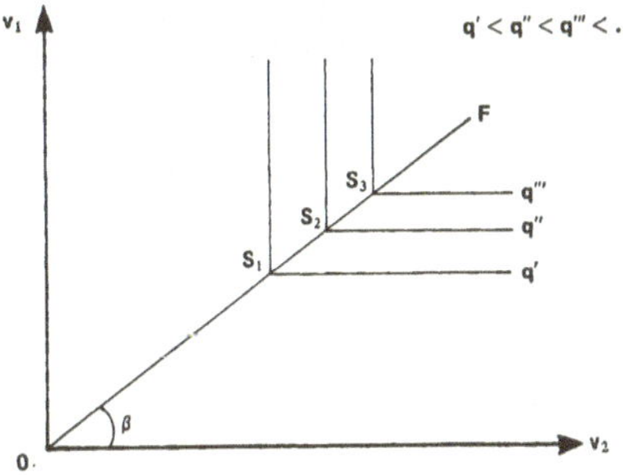

Die Faktorintensität (t_1) als Verhältnis der beiden Faktormengen 1 und 2 ist konstant und entspricht dem Tangens des Winkels, den die ‚Prozeßlinie' OF mit der positiven Richtung der Abszissenachse bildet:

$$t_1 = \frac{v_1}{v_2} = \operatorname{tg} \beta = \text{const.}$$

Eine ‚isoquante Variation' der Faktoren (d. h. eine Veränderung beider Faktormengen, indem ein Faktor den anderen Faktor bei gleichbleibender Produktmenge ersetzt) ist ausgeschlossen; daher ist die Grenzrate der Substitution des Faktors 1 durch den Faktor 2 (als Steigung der Isoquante) nicht zu definieren (im Eckpunkt, der allein relevant ist, springt das Steigungsmaß der Tangente an die Isoquante direkt von Null auf Unendlich und umgekehrt).

Im Fall II kann die Gleichung einer Isoquante abgeleitet werden, indem in der Produktionsfunktion die Produktmenge konstant gesetzt wird ($\bar{q}$):

$$\bar{q} = v_1^m \cdot v_2^n$$

$$v_1 = \bar{q}^{1/m} \cdot \frac{1}{v_2^{n/m}}$$

In der Graphik wird diese Funktion durch eine gleichseitige Hyperbel abgebildet:

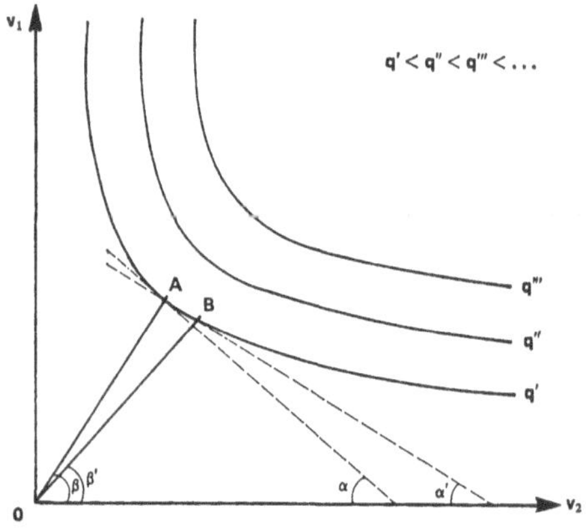

Da die Produktionsfaktoren substituierbar sind, kann eine bestimmte Produktmenge mit mehreren Mengenkombinationen der Faktoren erstellt werden.

Die Faktorintensität

$$t_1 = \frac{v_1}{v_2} = \bar{q}^{1/m} \cdot \frac{1}{v_2^{\frac{n}{m}+1}} = \operatorname{tg} \beta$$

sinkt, wenn Faktor 1 durch Faktor 2 substituiert wird; der Winkel β nimmt ab ($\beta' < \beta$).

Eine ‚isoquante Variation' bedeutet eine Bewegung auf der Isoquante, z. B. von A nach B. Als Maßgröße dient die Grenzrate der Substitution, die negativ ist und mit zunehmender Substitution des Faktors 1 durch den Faktor 2 abnimmt:

$$\frac{dv_1}{dv_2} = \bar{q}^{1/m} \cdot \left(-\frac{n}{m}\right) \cdot \frac{1}{v_2^{\frac{n}{m}+1}} = -\frac{n}{m} \cdot t_1 = \operatorname{tg} \alpha$$

(‚Gesetz der sinkenden Grenzrate'); der Winkel α wird kleiner ($\alpha' < \alpha$).

Im Fall III ist die Isoquante eine fallende Gerade, deren Steigung durch o_2'/o_1' gegeben ist:

$$v_1 = -\frac{o_2'}{o_1'} \cdot v_2 + \frac{\bar{q}}{o_1'}$$

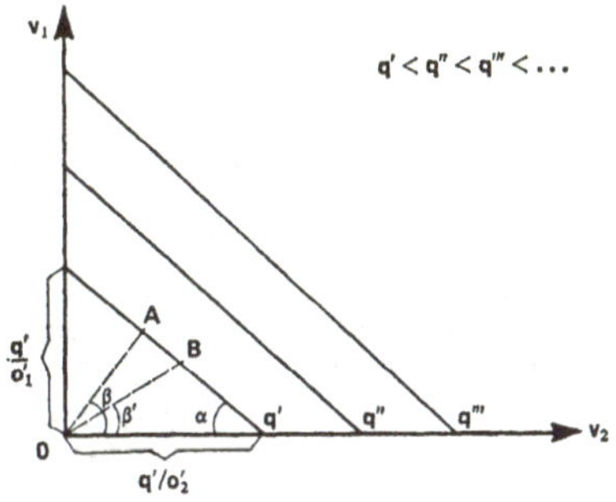

Wird ein Faktor völlig durch den anderen ersetzt, so erhält man die Achsenabschnitte der Isoquante:

$$v_1 = \frac{\bar{q}}{o_1'} \quad \text{wenn } v_2 = 0$$

$$v_2 = \frac{\bar{q}}{o_2'} \quad \text{wenn } v_1 = 0$$

Die Faktorintensität sinkt wiederum bei wachsender Substitution (Bewegung A nach B):

$$t_1 = \frac{v_1}{v_2} = -\frac{o_2'}{o_1'} + \frac{\bar{q}}{o_1' \cdot v_2} = \operatorname{tg} \beta$$

$(\beta' < \beta)$.

Die Grenzrate der Substitution ist wie im Fall II negativ, aber konstant, da der Steigungswinkel α nicht variiert:

$$\frac{dv_1}{dv_2} = -\frac{o_2'}{o_1'} = \operatorname{tg} \alpha = \text{const.}$$

Teil d: Wird ein Produktionsfaktor konstant gesetzt und nur der andere Faktor im Einsatz variiert, so wird von ‚partieller Variation' gesprochen. Die Funktion $q = f(v_1)$ bei $v_2 = \text{const.}$ (bzw. $q = g(v_2)$ bei $v_1 = \text{const.}$) soll als ‚Ertragskurve' bezeichnet werden.

In der Isoquantendarstellung wird eine ‚partielle Variation' durch eine Bewegung auf einer Parallelen zu einer Koordinatenachse zum Ausdruck gebracht; als Maßgrößen dienen die ‚Grenzproduktivität' bzw. die ‚Produktionselastizität'.

Im Fall I kann, ausgehend von den Eckpunkten der Isoquanten, durch partielle Faktorvariation kein höherer Ausstoß erzielt werden, da die Faktoren in einem konstanten Verhältnis eingesetzt werden. Bei partieller Variation gelangt man in den ineffizienten Bereich. Wird die Faktormenge 2 fest vorgegeben:

$$v_2 = \bar{v}_2$$

so ist damit auch die ‚effiziente' Faktormenge $\bar{v}_1$ determiniert. Solange $v_1 < \bar{v}_1$, befindet sich dieser Faktor im ‚Unterschuß'; es kann durch eine partielle Variation von v_1 die Produktmenge erhöht werden. Bei $v_1 \geqq \bar{v}_1$ dagegen kann durch eine weitere Steigerung des Einsatzes des Faktors 1 die Ausstoßmenge nicht mehr vergrößert werden. Formelmäßig bzw. graphisch kann die Funktion $q = f(v_1)$ daher folgendermaßen dargestellt werden:

$$q = \bar{o}_1 \cdot v_1 \quad \text{wenn } v_1 < \bar{v}_1$$

und

$$q = \text{const.} \quad \text{wenn } v_1 \geqq \bar{v}_1$$

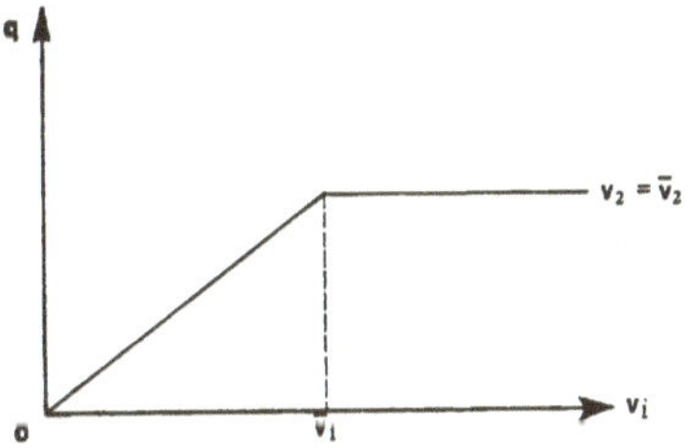

Analog gilt für die Funktion $q = g(v_2)$ bei $v_1 = \bar{v}_1$:

$$q = \bar{o}_2 \cdot v_2 \quad \text{wenn } v_2 < \bar{v}_2$$

und

$$q = \text{const.} \quad \text{wenn } v_2 \geqq \bar{v}_2$$

Ausgehend von den Eckpunkten der Isoquanten sind die Grenzproduktivitäten und die Produktionselastizitäten gleich Null, da die Produktmengen nicht durch einseitige Steigerung des Einsatzes eines Produktionsfaktors erhöht werden können:

$$GP_1 = \frac{\partial q}{\partial v_1} = 0 \quad \text{bzw.} \quad GP_2 = \frac{\partial q}{\partial v_2} = 0$$

und:

$$e_{q, v_1} = \frac{GP_1}{o_1} = 0 \quad \text{bzw.} \quad e_{q, v_2} = \frac{GP_2}{o_2} = 0$$

Im Fall II ergibt sich bei Konstanz eines Faktors, z. B. $v_2 = \bar{v}_2$, eine rechtsgekrümmte Ertragskurve,

d. h. die Funktion $q = f(v_1)$ ist eine steigende Funktion, die Steigungsrate nimmt jedoch ab:

$$q = C_1 \cdot v_1^m \quad (C_1 = \bar{v}_2^n = \text{const.})$$

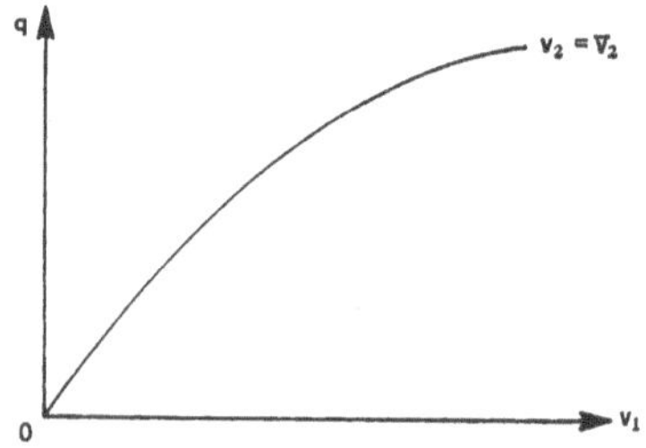

Analog für $q = g(v_2)$ bei $v_1 = \bar{v}_1$:

$$q = C_2 \cdot v_2^n \quad (C_2 = \bar{v}_1^m = \text{const.})$$

Die Grenzproduktivität eines Faktors ist positiv und sinkt mit wachsendem Einsatz dieses Faktors:

$$GP_1 = m \cdot C_1 \cdot v_1^{m-1} = m \cdot \frac{q}{v_1} = m \cdot o_1$$

Analog für Faktor 2:

$$GP_2 = n \cdot C_2 \cdot v_2^{n-1} = n \cdot \frac{q}{v_2} = n \cdot o_2$$

Die Produktionselastizität eines Faktors ist konstant (da die Ertragskurven iso-elastische Kurven sind) und kleiner als eins (da die Ertragskurven rechtsgekrümmt verlaufen):

$$e_{q, v_1} = \frac{GP_1}{o_1} = m < 1$$

und:

$$e_{q, v_2} = \frac{GP_2}{o_2} = n < 1$$

Im Fall III sind die Ertragskurven steigende Geraden, die oberhalb des Ursprungs beginnen. Ist z. B. $v_2 = \bar{v}_2$ vorgegeben, so lautet die Funktion $q = f(v_1)$:

$$q = C' + o_1' \cdot v_1 \quad (C' = o_2' \cdot \bar{v}_2 = \text{const.})$$

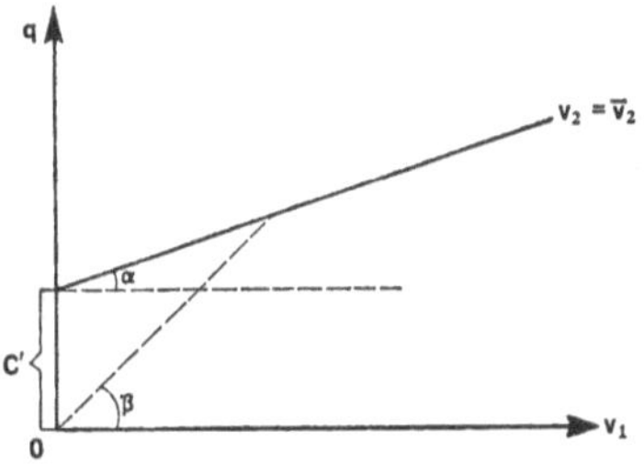

Analog für $q = g(v_2)$ bei $v_1 = \bar{v}_1$:

$$q = C'' + o_2' \cdot v_2 \quad (C'' = o_1' \cdot \bar{v}_1 = \text{const.})$$

Die Grenzproduktivität eines Faktors ist jetzt positiv und konstant, da die Ertragskurven Geraden sind:

$$GP_1 = o_1'$$

und:

$$GP_2 = o_2'$$

Die Produktionselastizität ist positiv und kleiner als eins ($\alpha < \beta$), steigt aber mit wachsendem Einsatz eines Faktors, da bei konstanter Grenzproduktivität ($\text{tg}\,\alpha$) die Produktivität ($\text{tg}\,\beta$) abnimmt:

$$e_{q, v_1} = \frac{GP_1}{o_1} = \frac{o_1'}{o_1} = \frac{\text{tg}\,\alpha}{\text{tg}\,\beta} < 1 \quad \text{(steigt)}$$

und:

$$e_{q, v_2} = \frac{GP_2}{o_2} = \frac{o_2'}{o_2} < 1 \quad \text{(steigt)}$$

Teil e: In der Faktorintensitätskurve wird das Faktormengenverhältnis (Faktorintensität: $t_1 = v_1/v_2$) in Abhängigkeit vom Faktorpreisverhältnis (r_1/r_2) beschrieben:

$$\frac{v_1}{v_2} = f\left(\frac{r_1}{r_2}\right)$$

Die Faktorpreise sollen den Grenzproduktivitäten der Faktoren entsprechen.

Im Fall I ist das Faktormengenverhältnis konstant; in der Graphik ist die Faktorintensitätskurve eine Waagerechte, deren Elastizität null ist: $\frac{v_1}{v_2} = \text{const.}$

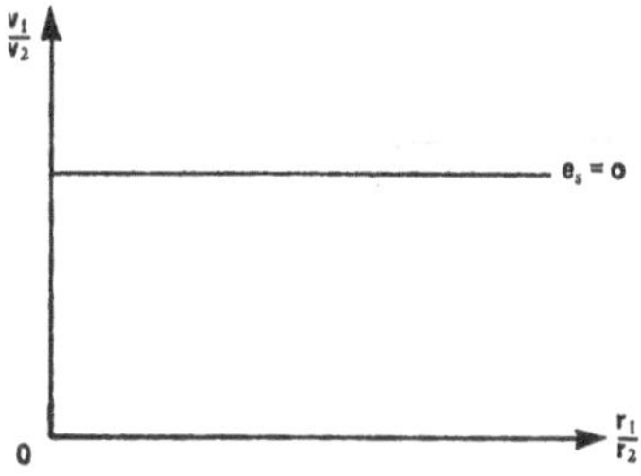

Im Fall II kann aus den Formeln für die Grenzproduktivitäten (s. Teil d) die Faktorintensitätsfunktion abgeleitet werden:

$$r_1 = GP_1 = m \cdot \frac{q}{v_1}$$

bzw.

$$r_2 = GP_2 = n \cdot \frac{q}{v_2}$$

und:

$$\frac{v_1}{v_2} = \frac{m}{n} \cdot \frac{1}{r_1/r_2}$$

Diese Funktion ergibt in der Graphik eine Hyperbel, deren Elastizität minus eins ist (s. Aufgabe III, 9):

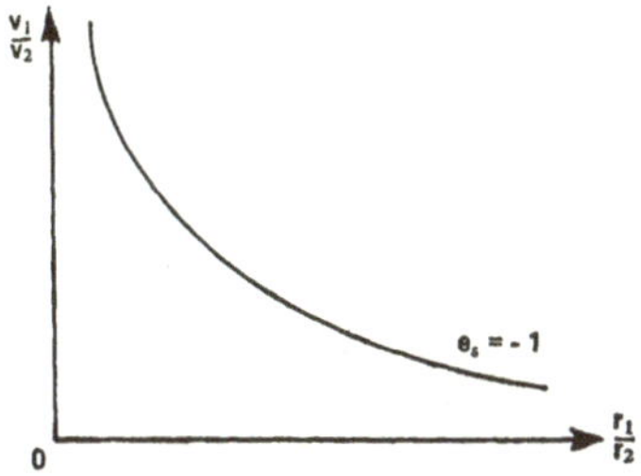

Im Fall III sind die Grenzproduktivitäten konstant; damit ist auch das Faktorpreisverhältnis fest:

$$\frac{r_1}{r_2} = \frac{o_1'}{o_2'} = \text{const.}$$

Die Faktorintensitätskurve ist eine Senkrechte, deren Elastizität unendlich groß ist:

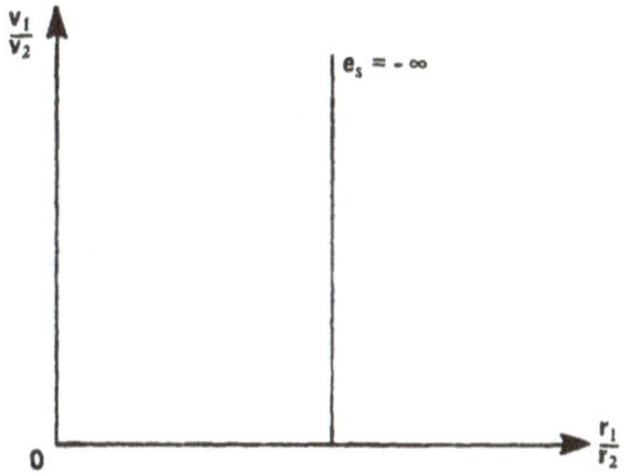

Aufgabe 11

Teil a: Die gegebene Funktion ist eine Produktionsfunktion vom Cobb-Douglas-Typ; wird $v_2 = 8$ gesetzt, so lautet die Ertragsfunktion:

$$q = 4 \cdot \sqrt[3]{v_1}$$

Die Graphik zeigt, daß diese Funktion im Cobb-Douglas-Fall eine parabelartige Form hat (in Übereinstimmung mit dem Ergebnis von Aufgabe III, 10 d):

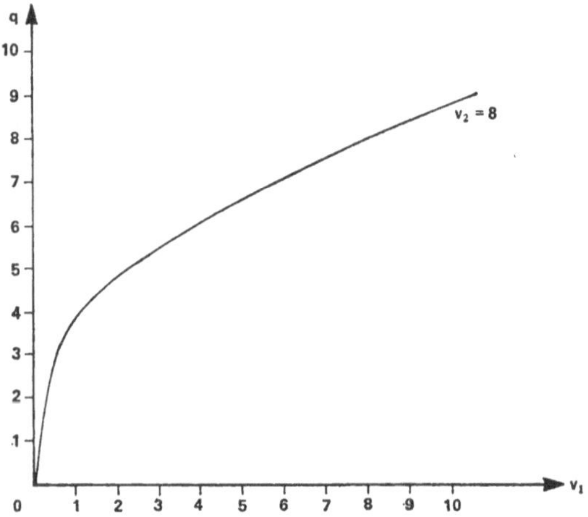

Bei partieller Erhöhung der Einsatzmenge des Faktors 1 steigt die Produktmenge mit abnehmender Rate (die Grenzproduktivität sinkt).

Teil b: Es handelt sich um eine Produktionsfunktion vom Leontief-Typ, die ein festes Einsatzverhältnis der Produktionsfaktoren unterstellt; diese konstante Faktorintensität ($t_1 = v_1/v_2$) entspricht dem Verhältnis der Produktivitäten (o_2/o_1):

$$t_1 = \frac{q/v_2}{q/v_1} = \frac{o_2}{o_1} = \frac{1/2}{1/3} = \frac{3}{2}$$

Da $v_2 = 8$ vorgegeben ist, ist die ‚effiziente' Einsatzmenge des Faktors 1:

$$v_1 = 12$$

Bis zu dieser Einsatzmenge ist der Faktor 1 im Unterschuß vorhanden, so daß durch partielle Variation der Ausstoß erhöht werden kann. Wird der Faktor 1 weiter eingesetzt, so gelangt er in den Überschußbereich; die Ausbringung kann nicht mehr vergrößert werden. Daher besteht die Ertragsfunktion aus zwei Teilen (s. Aufgabe III, 10, d):

$$q = \frac{1}{3} \cdot v_1 \quad \text{für} \quad 0 \leqq v_1 \leqq 12$$

$$q = 4 \qquad \text{für} \quad v_1 \geqq 12$$

In der Graphik ergibt sich bis $v_1 = 12$ eine ansteigende Gerade; für $v_1 > 12$ verläuft die Ertragsfunktion parallel zur Abszissenachse:

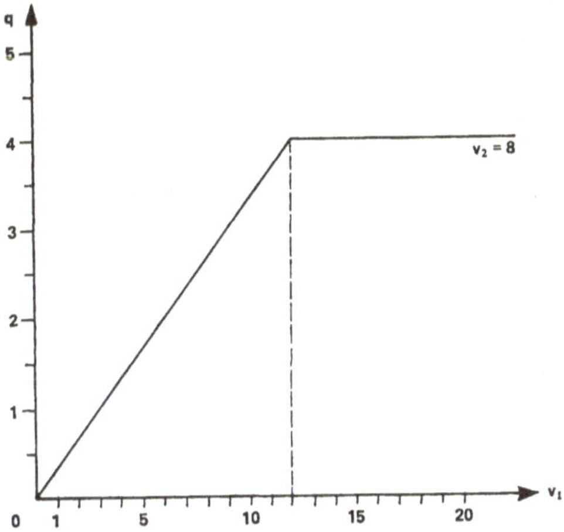

Aufgabe 12

Teil a: Unter dem Begriff ‚technischer Fortschritt' (technische Neuerung) wird die Schaffung neuer Produkte bzw. die Einführung neuer Produktionsmethoden verstanden, mit denen bei gleichem Faktormengeneinsatz eine höhere Produktmenge bzw. die gleiche Ausstoßmenge bei geringerem Einsatz der Faktormengen erstellt werden kann.

Die Produktion neuer Güter bzw. die Benutzung neuer technischer Verfahren wird durch fortgesetzte neue wissenschaftliche Erkenntnisse ermöglicht. Die wissenschaftliche Entwicklung dieser neuen Methoden wird als ‚invention' (‚technischer Horizont', ‚potentieller technischer Fortschritt'), die wirtschaftliche Realisierung durch unternehmerische Tätigkeit dagegen als ‚innovation' (‚verwirklichter technischer Fortschritt') bezeichnet.

Teil b: In der Isoquantendarstellung kann der Einsatz eines neuen technischen Verfahrens im Produktionsprozeß entweder durch eine Verlagerung der Isoquante gegen den Nullpunkt oder durch Erhöhung des Produktmengenindex' der Isoquante zum Ausdruck gebracht werden. Im ersten Falle bedeutet die Verschiebung der Isoquante, daß die gleiche Ausbringungsmenge (z. B. q_{10}) nach Einführung der technischen Neuerung mit geringeren Faktoreinsatzmengen erstellt werden kann (q'_{10}):

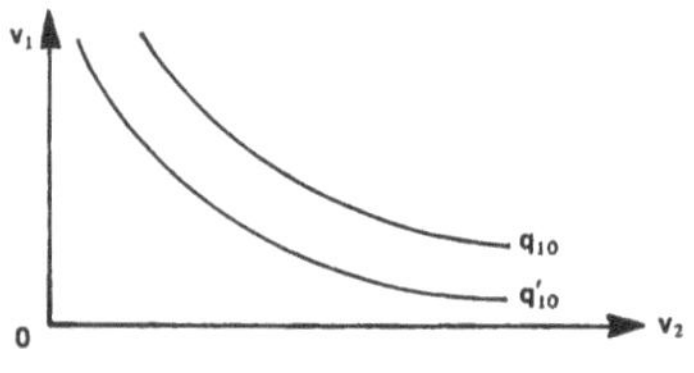

Erhält die Isoquante (z. B. q_{10}) einen höheren Produktmengenindex (z. B. q_{20}), so heißt das, daß mit den gleichen Faktoreinsatzmengen nach Berücksichtigung des technischen Fortschritts ein größerer Ausstoß erzielt werden kann:

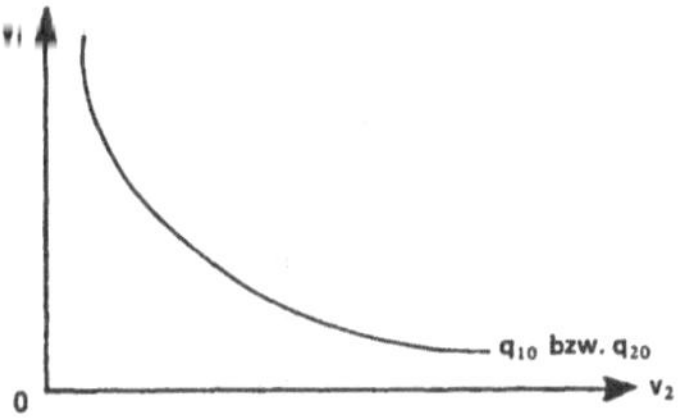

Teil c: Die Wirkung des technischen Fortschritts kann durch eine Verlagerung der (statischen) Produktionsfunktion ausgedrückt werden (in der Graphik verschiebt sich die Produktionsfunktion nach oben). Dagegen stellt die Substitution eines Produktionsfaktors durch einen anderen (z. B. Änderung des Mechanisierungsgrades, indem Arbeit durch Kapital ersetzt wird) eine Bewegung auf einer Isoquanten bzw. die bessere Kombination der Faktoren im Rahmen einer gegebenen Produktionsfunktion (‚Rationalisierung', die zu steigenden Durchschnittserträgen führt) die Bewegung auf einer Produktionsfunktion dar.

I. a. ist allerdings der technische Fortschritt mit einer Substitution (z. B. von Arbeit durch Kapital) verbunden, so daß die Trennung der beiden Erscheinungen praktisch nicht durchgeführt werden kann.

Teil d: Wird der technische Fortschritt dadurch gemessen, daß zur Erstellung einer bestimmten Produktmenge ($\bar{q}$) veränderte Einsatzmengen der Produktionsfaktoren Arbeit bzw. Kapital benötigt werden, so kann die Variation des Mengenverhältnisses der Produktionsfaktoren, d. h. der Faktorintensität, zur Charakterisierung des technischen Fortschritts benutzt werden. Es sind dann sieben Fälle zu unterscheiden:

1. Die Kapitalintensität (k/a) steigt, da mehr Kapital und weniger Arbeit eingesetzt werden (der Kapitalkoeffizient nimmt zu, der Arbeitskoeffizient sinkt).

2. Die Kapitalintensität steigt, da die gleiche Menge Kapital, aber eine geringere Menge Arbeit eingesetzt wird (der Kapitalkoeffizient ist konstant, der Arbeitskoeffizient fällt).

3. Die Kapitalintensität steigt, da der Kapital- und Arbeitseinsatz sinken; der Faktor Arbeit nimmt aber stärker ab als der Faktor Kapital (Kapital- und Arbeitskoeffizient fallen).

4. Die Kapitalintensität bleibt unverändert, da der Kapital- und Arbeitseinsatz mit der gleichen Rate vermindert werden (Kapital- und Arbeitskoeffizient werden kleiner).

5. Die Kapitalintensität fällt, da weniger Kapital und Arbeit eingesetzt werden, der Kapitaleinsatz aber stärker abnimmt als der Arbeitseinsatz (Kapital- und Arbeitskoeffizient sinken).

6. Die Kapitalintensität fällt, da bei konstanter Arbeitsmenge weniger Kapital eingesetzt wird (der Kapitalkoeffizient nimmt ab, der Arbeitskoeffizient variiert nicht).

7. Die Kapitalintensität fällt, da bei steigendem Arbeitseinsatz der Kapitaleinsatz zurückgeht (der Kapitalkoeffizient sinkt, der Arbeitskoeffizient wird größer).

Die Fälle 1 bis 3, werden als arbeitssparender, die Fälle 5 bis 7 als kapitalsparender technischer Fortschritt bezeichnet. Im Fall 4 ist der technische Fortschritt neutral (‚Hicks-Neutralität', s. Aufgabe IV, 62).

In einer Isoquantendarstellung können die einzelnen Fälle abgebildet werden. Es wird von einem Punkt P auf einer Isoquante ($\bar{q}$) ausgegangen, der ein bestimmtes Produktionsverfahren bei festem Einsatzverhältnis ($tg\,\alpha = k/a$) vor Einführung der technischen Neuerung kennzeichnet ($a = OT$; $k = OS$).

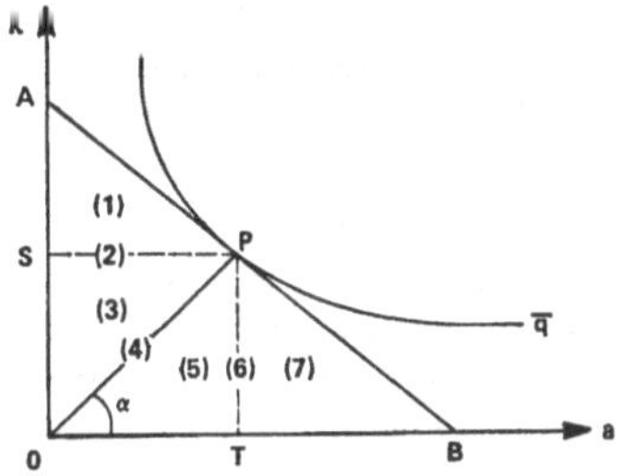

Der technische Fortschritt verschiebt die Isoquante zum Nullpunkt hin. Liegt der Punkt P dann auf der Linie OP, so ist der technische Fortschritt neutral, da die Kapitalintensität konstant geblieben ist (Fall 4). Bei arbeitssparendem (kapitalsparendem) technischem Fortschritt verlagert sich der Punkt P in das Dreieck OPA (OPB), d. h. es handelt sich um die Fälle 1, 2 und 3 (5, 6 und 7), da die Kapitalintensität gestiegen (gefallen) ist.

Aufgabe 13

Teil a: Da der Produktpreis konstant ist, bietet der Unternehmer auf einem vollkommenen Absatzmarkt an (‚Mengenanpasser').

Der Faktorpreis ist von der eingesetzten Faktormenge abhängig; deshalb ist der Beschaffungsmarkt unvollkommen (‚monopsonistische Nachfrage').

Teil b: Für einen Unternehmer, der auf einem unvollkommenen Beschaffungsmarkt nachfragt und auf einem vollkommenen Absatzmarkt anbietet, lautet die Bedingung für Gewinnmaximierung:

$$WGP = GK_v$$

($WGP = GP \cdot p =$ Wert des Grenzprodukts; $GK_v =$ Grenzkosten, bezogen auf v).

Die Gleichung für den Grenzproduktwert lautet:

$$WGP = GP \cdot p = -4 \cdot v + 80$$

Der Faktorpreis (r) entspricht den variablen Durchschnittskosten (DVK); die variablen Kosten, bezogen auf v, sind deshalb:

$$VK = DVK \cdot v = 0{,}5 \cdot v^2 + 30 \cdot v$$

Da die Fixkosten die Grenzkosten nicht beeinflussen, kann durch Differentiation der VK die Gleichung für die Grenzkosten, bezogen auf v, gewonnen werden:

$$GK_v = \frac{d(VK)}{dv} = v + 30$$

Durch Gleichsetzen von GPW und GK_v ergibt sich die Faktormenge, die nachgefragt wird (v_1):

$$-4 \cdot v_1 + 80 = v_1 + 30$$

$$v_1 = 10$$

In der Graphik werden die Kurven r, GK_v und WGP in Abhängigkeit von v eingezeichnet:

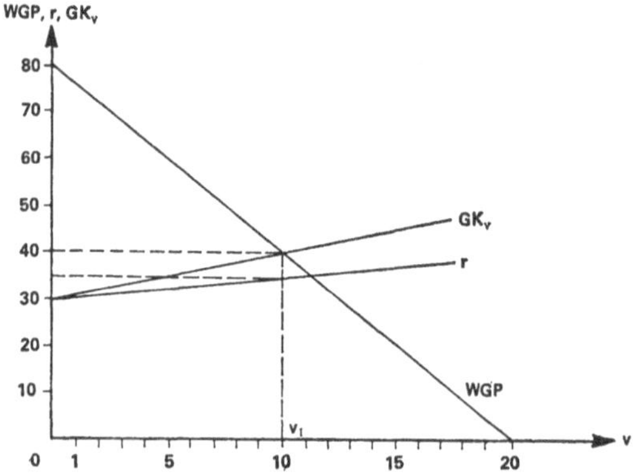

WGP- und GK_v-Kurve schneiden sich bei $v_1 = 10$.

Teil c: Wird $v_1 = 10$ in die Gleichungen für r und GK_v eingesetzt, ergeben sich die einzelnen Größen:

$$r_1 = 0{,}5 \cdot v_1 + 30 = 35$$

$$GK_v^1 = v_1 + 30 = 40$$

Der Wert des Grenzprodukts ist, laut Bedingungsgleichung, gleich den Grenzkosten:

$$WGP_1 = 40$$

Teil d: Die Elastizität der Faktormenge in bezug auf den Faktorpreis ist definiert durch:

$$e_{v,r} = \frac{dv}{v} : \frac{dr}{r} = \frac{dv}{dr} : \frac{v}{r}$$

Aus der Gleichung

$$r = 0{,}5 \cdot v + 30$$

folgt:

$$v = 2 \cdot r - 60$$

und:

$$\frac{dv}{dr} = 2$$

Für $v = 15$ kann jetzt die Elastizität berechnet werden:

$$e_{v,r} = 2 : \frac{15}{37{,}5} = 5$$

Die Flexibilität ist als der Kehrwert der Elastizität definiert:

$$\eta_{v,r} = \frac{dr}{r} : \frac{dv}{v} = \frac{1}{e_{v,r}} = \frac{1}{5}$$

Aufgabe 14

Im Gewinnmaximum des Unternehmers gilt die Bedingung:

$$WGP = GK_v$$

Die Grenzkosten, bezogen auf v, können auch durch die Robinson-Amoroso-Relation ausgedrückt werden:

$$GK_v = r \cdot \left(1 + \frac{1}{e_{v,r}}\right) = r \cdot (1 + \eta_{v,r})$$

Da WGP und η gegeben sind, kann die Höhe des Faktorpreises (r) für die gewinnmaximale Einsatzmenge $v = 4$ berechnet werden:

$$WGP = r \cdot (1 + \eta_{v,r})$$

$$10 - 4 = r \cdot \frac{3}{2}$$

$$r = 4$$

Der Überschuß bzw. die ‚Ausbeutung' (A) ist daher:

$$A = WGP - r = 6 - 4 = 2$$

Dieser Überschuß des Unternehmers wird durch die Unvollkommenheit des Beschaffungsmarktes ermöglicht (r variabel), denn der Absatzmarkt ist vollkommen. Daher handelt es sich (nach J. Robinson) um eine ‚monopsonistische Ausbeutung'.

Aufgabe 15

Teil a: Aus der Erlösfunktion folgt für den Produktpreis

$$p = \frac{E}{q} = 2$$

Da der Produktpreis nicht mit der Absatzmenge variiert, verhält sich der Unternehmer auf der Absatzseite als Mengenanpasser (vollkommener Markt).

Der Faktorpreis (r) entspricht den Durchschnittskosten (da keine Fixkosten gegeben sind) und kann aus der Kostenfunktion bestimmt werden:

$$r = DK = \frac{K}{v} = v + 4$$

Der Faktorpreis ändert sich mit der Nachfrage des Unternehmers; der Beschaffungsmarkt ist unvollkommen, der Unternehmer verhält sich monopsonistisch.

Teil b: Es wird von der Bedingung ausgegangen, daß im Gewinnmaximum der Wert des Grenzprodukts gleich den Grenzkosten ist:

$$WGP = GK_v$$

Aus der Produktionsfunktion

$$q = 2 \cdot v + \frac{3}{2} \cdot v^2 - \frac{1}{6} \cdot v^3$$

kann das Grenzprodukt ermittelt werden:

$$GP = \frac{dq}{dv} = 2 + 3 \cdot v - \frac{1}{2} \cdot v^2$$

Mit dem Produktpreis ($p = 2$) multipliziert erhält man den Wert des Grenzprodukts:

$$WGP = 4 + 6 \cdot v - v^2$$

Die Grenzkosten werden durch Differentiation der Kostenfunktion gewonnen:

$$GK_v = \frac{dK}{dv} = 2 \cdot v + 4$$

Aus der Bedingung $WGP = GK_v$ wird die gewinnmaximale Einsatzmenge des Faktors (v_1) berechnet:

$$4 + 6 \cdot v_1 - v_1^2 = 2 \cdot v_1 + 4$$

$$6 - v_1 = 2$$

$$v_1 = 4$$

In die Graphik werden folgende Kurven eingezeichnet:

$$WGP = 4 + 6 \cdot v - v^2$$

$$GK_v = 2 \cdot v + 4$$

$$r = v + 4$$

Da von der WGP-Kurve nur der fallende Teil dargestellt werden soll, wird das Maximum bestimmt (die erste Ableitung wird Null gesetzt):

$$\frac{d(WGP)}{dv} = 6 - 2 \cdot v = 0$$

$$v = 3$$

Ab $v = 3$ nimmt der Wert des Grenzprodukts mit steigendem Faktoreinsatz ab.

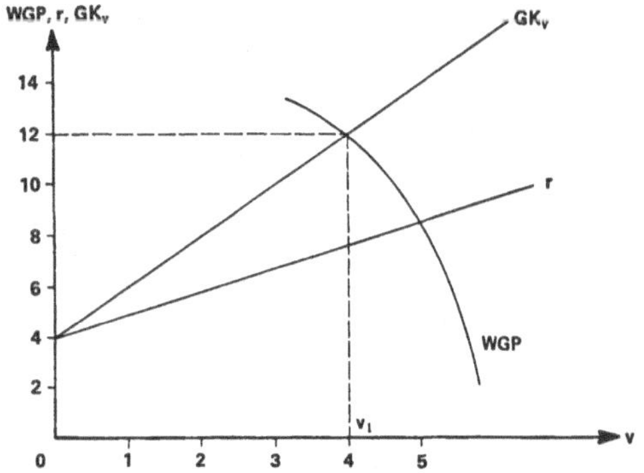

Der Schnittpunkt der WGP-Kurve mit der GK_v-Kurve liegt bei $v_1 = 4$.

Teil c: Die Preiselastizität des Faktors ist

$$e_{v,r} = \frac{dv}{dr} \cdot \frac{r}{v}$$

Aus der Gleichung

$$r = v + 4$$

folgt:

$$\frac{dv}{dr} = 1$$

Für die gewinnmaximale Faktormenge $v_1 = 4$ ist daher:

$$e_{v,r} = 1 \cdot \frac{8}{4} = 2$$

Aufgabe 16

Teil a: Die Bedingung für die gewinnmaximale Faktoreinsatzmenge ist, daß der Grenzerlös den Grenzkosten entspricht (beide Größen sind auf die Faktormenge bezogen):

$$GE_v = GK_v$$

Da ein vollkommener Beschaffungsmarkt unterstellt wird, sind Grenzkosten und Faktorpreis identisch:

$$GK_v = r$$

Der Grenzerlös variiert mit der Produktmenge; daher ist der Absatzmarkt unvollkommen und es gilt:

$$GE_v = GE_q \cdot GP$$

Aus der gegebenen Produktionsfunktion wird zunächst die Höhe der Ausstoßmenge für $v_1 = 4$ bestimmt:

$$q_1 = \frac{1}{2} \cdot 4^2 - \frac{1}{30} \cdot 4^3 = 5{,}87$$

Der Grenzerlös, bezogen auf q, ist dann:

$$GE_q^1 = 10 - q = 4{,}13$$

Das Grenzprodukt wird durch Differentiation der Produktionsfunktion berechnet:

$$GP_1 = \frac{dq}{dv} = v_1 - \frac{1}{10} \cdot v_1^2 = 2,4$$

Durch Einsetzen der einzelnen Größen ergibt sich der (konstante) Faktorpreis:

$$r_1 = GE_q^1 \cdot GP_1 = 4,13 \cdot 2,4 = 9,91$$

Zur graphischen Lösung wird in dem Koordinatenkreuz mit den Achsen q, v, GP und GE_q bzw. p zunächst im ersten Quadranten die Produktionsfunktion

$$q = \frac{1}{2} \cdot v^2 - \frac{1}{30} \cdot v^3$$

eingetragen, die ihren Wendepunkt bei $v = 5$ (die zweite Ableitung wird Null gesetzt) und ihr Maximum bei $v = 10$ (die erste Ableitung wird Null gesetzt) hat. Dann werden im zweiten Quadranten die Grenzerlöskurve (bezogen auf q)

$$GE_q = 10 - q$$

und im vierten Quadranten die Grenzproduktkurve (bezogen auf v)

$$GP = v - \frac{1}{10} \cdot v^2$$

eingezeichnet.

Beginnend bei $v_1 = 4$ können dann Parallelen zu den Achsen gezogen werden, die in ihren Schnittpunkten mit den Achsen die folgenden Größen ergeben:

$$q_1 = 5,87$$

$$GE_q^1 = 4,13$$

$$GP_1 = 2,4$$

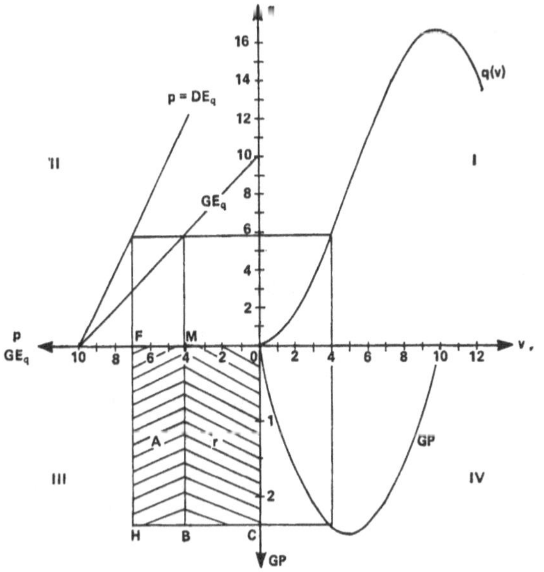

Der Faktorpreis als Produkt aus Grenzerlös (bezogen auf q) und Grenzprodukt wird in der Graphik durch den Inhalt des Rechtecks OMBC im dritten Quadranten dargestellt:

$$r_1 = GE_q^1 \cdot GP_1 = OMBC = 4{,}13 \cdot 2{,}4 = 9{,}91$$

Teil b: Ein „Überschuß" des Unternehmers (A) liegt vor, da der Grenzproduktwert größer als der Grenzerlös (bezogen auf v) ist (Unvollkommenheit des Absatzmarktes):

$$WGP = p \cdot GP > GE_v = GE_q \cdot GP$$

Zur Berechnung des Überschusses

$$A = WGP - r = p \cdot GP - r$$

werden zunächst der Produktpreis und der Wert des Grenzprodukts ermittelt:

$$p = DE_q = 10 - \frac{1}{2} \cdot q \quad (\text{da } GE_q = 10 - q)$$

Für $q_1 = 5{,}87$:

$$p_1 = 7{,}06$$

und daher:

$$WGP_1 = 7{,}06 \cdot 2{,}4 = 16{,}95$$

Der Überschuß beträgt demnach:

$$A_1 = WGP_1 - r_1 = 7{,}04$$

In der Zeichnung (Teil a) wird die Preisgerade im zweiten Quadranten zusätzlich abgebildet. Für $v_1 = 4$ ergibt sich dann im dritten Quadranten ein Rechteck OFHC, das den Grenzproduktwert als Produkt aus Preis (OF) und Grenzprodukt (FH) darstellt. Der Überschuß wird durch das Rechteck MFHB als Differenz von Grenzproduktwert (OFHC) und Faktorpreis (OMBC) wiedergegeben.

Teil c: Für verschiedene Größen von v werden nach dem obigen Verfahren (Teil a und b) Rechtecke im dritten Quadranten gebildet. Die Flächeninhalte dieser Rechtecke OMBC bzw. OFHC entsprechen den Größen von GE_v bzw. WGP für verschiedene v-Größen. Die zusammengehörigen Wertpaare lassen sich in einer Graphik als Kurve darstellen, wenn auf der Abszissenachse v und auf der Ordinatenachse GE_v und WGP abgetragen werden.

Aufgabe 17

Teil a: Zur Bestimmung des ‚Gleichgewichts' des Unternehmers auf der Beschaffungsseite wird zunächst festgestellt, daß der Wert des Grenzprodukts identisch ist mit dem Durchschnittserlös, bezogen auf die Faktormenge v:

$$WGP = p \cdot GP = DE_q \cdot GP = DE_v = 50 - \frac{1}{2} \cdot v$$

Daraus folgt für den Gesamterlös (bezogen auf v):

$$E_v = DE_v \cdot v = 50 \cdot v - \frac{1}{2} \cdot v^2$$

und für den Grenzerlös (bezogen auf v)

$$GE_v = \frac{dE}{dv} = 50 - v$$

Der Faktorpreis (r) entspricht den durchschnittlichen variablen Beschaffungskosten (DVK_v):

$$r = \frac{VK}{v} = DKV_v = 10 + \frac{3}{10} \cdot v$$

Daraus können die gesamten variablen Kosten und die Grenzkosten (bezogen auf v) abgeleitet werden:

$$VK = r \cdot v = 10 \cdot v + \frac{3}{10} \cdot v^2$$

$$GK_v = \frac{d(VK)}{dv} = 10 + \frac{3}{5} \cdot v$$

Die gewinnmaximale Einsatzmenge des variablen Faktors (v_1) ist gegeben, wenn gilt:

$$GE_v = GK_v$$

Daher:

$$50 - v_1 = 10 + \frac{3}{5} \cdot v_1$$

$$v_1 = 25$$

Das gleiche Ergebnis zeigt die graphische Darstellung: der Schnittpunkt der GE_v- und GK_v-Kurve (S) liegt bei $v_1 = 25$.

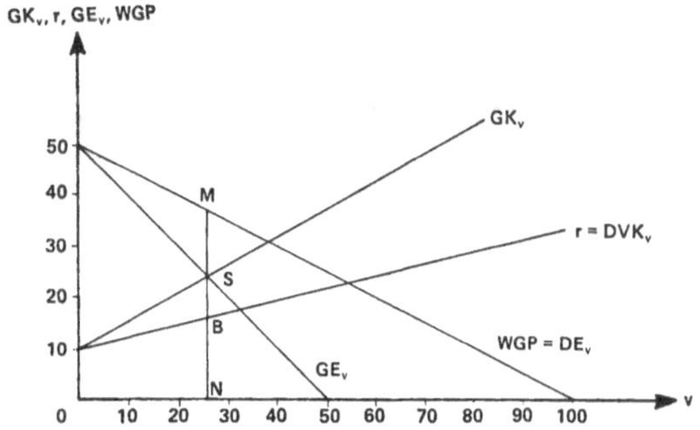

Teil b: Der Gewinn ist durch die Differenz von Erlös (E) und Kosten (K) determiniert.

Der Erlös kann aus dem Produkt von Grenzproduktwert (oder Durchschnittserlös, bezogen auf v) und Faktormenge bestimmt werden. Bei $v_1 = 25$ gilt:

$$WGP_1 = 37{,}5$$

$$E_1 = DE_v^1 \cdot v_1 = WGP_1 \cdot v_1 = 37{,}5 \cdot 25 = 937{,}5$$

Die Kosten setzen sich aus den variablen und fixen Kosten zusammen:

$$VK_v^1 = r_1 \cdot v_1 = 17{,}5 \cdot 25 = 437{,}5$$

$$FK_v = 180$$

$$K_1 = VK_v^1 + FK_v = 617{,}5$$

Der Gewinn ist demnach:

$$G_1 = E_1 - K_1 = 320$$

Teil c: Der ‚Überschuß' des Unternehmers (A) ergibt sich aus der Differenz von Grenzproduktwert und Faktorpreis:

$$A_1 = WGP_1 - r_1 = 37{,}5 - 17{,}5 = 20$$

Diese Größe kann auch aus der Graphik (Teil a) abgelesen werden:

$$A_1 = NM - NB = BM = 20$$

Der Teil SM der ‚Ausbeutung‘ wird durch die Unvollkommenheit des Absatzmarktes (keine Identität der Kurven GPW und GE_v), der Teil BS durch die Unvollkommenheit des Beschaffungsmarktes (keine Identität der Kurven r und GK_v) ermöglicht. Daher zerfällt die ‚Ausbeutung‘ in einen monopolistischen (SM) und in einen monopsonistischen Teil (BS):

$$SM = WGP_1 - GE_v^1 = 37{,}5 - 25 = 12{,}5$$

$$BS = GK_v^1 - r_1 = 25 - 17{,}5 = 7{,}5$$

Aufgabe 18

Die gegebene Angebotskurve kann in mehrere Bereiche eingeteilt werden:

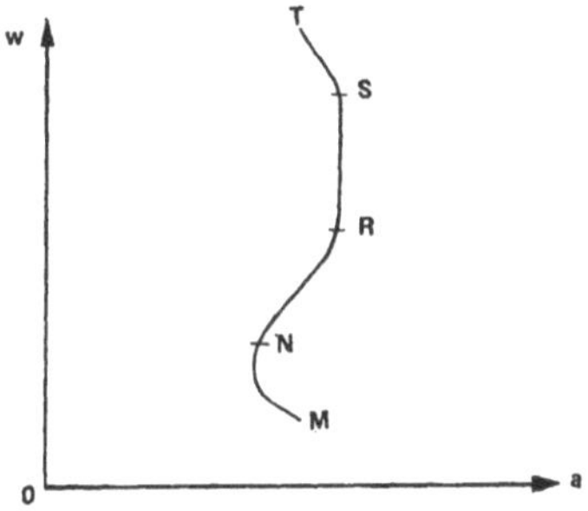

Der ‚elastische‘ Bereich NR zeigt den typischen (steigenden) Verlauf einer Angebotskurve; bei erhöhtem Lohn nimmt das Angebot des Faktors Arbeit zu.

Im Bereich RS wird das Arbeitsangebot unelastisch; steigende Löhne führen nicht mehr zu vermehrtem

Angebot nach Arbeit, z. B. weil die bereits Beschäftigten ihre Arbeitszeit nicht mehr ausdehnen können (physische Grenze) oder wollen (Höherschätzung der Freizeit) bzw. weil die Einstellung neuer Arbeitskräfte wegen fehlender Eignung, Ausbildung oder Qualifikation nicht möglich ist.

Im Bereich ST geht das Arbeitsangebot bei wachsenden Löhnen zurück, z. B. weil eine größere Freizeit vorgezogen wird oder weil Ehefrauen die Berufstätigkeit aufgeben.

Im unteren Teil MN der Kurve wird unterstellt, daß sinkende Löhne von einer gewissen Grenze an zu erhöhtem Arbeitsangebot führen, da zur Sicherung des Existenzminimums ein Mehr an Arbeit erbracht werden muß.

Aufgabe 19

In der Graphik wird die Lohnhöhe (w) auf der Ordinatenachse, die Arbeitsmenge (a) auf der Abszissenachse abgetragen:

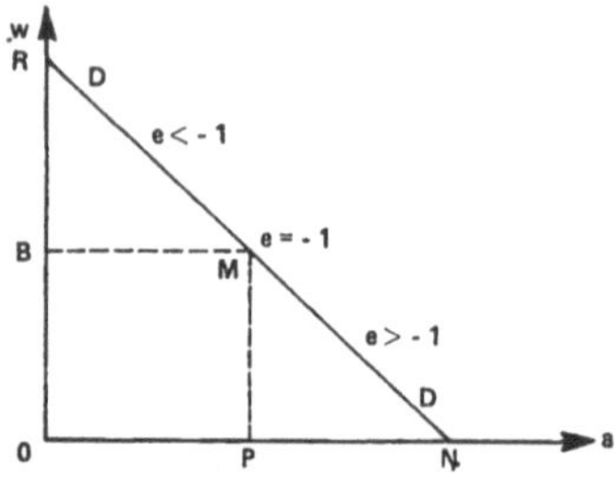

Die Elastizität der Nachfrage nach Arbeit in bezug auf Lohnänderungen ist definiert durch:

$$e_{a,w} = \frac{da}{a} : \frac{dw}{w}$$

Für die lineare Nachfragekurve DD gilt:

$$e_{a,w} < -1 \text{ im Bereich RM}$$

$$e_{a,w} = -1 \text{ im Punkt M}$$

$$e_{a,w} > -1 \text{ im Bereich MN}$$

Die Lohnsumme

$$W = w \cdot a$$

kann in der Graphik für jede Arbeitsmenge durch den Flächeninhalt eines Rechtecks dargestellt werden. Z. B. für a = OP ist:

$$W = PM \cdot OP = OPMB$$

Auf Grund der Robinson-Amoroso-Relation

$$W' = \frac{dW}{da} = w \cdot \left(1 + \frac{1}{e_{a,w}}\right)$$

gilt: die Lohnsumme sinkt mit steigender Lohnhöhe (d. h. mit fallender Nachfrage nach Arbeit), wenn die Elastizität kleiner als minus eins ist (Bereich RM der Nachfragekurve); die Lohnsumme wächst dagegen mit zunehmender Lohnhöhe, wenn die Elastizität größer als minus eins ist (Bereich MN der Nachfragekurve).

Aufgabe 20

Eine Lohnsenkung führt nicht nur zu einer Kostenverminderung bei den Unternehmungen, sondern auch zu einer Verringerung der Faktoreinkommen. Es kann damit gerechnet werden, daß sich aufgrund der Lohnsenkung die Nachfragekurve der Unternehmer nach dem Faktor Arbeit verlagert, weil eine Lohnsenkung eine Abnahme der Arbeitnehmereinkommen und damit einen Nachfrageausfall bewirken und somit die Nachfrage des Unternehmers nach dem

Produktionsfaktor Arbeit vermindern könnte. Die Kurve DD würde dann nach unten verschoben, z. B. in die Lage D′D′. In dieser Situation würde beim geringeren Lohnniveau w_2 weiterhin die Arbeitsmenge M′N′ = MN unbeschäftigt sein. Die Arbeitslosigkeit bliebe also erhalten:

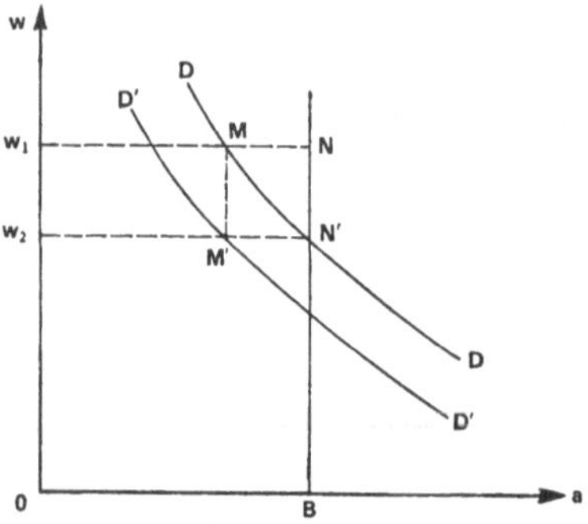

Die Wirkung einer Lohnänderung auf die Nachfrage des Unternehmers nach dem Faktor Arbeit ist wegen der Interdependenz der Angebots- und Nachfragekurven daher nicht eindeutig zu bestimmen.

Aufgabe 21

Teil a: Die Profitrate (p) ist nach Marx durch das Verhältnis des Mehrwertes (m) zum gesamten eingesetzten Kapital (variables, v, plus konstantes Kapital, c) definiert:

$$p = \frac{m}{c + v}$$

Diese Gleichung kann umgeformt werden in:

$$p = \frac{m/v}{c/v + 1} = \frac{m'}{c/v + 1}$$

Marx unterstellt, daß die Mehrwertrate

$$m' = \frac{m}{v}$$

konstant ist.

In der kapitalistischen Wirtschaft werden die Unternehmer den Mehrwert nicht voll verbrauchen, sondern sie werden infolge des Konkurrenzdrucks und des ständigen Zwangs zur Durchführung technischer Verbesserungen zumindest einen Teil des Mehrwertes investieren, d. h. dem konstanten Kapital zuschlagen. Die ‚organische Zusammensetzung des Kapitals', c/v, wird steigen, da das konstante Kapital absolut und relativ zum variablen Kapital zunimmt. Das bewirkt — auf Grund der obigen Formel — bei Konstanz der Mehrwertrate ein ständiges Sinken der Profitrate.

Teil b: Die ‚Zunahme der organischen Zusammensetzung des Kapitals' im System von Marx besagt, daß im Produktionsprozeß infolge der Akkumulation des Mehrwertes ständig variables Kapital durch konstantes Kapital ersetzt wird. Da die Mehrwertrate als konstant angenommen wird, sinkt die Profitrate (s. Teil a).

Eine fallende Profitrate bedeutet aber, daß der Profit je eingesetzte Kapitaleinheit und daher die relative Höhe der Kapitalbildung, gemessen am Kapitalbestand, geringer wird. Eine ständig sinkende Profitrate beinhaltet gleichzeitig eine Tendenz zur Verminderung der Höhe des Profits. Die Akkumulation würde daher abnehmen, die organische Zusammensetzung des Kapitals nicht mehr steigen. Damit wäre die entscheidende Bedingung im Marxschen System nicht mehr gegeben.

Hinzu kommt, daß durch die Substitution des variablen Kapitals durch das konstante Kapital laufend Arbeitskräfte freigesetzt werden. Der Lohn würde sinken, so daß der Arbeitseinsatz für den Unternehmer billiger und daher lohnend werden würde. Diese Feststellung widerspricht der obigen Marx'schen These.

Die angenommene Konstanz der Mehrwertrate ist zudem zweifelhaft, denn bei einer ständigen Ausdehnung der kapitalintensiven Produktionszweige und einer damit verbundenen Steigerung der Produktivität würde das Verhältnis von Mehrwert zu variablem Kapital sich ändern.

Aufgabe 22

Teil a: Beim Zeitlohn ist die Höhe des Lohnes an der geleisteten Arbeitszeit, beim Leistungslohn am Arbeitsergebnis bemessen. In der Praxis werden bei beiden Lohnformen verschiedene Zuschläge (für Überstunden, Feiertagsarbeit, Gefahren usw.) und soziale Faktoren (Geschlecht, Alter, Familienstand usw.) berücksichtigt.

Teil b: Die effektiv gezahlten Löhne und sonstigen Leistungen des Unternehmers an die Arbeiter (Alters- und Krankenversorgung, Beihilfen usw.) sind oft höher als die tariflich vereinbarten Beträge, besonders im Zustand der allgemeinen Vollbeschäftigung und Hochkonjunktur. Die Differenz zwischen den gezahlten und tariflich vereinbarten Löhnen wird als ‚Lohndrift' bezeichnet.

Aufgabe 23

Teil a: Wird der geforderte Lohn mit w_f und die Konfliktwahrscheinlichkeit mit c bezeichnet, so gilt nach Zeuthen, daß die Gewerkschaft die Lohnforderung erhebt, wenn folgende Bedingungsungleichung erfüllt ist:

$$(1 - c) \cdot (w_f - w_v) > c \cdot (w_v - w_a)$$

Die gegebenen Größen werden eingesetzt:

$$\left(1 - \frac{1}{6}\right) \cdot (2{,}40 - 2{,}30) > \frac{1}{6} \cdot (2{,}30 - 2{,}00)$$

$$\frac{5}{6} \cdot 0{,}10 > \frac{1}{6} \cdot 0{,}30$$

$$\frac{50}{6} > \frac{30}{6}$$

Die Ungleichung ist erfüllt; daher wird die Gewerkschaft den höheren Lohn $w_f = 2{,}40$ verlangen.

Teil b: Die maximale Konfliktwahrscheinlichkeit (c_{max}) ist durch die ‚äußerste Kampfbereitschaft' der Gewerkschaft bestimmt; sie ist dann gegeben, wenn in der obigen Ungleichung das Gleichheitszeichen geschrieben wird:

$$(1 - c_{max}) \cdot (w_f - w_v) = c_{max} \cdot (w_v - w_a)$$

Durch Umformung dieser Gleichung folgt:

$$c_{max} = \frac{w_f - w_v}{w_f - w_a} = \frac{0{,}10}{0{,}40} = \frac{1}{4}$$

Teil c: Der Ausgangslohn, der die Minimalforderung der Gewerkschaft zum Ausdruck bringt, ist wieder $w_a = 2{,}00$. Vereinbart worden ist aber jetzt ein Lohn von $w_v = 2{,}40$; gefordert wird ein Lohn von $w_f = 2{,}50$.

Werden die einzelnen Größen für $c = 1/4$ in die obige Ungleichung eingesetzt, so zeigt sich, daß die Ungleichung nicht erfüllt ist, denn es gilt jetzt:

$$\left(1 - \frac{1}{4}\right) \cdot (2{,}50 - 2{,}40) < \frac{1}{4} \cdot (2{,}40 - 2{,}00)$$

$$\frac{30}{4} < \frac{40}{4}$$

Die Gewerkschaft wird daher den Lohn $w_f = 2{,}50$ nicht fordern.

Aufgabe 24

Teil a: Unfreiwillige Arbeitslosigkeit bedeutet, daß zum geltenden Lohn ein Überschuß des Arbeitsangebots über die Nachfrage nach Arbeitsleistungen vorliegt, d. h. daß zum gegebenen Lohn noch Arbeiter bereit sind, Arbeitsleistungen zur Verfügung zu stellen. Die Arbeitslosigkeit kann partieller oder allgemeiner Art sein, je nachdem, ob sie auf einzelnen oder auf allen Teilmärkten existiert.

Teil b: Die einzelnen Begriffe können wie folgt erklärt werden:

1. ‚Konjunkturelle Arbeitslosigkeit' liegt vor, wenn die Gesamtnachfrage nach den Produkten und damit die effektive Nachfrage nach dem Produktionsfaktor Arbeit nicht ausreichend und unstabil ist und daher der Faktor Arbeit unterbeschäftigt ist (Konjunkturphase der Depression).

2. Von ‚struktureller Arbeitslosigkeit' wird gesprochen, wenn die Arbeitslosigkeit auf eine veränderte Wirtschaftsstruktur (z. B. als Folge der Beendigung eines Krieges oder als Folge des Produktionsrückgangs in bestimmten Industrien) zurückgeführt werden kann. Es besteht teilweise ein relativer Mangel am Komplementärfaktor Kapital.

3. Mit ‚saisonale Arbeitslosigkeit' werden die normalen Beschäftigungsschwankungen unter dem Einfluß der Jahreszeiten (Landwirtschaft, Baugewerbe) und sozialer Gepflogenheiten, Sitten und Moden (Messen und Ausstellungen, Feste, Reisezeiten usw.) bezeichnet.

5. Bei der ‚technologischen Arbeitslosigkeit' handelt es sich um die Freisetzung von Arbeitskräften durch zunehmende Automation (Übergang von Hand- zu Maschinenfertigung usw.).

5. Die ‚versteckte (verkappte) Arbeitslosigkeit' (‚disguised unemployment') tritt auf, wenn Arbeitskräfte in inferioren Tätigkeitsbereichen beschäftigt werden, in denen sie ein geringeres als nach den technischen Bedingungen mögliches Grenzprodukt der Arbeit er-

zielen; ihr Beitrag zum Sozialprodukt entspricht nicht ihren Möglichkeiten (z. B. in Entwicklungsländern).

6. ‚Fluktuationsarbeitslosigkeit' entsteht, wenn Arbeitskräfte bei einem Wechsel des Arbeitsplatzes vorübergehend ohne Beschäftigung sind.

7. ‚Friktionsarbeitslosigkeit' kann sich ergeben, wenn Anpassungen an veränderte Lohnhöhen Zeit beanspruchen.

Aufgabe 25

Die klassische Grundrententheorie, die vor allem von David Ricardo (1772—1823) vertreten wurde, geht davon aus, daß eine Rente als Ertrag des Produktionsfaktors Boden erzielt wird, wenn der Produkterlös höher ist als die Kosten der Produktion des Gutes.

Nach Ricardo sind die realen Produktionskosten Maßstab für den Wert eines Gutes (‚objektivistische Werttheorie'). Da die Produktionskosten für die Hersteller eines Gutes unterschiedlich sind, der Marktpreis dagegen, der die Kosten des am ungünstigsten produzierenden Unternehmers (‚Grenzproduzent') decken muß, einheitlich ist, beziehen alle Hersteller mit geringeren Kosten als der Grenzproduzent eine ‚Differentialrente'. Diese Bodenrente tritt nach Ricardo in drei Arten auf:

a) Qualitätsrente: eine unterschiedliche Qualität der Böden bewirkt, daß gleiche Arbeits- und Kapitalmengen, die auf verschiedenen Böden eingesetzt werden, unterschiedliche Erträge erzielen.

b) Intensitätsrente: Werden gleiche Arbeits- und Kapitalmengen sukzessiv auf einer Bodenfläche bis zur ‚Intensitätsgrenze' (d. h. Grenzerlös = Grenzkosten) eingesetzt, so beziehen alle Einsatzmengen vor der ‚Grenze' einen Überschuß.

c) Lagerente: auf Böden gleicher Qualität werden gleiche Arbeits- und Kapitalmengen eingesetzt; da die Entfernung zum Absatzort unterschiedlich ist, erhält der näher gelegene Betrieb eine Rente in Höhe der eingesparten Transportkosten.

Aufgabe 26

Teil a: In seinem Werk ‚Der isolierte Staat in Beziehung auf Landwirtschaft und Nationalökonomie (1826)‘ stellt Johann Heinrich v. Thünen (1783—1850) modellmäßig dar, wie die Bodenfläche in einem abgeschlossenen Gebiet landwirtschaftlich zweckmäßig genutzt werden kann. Der Standort der landwirtschaftlichen Produktion ist nach v. Thünen durch die Transportierbarkeit der Güter und damit durch die Entfernung des Konsumortes vom Herstellungsort bestimmt.

In seinem Modell trifft v. Thünen folgende Annahmen: es handelt sich um eine geschlossene Volkswirtschaft, in der der Konsumort im Zentrum liegt; es bestehen lediglich Landverbindungen, die an jeder Stelle gleich gut sind; die Qualität des Bodens und die klimatischen Bedingungen sind überall gleich: die Transportkosten der Güter nehmen mit dem Gewicht der Produkte und der Entfernung zu; die Landwirte streben eine Maximierung der Grundrente an.

Unter Berücksichtigung dieser Annahmen zeigt v. Thünen, daß die landwirtschaftlichen Unternehmer ihre Zielsetzung erreichen und damit den Boden effektiv nutzen, wenn die Produktion in Kreisen um das Konsumzentrum angeordnet wird. Die Intensität der Bodennutzung nimmt mit der Entfernung vom Konsumort ab: im ersten Kreis Milcherzeugung und Erstellung von Gartenbauprodukten sowie Futtermitteln, im zweiten Kreis Forstwirtschaft, im dritten Kreis Fruchtwechselwirtschaft, im vierten Kreis Koppelwirtschaft, im fünften Kreis Dreifelderwirtschaft, im sechsten Kreis Viehzucht und an der Peripherie Jagd.

Teil b: v. Thünens einfaches Standortmodell sollte — wie alle wirtschaftstheoretischen Modelle — als Bezugssystem zur Klärung der in der Realität gegebenen Standortprobleme dienen. Eine Abbildung der Realität durch ein Modell war und ist nicht möglich; es kann lediglich versucht werden, durch eine ökonomische Interpretation der Modellergebnisse sinnvolle Fragen an die Realität zu stellen und damit zu neuen Erkenntnissen zu gelangen.

In diesem Sinne hat das Modell von v. Thünen eine gewisse Bedeutung für die Bodenverwendung in Europa in der zweiten Hälfte des vorigen Jahrhunderts gehabt. Die Industriegebiete der Ruhr, Belgiens, Frankreichs und Englands bildeten das ‚Konsumzentrum'; in der Nähe dieser Gebiete (Rheinzone, Holland, teilweise Belgien) wurden Gartenerzeugnisse angebaut; der nächste ‚Kreis' war durch die Viehwirtschaft der Niederlande, Dänemarks und Großbritanniens gekennzeichnet; daran schloß sich der intensive Getreide- und Hackfruchtbau in Deutschland, Österreich-Ungarn und Frankreich an; die Grenze bildete die extensive Bodennutzung in Rußland bzw. in den südlichen Ländern.

Aufgabe 27

Aufwendungen zur Leistungsverbesserung des Produktionsfaktors Arbeit, die als ‚human capital' bezeichnet werden (Ausgaben für Bildung, Schulung, Erziehung, Gesundheitswesen usw.), und zur Verbesserung bzw. Neuschaffung der ‚Infrastruktur' (Ausgaben für Straßen- und Kanalbauten, Hafenanlagen, Flughäfen usw.) besitzen zwar keinen direkten Kapazitätseffekt, jedoch können sie mittelbar die Produktionskapazität einer Volkswirtschaft beeinflussen, indem sie die ‚Produktivität' steigern. Diese Aufwendungen stehen nicht in einem Konkurrenz- oder Substitutionsverhältnis zu den Aufwendungen zur Erhöhung des produktiven Kapitals (Gebäude und Produktionsanlagen, Maschinen, Werkzeuge, Ausrüstungen sonstiger Art, Lagerbestände an Rohstoffen, Halb- und Fertigfabrikaten) in den Unternehmungen, denn die genannten Ausgaben bedingen sich meist, so daß von einem Komplementaritätsverhältnis gesprochen werden kann.

Wird z. B. produktives Kapital neu geschaffen, so wird über den Kapazitätseffekt die Produktionskapazität zunehmen. Dieses Wachstum erfordert oft eine Vertiefung bzw. einen Ausbau der Infrastruktur. Soll der Bestand an Produktionsanlagen und Maschinen nicht nur horizontal erweitert, sondern auch verbessert werden, so sind Fortschritte in der Produktionstechnik notwendig, die durch eine Erhöhung der Aufwendungen im Bereich der Wissenschaft und Forschung erreicht werden können. Andererseits ist auch ‚human capital' zu bilden, denn die Anforderungen an die Qualität der Arbeitsleistungen werden steigen.

Aufgabe 28

Teil a: Für $r_1 = 5$ lautet die Investitionsfunktion:

$$I = 250 - 50 \cdot i$$

Diese Funktion ergibt in der Graphik eine fallende Gerade, d. h. bei sinkendem Kalkulationszins werden die Investierungen zunehmen:

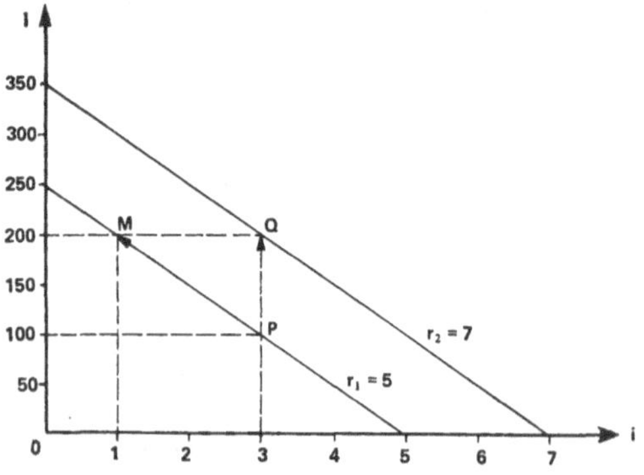

Bei einem Zins von $i_1 = 3$ werden Investierungen in folgender Höhe durchgeführt (in der Graphik Punkt P):

$$I_1 = 250 - 50 \cdot 3 = 100$$

Teil b: Die Investierungen sollen auf

$$I_2 = 200$$

steigen. Bei unverändertem Kalkulationszinssatz, $i_1 = 3$, müßte sich dann der interne Zinssatz, in dem die Ertragserwartungen der Unternehmer zum Ausdruck kommen, erhöhen; und zwar kann die Größe aus der gegebenen Investitionsfunktion, die nach r aufgelöst wird, berechnet werden:

$$r_2 = \frac{I_2 + 50 \cdot i_1}{50} = \frac{200 + 50 \cdot 3}{50} = 7$$

In der Graphik bedeutet die Vergrößerung von r eine Kurvenverlagerung (Parallelverschiebung), da r in der Funktion Parameter ist (Bewegung von P nach Q).

Soll dagegen der interne Zinssatz, $r_1 = 5$, konstant bleiben, so müßte der Kalkulationszinssatz fallen, wenn die Investierungen auf $I_2 = 200$ steigen sollen:

$$i_2 = \frac{50 \cdot r_1 - I_2}{50} = \frac{50 \cdot 5 - 200}{50} = 1$$

In der Graphik ergibt sich eine Bewegung auf der ursprünglichen Investitionskurve, da sich bei Konstanz des Parameters r die Variablen der abgebildeten Funktion ändern (Bewegung von P nach M).

Aufgabe 29

Teil a: Die Elastizität der Funktion $I = f(i)$ kann durch das Verhältnis von Grenzwert zur Relation der Variablen definiert werden (s. Aufgabe II, 15):

$$e_{I,i} = \frac{dI}{di} : \frac{I}{i} = \frac{dI}{di} \cdot \frac{i}{I}$$

Die erste Ableitung der gegebenen Funktion ist:

$$\frac{dI}{di} = -20$$

Daher lautet das Ergebnis:

$$e_{I,i} = -20 \cdot \frac{i}{100 - 20 \cdot i} = -\frac{i}{5 - i}$$

Diese Beziehung ergibt in der Graphik (auf der Ordinatenachse wird die negative Elastizitätsgröße, auf der Abszissenachse der Zins abgetragen) eine überlinear steigende Kurve:

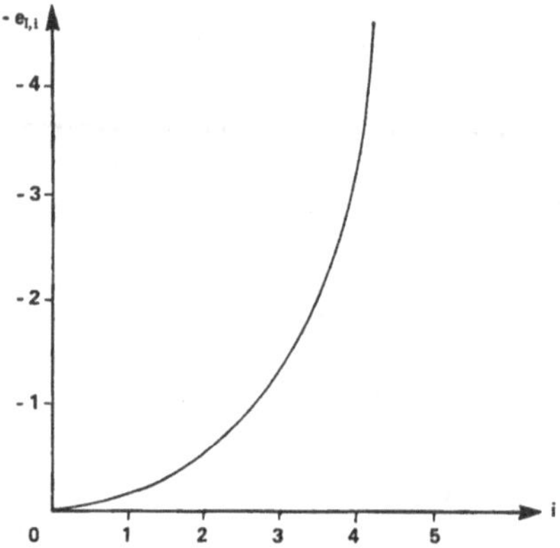

Teil b: Ist die Größe der Elastizität gegeben, so kann aus der Elastizitätsformel (s. Teil a) die Höhe des Zinses ermittelt werden:

$$e_{I,i} = -\frac{7}{3} = -\frac{i}{5 - i}$$

$$i = 3{,}5$$

Bei diesem Zins werden auf Grund der Investitionsfunktion Investierungen in Höhe von

$$I = 100 - 20 \cdot 3{,}5 = 30$$

geplant.

Aufgabe 30

Teil a: Der kapitalisierte Ertragswert (Kapitalwert, V) einer Investierung ist durch die Reihe der diskontierten Nettoerträge bestimmt; der Diskontfaktor (d) hängt gemäß der Zinseszinsformel vom Zinssatz ab $\left(d = \frac{1}{1+i}\right)$:

$$V = \frac{E_1}{1+i} + \frac{E_2}{(1+i)^2} + \frac{E_3}{(1+i)^3} + \frac{E_4}{(1+i)^4}$$

Bei einem Zinssatz von $i_1 = 4\%$ ergibt sich die Summe:

$$V_1 = \frac{200}{1{,}04} + \frac{150}{1{,}082} + \frac{100}{1{,}125} + \frac{50}{1{,}167} = 462{,}70$$

Ist der Zinssatz höher, $i_2 = 6\%$, so wird der Kapitalwert geringer:

$$V_2 = \frac{200}{1{,}06} + \frac{150}{1{,}124} + \frac{100}{1{,}191} + \frac{50}{1{,}262} = 445{,}70$$

Teil b: Der Unternehmer wird sich dann für die Durchführung der Investierung entscheiden, wenn der diskontierte Ertragswert größer ist als die Beschaffungskosten; im Fall (1) ist daher die Investierung lohnend:

$$V_1 = 462{,}70 > K = 450$$

Im Fall (2) wird der Unternehmer nicht investieren, da gilt:

$$V_2 = 445{,}70 < K = 450$$

Aufgabe 31

Die Anschaffung der Maschine lohnt sich für den Unternehmer, wenn der kapitalisierte Ertragswert (V) größer ist als die Beschaffungskosten (K):

$$V > K$$

bzw. wenn der interne Zinssatz (r) größer ist als der Kalkulationszinssatz (i):

$$r > i$$

Der interne Zinssatz (Grenzleistungsfähigkeit des Kapitals) ist der Zinssatz, der die Reihe der erwarteten Nettoerträge den Beschaffungskosten gleich macht. Da die jährlichen Nettoerträge (E) während der Laufzeit der Maschine (5 Jahre) konstant sein sollen, gilt:

$$K = 2600 = E \cdot \left(\frac{1}{1+r} + \frac{1}{(1+r)^2} + \cdots + \frac{1}{(1+r)^5}\right)$$

Die Mindesthöhe der Nettoerträge (E_m), die dann gegeben wäre, wenn der interne Zinssatz dem Kalkulationssatz entspräche — also $r = i = 5\%$ —, kann daher aus der obigen Formel berechnet werden:

$$2600 = E_m \cdot \left(\frac{1}{1{,}05} + \frac{1}{1{,}102} + \frac{1}{1{,}158} + \frac{1}{1{,}215} + \frac{1}{1{,}276}\right)$$

$$E_m = \frac{2600}{4{,}332} = 600{,}20$$

Der Unternehmer muß also einen jährlichen Nettoertrag von

$$E > 600{,}20$$

haben, damit sich die Aufstellung der Maschine lohnt.

Aufgabe 32

Teil a: Es werden zunächst die Kapitalwerte der beiden Maschinen (V_A und V_B), die von den jährlichen konstanten Nettoerträgen (E) und dem Kalkulationszinssatz (i = 8%) abhängen, berechnet:

$$V_A = E \cdot \left(\frac{1}{1{,}08} + \frac{1}{1{,}166} + \frac{1}{1{,}260} + \frac{1}{1{,}360} + \frac{1}{1{,}469} + \frac{1}{1{,}587}\right)$$

$$V_A = E \cdot 4{,}624$$

Und:

$$V_B = E \cdot \left(\frac{1}{1{,}08} + \frac{1}{1{,}166} + \frac{1}{1{,}260} + \frac{1}{1{,}360}\right)$$

$$V_B = E \cdot 3{,}313$$

Der diskontierte Ertragswert der Maschine A ist — da die Maschine zwei Jahre länger genutzt werden kann — größer:

$$V_A > V_B$$

bzw. für das Verhältnis der beiden Kapitalwerte gilt:

$$\frac{V_A}{V_B} = \frac{4{,}624}{3{,}313} = 1{,}396$$

Die Relation der beiden Maschinenpreise (bzw. das Verhältnis der Beschaffungskosten),

$$\frac{K_A}{K_B} = \frac{22000{,}\text{—}}{18000{,}\text{—}} = 1{,}222$$

besagt, daß die Maschine A das 1,222-fache der Maschine B kostet. Da die Maschine A aber — wie oben abgeleitet wurde — das 1,396-fache der Maschine B an Ertrag erbringt, lohnt es sich für den Unternehmer, die Maschine A zu kaufen.

Teil b: Es wäre für den Unternehmer günstiger, die Maschine B zu wählen, wenn die Maschine A mehr als das 1,396-fache der Maschine B kosten würde, da dann die Ertragsvorteile der Maschine A durch die Kostennachteile überkompensiert würden; d. h. die Maschine B würde vorgezogen, wenn gilt:

$$\frac{K_A}{K_B} > 1{,}396$$

bzw.

$$K_B < \frac{22000{,}-}{1{,}396} = 15760{,}-$$

Der Unternehmer entscheidet sich daher für die Maschine B, wenn der Preis dieser Maschine geringer als 15760,— DM ist.

Aufgabe 33

Die Unterscheidung in ‚autonome' und ‚induzierte' Investierungen ist in der modellmäßigen Betrachtung relevant, jedoch nicht in der Realität, da die tatsächlich durchgeführten Investierungen völlig heterogener Art und daher nur schwer schematisch aufzugliedern sind. Entscheidendes Kriterium für die Differenzierung der Investierungen im Modell ist die Behandlung der Investitionen als variable Größe oder als parametrische Konstante.

Als ‚autonome' Investierungen sind solche zu bezeichnen, die im Modell selbst nicht erklärt werden, d. h. die exogen vorgegeben sind. Sie treten nur als ‚bestimmende' Größe auf, die nicht durch andere, im Modell enthaltene Größen determiniert ist. Als ‚autonom' bestimmt werden oft folgende Investierungen behandelt: Rationalisierungsinvestitionen, Investierungen zur Einführung neuer Produktionstechniken, öffentliche Investitionen.

‚Induzierte' Investierungen sind solche, die in einer explizit gegebenen Funktion von einer (oder mehreren) Veränderlichen des Systems in bestimmter Weite abhängen; sie werden auch als ‚endogene' Investierungen bezeichnet. Beispiele: akzelerations-induzierte Investierungen ($I = f(\Delta Y)$), wachstums-induzierte Investierungen (I = f (Δ Y/Y)), durch Kosten-Ertrags-Vergleiche bestimmte Investierungen (I = f (i, r)), gewinninduzierte Investierungen (I = f (G)).

Aufgabe 34

Teil a: Der Zins in der Form des ‚Geldzinses' ist die Vergütung, die ein Darlehensnehmer einem Darlehnsgeber für die Benutzung einer Geldsumme für eine bestimmte Zeitdauer zahlt. Der Zins hat die Form eines ‚Zuschlags'. Z. B. hat ein Dahrlehnsnehmer bei einem Zins von 6% p. a. für ein Darlehen von DM 1000 nach einem Jahr DM 1060 zurückzuzahlen.

Der Diskont (als eine andere Form des Zinses) ist ein ‚Abschlag' einer bestimmten Geldsumme, wenn der Wert der Geldsumme am heutigen Tage berechnet werden soll, der Betrag aber erst später fällig ist. Z. B. ist der Wert einer Geldsumme von DM 1000, die in einem Jahr fällig ist, am heutigen Tag bei einem Diskontsatz von 6% DM 940.

Teil b: Knut Wicksell (Geldzins und Güterpreise, Jena 1898) unterscheidet zwischen dem ‚Geldzins' (‚Marktzins') und dem ‚natürlichen' Zins. Letzterer wird von ihm definiert als:

1. der Zins, der sich bilden würde, wenn alle Kredite ‚in natura' gegeben würden (d. h. wenn eine naturale Tauschwirtschaft bestehen würde),

2. der Zins, bei dem die Nachfrage nach Krediten zu Investitionszwecken gleich dem Angebot von Krediten aus echten Ersparnissen ist,

3. der Zins, bei dem das Preisniveau unverändert bleibt.

(Die einzelnen Definitionen sind nicht unbedingt identisch.) Der Geldzins, der sich auf dem Markt bildet, kann vom natürlichen Zins abweichen, wenn die Banken Geldschöpfung betreiben. Daraus können sich kumulative Prozesse ergeben (‚Wicksell'sche Prozesse').

Teil c: Irving Fisher (Die Zinstheorie, Jena 1932) führte den Begriff des ‚Realzinses' ein, der gleich dem Geldzins nach Berücksichtigung von Geldwertveränderungen ist. Dieser Zins kann auch negativ werden, wenn der Geldwert p. a. um mehr als die Höhe des Geldzinses sinkt.

Teil d: Zwischen ‚Effektivzins' (i) und ‚Nominalzins' (z) wird bei Wertpapieren unterschieden. Es gilt, daß sich der Effektivzins umgekehrt proportional zum Kurs (K) eines Wertpapiers verhält:

$$i = \frac{z}{K} \cdot 100$$

Wenn der Kurs pari ist (K = 100), so ist der effektive gleich dem nominellen Zins. Liegt der Kurs über (unter) pari, d. h. $K > 100$ ($K < 100$), so gilt $i < z$ ($i > z$). Alle Kursänderungen können daher durch Variationen des Effektivzins ausgedrückt werden.

Aufgabe 35

Der Geldzins ist deshalb immer positiv, weil bei der Bildung intertemporaler Tauschrelationen die heutige Kaufkraft immer ein ‚Aufgeld' (‚Agio') gegenüber der künftig verfügbaren Kaufkraft erhalten wird, da eine Wertdifferenz zwischen gegenwärtig und künftig verfügbaren Gütern besteht (s. Aufgabe III, 36, f). Wäre der Zins negativ, so würde kein heutiges gegen künftiges Geld getauscht; die Wirtschaftssubjekte würden in diesem Falle Bargeld aufbewahren, wodurch ihnen keine Kosten entstehen.

Der Geldzins kann außerdem nicht unter eine bestimmte Mindesthöhe sinken. Würde z. B. der Zins fallen, so werden wegen des steigenden Kurses Wertpapiere angeboten. Bei wachsendem Angebot von Wertpapieren würde aber wieder ein Druck auf die Kurse ausgeübt, da die Wirtschaftssubjekte erwarten, daß weitere Kurssteigerungen nicht mehr möglich sind. Kursverluste werden nicht durch den niedrigen Zins entschädigt, so daß Wertpapiere zum Verkauf angeboten werden. Das hohe Angebot bewirkt einen Kursfall und damit wieder einen Anstieg des Zinses.

Aufgabe 36

Teil a: Nach der von Jacques Turgot (1727—1781) vertretenen Fruktifikationstheorie wird der Zins aus der Bodenrente abgeleitet. Turgot stellt fest, daß ein Wirtschaftssubjekt, das für einen bestimmten Geldbetrag ein Stück Land kauft, in Form der Pacht einen Ertrag erzielt. Ein Geldanleger wird daher nur dann im Bereich des Handels oder Gewerbes investieren, wenn ebenfalls ein Ertrag in Form des ‚Kapitalzinses' zu erreichen ist; dessen Höhe hängt von den Angebots- und Nachfragebedingungen ab.

Teil b: Johann Heinrich v. Thünen (1783—1850) geht von der Gültigkeit des Ertragsgesetzes aus. Danach wird der zusätzliche Ertrag, der durch den Einsatz jeder weiteren Kapitaleinheit im Produktionsprozeß erreicht wird, abnehmen. Die Unternehmer, die Investierungen durchführen und daher Geldkapital benötigen, können nur einen Zins in der Höhe des Ertrags der zuletzt eingesetzten Kapitaleinheit zahlen. Da der Zins als Preis für Geldkapital in einer Volkswirtschaft einheitlich ist, ist seine Höhe durch den Kapitaleinsatz in der ungünstigsten, aber noch durchgeführten Produktion determiniert.

Teil c: Nach William Nassau Senior (1709—1864) ist der Nichtverbrauch produzierter Güter, d. h. Sparen als ‚Abstinenz' vom gegenwärtigen Konsum, Bedingung für die Kapitalbildung. Dieses Sparen wird als persönliches Opfer gesehen, das derjenige erbringt, der den Vorteil des augenblicklichen Verbrauchs nicht wahrnimmt und dem Unternehmer damit eine Kapitalbildung ermöglicht. Die Entschädigung für diesen Konsumverzicht ist der Zins.

Teil d: Carl Menger (1841—1921) und Friedrich v. Hermann (1795—1868) unterscheiden zwischen dem Verbrauch der ‚Kapitalsubstanz' und der Nutzung der ‚Kapitalgüter'. Das Ergebnis des Produktionsprozesses ist durch ‚Rückrechnung' auf die eingesetzten Produktionsfaktoren zu verteilen; der Anteil des Produktionsfaktors Kapital am Gesamtertrag soll nicht nur die verbrauchte Kapitalsubstanz decken, sondern auch ein Entgelt für die Nutzung des Kapitals, den Zins, enthalten.

Teil e: Nach Karl Marx (1818—1883) ist nur der Produktionsfaktor Arbeit produktiv; daher steht das gesamte Produktionsergebnis dem Faktor Arbeit zu. Da aber die Kapitalisten das Eigentum an den Produktionsmitteln besitzen, ist es ihnen möglich, den Mehrwert (als Differenz zwischen Gebrauchswert und Tauschwert; s. Aufgabe I, 31) einzubehalten und dadurch die Arbeiter auszubeuten; denn die Arbeiter werden nur für die gesellschaftlich notwendige Arbeitszeit, nicht für die geleistete Mehrarbeit bezahlt. Der Mehrwert enthält alle Formen des ‚arbeitslosen' Einkommens, auch den Zins, der damit Teil der Ausbeutung ist.

Teil f: Nach Eugen v. Böhm-Bawerk (1851—1914) tritt das Zinsphänomen auf, wenn es sich um einen Tausch gegenwärtiger gegen künftige Güter handelt, d. h. bei der Bildung intertemporaler Tauschrelationen. Bei diesem Tausch werden die künftigen Güter grundsätzlich unterbewertet. Dafür gibt Böhm-Bawerk drei Gründe an: die Höherschätzung gegenwärtiger Güter (da sie gegenwärtige und künftige Bedürfnisse befriedigen können), die Unterschätzung künftiger Bedürfnisse (infolge der Ungeduld bzw. einer falschen

Einschätzung seitens der Wirtschaftssubjekte) und die Mehrergiebigkeit verlängerter Produktionsumwege (da es immer möglich ist, gegenwärtig verfügbare Faktoren so einzusetzen, daß sie von einem bestimmten Zeitpunkt an einen höheren Ertrag erbringen).

Damit ein Tausch zwischen Gegenwarts- und Zukunftsgütern zustande kommt, müssen die künftigen Güter ein ‚Aufgeld' (‚Agio') erhalten, das dem Zins entspricht. Die Höhe des Zinssatzes versucht Böhm-Bawerk durch das Grenzprodukt des Produktionsumweges in bezug auf die Zeit, dividiert durch das in die letzte Produktionsverlängerung eingehende Kapital, zu ermitteln.

Teil g: Die ‚Waiting-Theorie', u. a. von Alfred Marshall (1842—1924) und Gustav Cassel (1866—1945) vertreten, ist eine Neuauflage der Abstinenztheorie, jedoch ohne das subjektive Moment. Der Zins ist wiederum der Preis für den Nichtverbrauch von Einkommen; durch dieses Sparen, das als ‚Warten' bezeichnet wird, wird ‚Kapitaldisposition' auf dem Kapitalmarkt bereitgestellt. Da mehr Ersparnisse nachgefragt als angeboten werden (‚Prinzip der Knappheit'), ist für die Inanspruchnahme der Kapitaldisposition für Investitionszwecke ein Preis, der Zins, zu zahlen.

Aufgabe 37

Der ‚Kapitalmarkt' bezieht sich auf langfristige Finanzmittel: Aktien und andere Beteiligungspapiere (Dividende als Ertrag); Obligationen, Pfandbriefe usw. (Zins als Ertrag). Als Marktteilnehmer treten die Zentralbank, die Kreditbanken, der Staat oder die Unternehmungen auf.

Am ‚Geldmarkt' werden kurzfristige Mittel gehandelt: Zentralbankgiroguthaben der Kreditbanken (in der BRD keine Banknoten und Giralgelder der Geschäftsbanken), die Tagesgeld (die nehmende Bank muß nach 24 Stunden das Zentralbankgeld der gebenden Bank wieder zurückgeben, falls nicht prolongiert wird), tägliches Geld (beide Banken können das Geld täglich kündigen, jedoch verlängert sich die Laufzeit jeweils um einen Tag, wenn nicht gekündigt wird) oder Termingeld (der Rückzahlungstermin wird vereinbart) sein können; Geldmarktpapiere in Wechselform (Schatzwechsel, unverzinsliche Schatzanweisungen, bestimmte private Diskontpapiere usw.). Marktteilnehmer sind die Zentralbank, die Kreditbanken oder der Staat.

Beim ‚Kreditmarkt' handelt es sich um die Kreditnachfrage bei den Geschäftsbanken seitens der Unternehmungen und Haushalte. Es werden mehrere Kreditarten unterschieden: Kontokorrent-, Wechsel-, Rembours-, Lombardkredite usw.

Aufgabe 38

Teil a: Keynes differenziert zwischen dem Transaktions- und Spekulationsmotiv der Kassenhaltung.

Nach dem ‚Transaktionsmotiv' wird Kassenhaltung geplant, um den Zeitraum zwischen Empfang und Verausgabung eines Geldbetrags zu überbrücken. Bei Unternehmungen wird vom ‚Umsatzmotiv', bei den Haushalten vom ‚Einkommensmotiv' gesprochen. Plant ein Unternehmer eine Kassenhaltung zur Finanzierung von Investierungen, so wird dieser Sonderfall des Umsatzmotivs als ‚Finanzmotiv' bezeichnet. Wird für unvorhergesehene Fälle eine Reserve an Geld gebildet (‚Vorsichtsmotiv'), so wird diese Kassenhaltung üblicherweise der Transaktionskasse zugerechnet.

Nach dem ‚Spekulationsmotiv' wird Geld in der Absicht gehalten, für die Zukunft vorzusorgen und künftige Chancen vorzubereiten. Geld wird als Form der Vermögenshaltung verwendet, da Geld gegenüber zinstragenden Forderungen den Vorteil der ‚Liquidität' hat (s. Teil b dieser Aufgabe).

Im Modell wird die Nachfrage nach Geld zu Transaktionszwecken (L_1) als abhängig vom Volkseinkommen

(Y), die Nachfrage nach Geld zu Spekulationszwecken (L_2) als abhängig vom Zins (i) angesehen. Die Funktionen

$$L_1 = f(Y)$$

und

$$L_2 = f(i)$$

zeigen folgenden Verlauf:

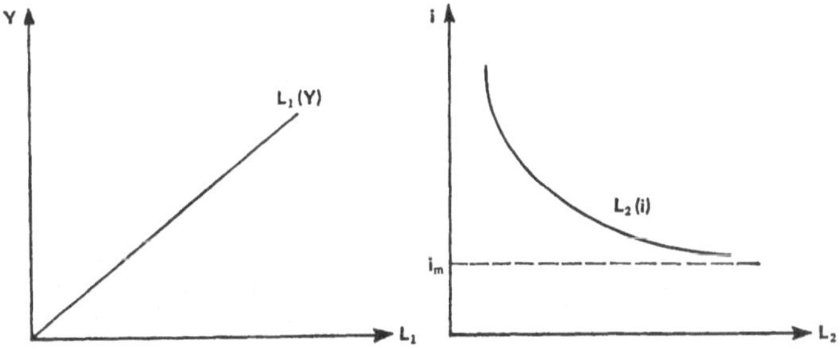

Es wird angenommen, daß bei steigendem Volkseinkommen die geplante Transaktionskasse zunimmt (in der Graphik: proportionaler Anstieg), daß bei fallendem Zins die geplante Spekulationskasse größer wird (da der niedrige Zins nicht die Kosten der Aufgabe der Liquidität entschädigt und daher Bargeld gehalten wird); der Zins kann eine Mindesthöhe (i_m) nicht unterschreiten (s. Aufgabe III, 35).

Teil b: Geld wird als das Gut höchster Liquidität bezeichnet; in dieser Definition bedeutet ‚Liquidität' soviel wie Entscheidungsfreiheit oder jederzeitige Verwertbarkeit auf dem Markt. Von Liquiditätspräferenz wird gesprochen, wenn die Wirtschaftssubjekte die Bargeldhaltung gegenüber der Anlage des Geldes in Wertpapieren vorziehen, um den Liquiditätsvorteil des Geldes auszunutzen.

In der L_2-Funktion (s. Teil a) wird die Abhängigkeit der geplanten Spekulationskasse von der Höhe des Zinses bei einem gegebenen Stand der Liquiditätspräferenz unterstellt. D. h. die Liquiditätspräferenz bestimmt (als Parameter) die Lage, nicht die Form der L_2-Funktion; jede Veränderung der Liquiditätspräferenz wird die L_2-Kurve verschieben.

Teil c: Das ‚Gleichgewicht' der Kassenhaltung ist durch die Bedingung

$$\text{Geldnachfrage} \overset{!}{=} \text{Geldangebot}$$

bzw.

$$\text{geplante Kassenhaltung} \overset{!}{=} \text{realisierte Kassenhaltung}$$

definiert. Die geplante Kassenhaltung zu Transaktions- und Spekulationszwecken ($L = L_1 + L_2$) ist vom Zins (i) und Volkseinkommen (Y) abhängig. Wird die angebotene Geldmenge mit M bezeichnet, so lautet die Gleichgewichtsbedingung für den monetären Sektor:

$$L(i, Y) \overset{!}{=} M$$

Bei gegebener Liquiditätspräferenz (d. h. gegebener Lage der L-Kurven, s. Teil b) enthält die Gleichung drei Unbekannte (i, Y und M), das Modell also zwei Freiheitsgrade.

Aufgabe 39

Teil a: In der Liquiditätsfunktion L (i, Y) ist der fixierte Zins, i = 5, Parameter, so daß die Geldnachfrage in Abhängigkeit vom Volkseinkommen dargestellt werden kann:

$$L = L_1 + L_2 = 0{,}2 \cdot Y + 10$$

In der Graphik ergibt sich eine Gerade:

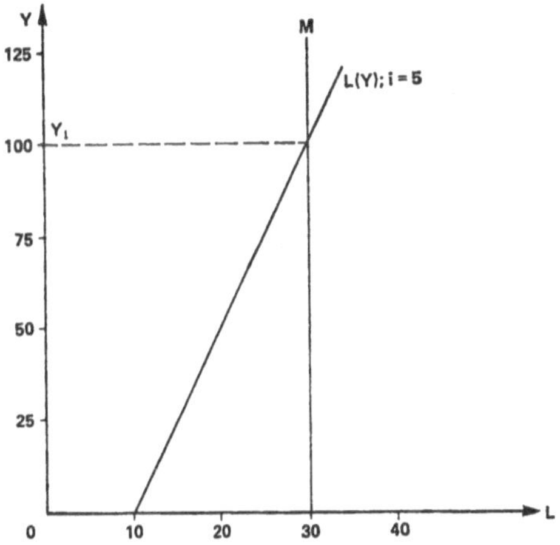

Wird eine Geldmenge von M = 30 angeboten, so kann das Gleichgewichtseinkommen (Y_1) bei einem Zinssatz von i = 5 aus der Gleichgewichtsbedingung

$$L(i, Y) \overset{!}{=} M$$

ermittelt werden; das Modell besitzt jetzt nur noch einen Freiheitsgrad, da i und M vorgegeben werden. Die einzelnen Größen werden eingesetzt:

$$L = 0{,}2 \cdot Y_1 + 10 = 30$$

$$Y_1 = 100$$

Diese Höhe des Volkseinkommens kann auch aus der obigen Graphik abgelesen werden, indem die L-Gerade mit der M-Linie (die als Senkrechte beim Abszissenpunkt 30 eingetragen wird) zum Schnitt gebracht wird.

Teil b: Ist das Volkseinkommen Parameter, Y = 200, so lautet die vom Zins abhängige Liquiditätsfunktion:

$$L = L_1 + L_2 = 40 + \frac{30}{i - 2}$$

In der Graphik ergibt sich als Liquiditätskurve eine Hyperbel:

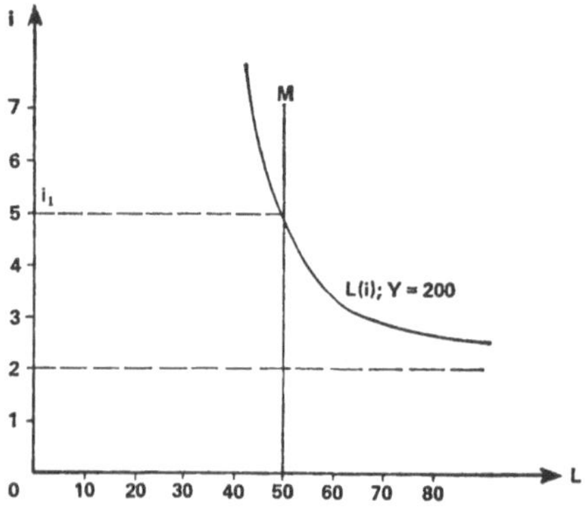

Für M = 50 kann aus der Gleichgewichtsbedingung des monetären Sektors der Gleichgewichtszins (i_1) bei einem Volkseinkommen von Y = 200 berechnet werden:

$$L = 40 + \frac{30}{i_1 - 2} = 50$$

$$i_1 = 5$$

In der Graphik wird wiederum der Schnittpunkt der Geldnachfragekurve, L (i), mit der Geldangebotskurve, M = 50, bestimmt; der zugehörige Gleichgewichtszins ist $i_1 = 5$.

Teil c: Die L = M-Kurve ist der geometrische Ort aller Wertepaare von Zins und Volkseinkommen, für die die geplante gleich der realisierten Kassenhaltung ist, d. h. für die das monetäre Gleichgewicht erreicht ist.

Das Geldangebot (realisierte Kassenhaltung) ist:

$$M = 70$$

Die Geldnachfrage (geplante Kassenhaltung) setzt sich aus L_1 (Y) und L_2 (i) zusammen:

$$L = 0{,}2 \cdot Y + \frac{30}{i - 2}$$

Für L = M ergibt sich die Funktion:

$$0{,}2 \cdot Y + \frac{30}{i - 2} = 70$$

$$Y = 350 - \frac{150}{i - 2}$$

Die Graphik zeigt eine steigende Funktion:

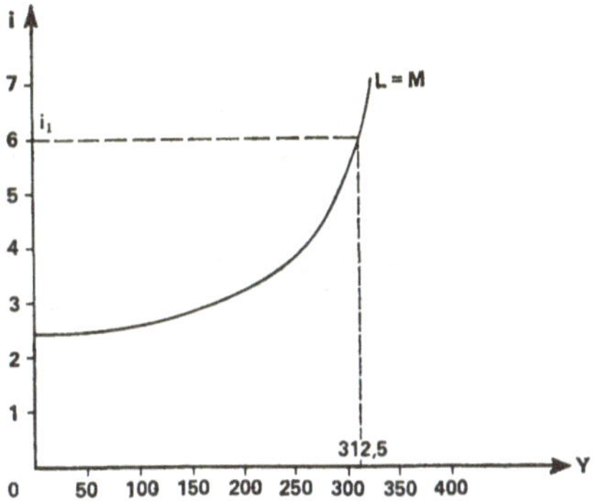

Für Y = 312,5 gilt:

$$312{,}5 = 350 - \frac{150}{i_1 - 2}$$

$$i_1 = 6$$

Dieser Gleichgewichtszins ist auch aus der Graphik ersichtlich.

Aufgabe 40

Teil a: Ein Liquiditätsproblem besteht für eine Geschäftsbank deshalb, weil die Bank u. U. Zahlungen in einem Geld leisten muß, das sie selbst nicht schaffen kann.

Wenn eine Bank durch Monetisierung von (primären oder sekundären) Aktiva Geldschöpfung im Aktivgeschäft betreibt, d. h. die Giralgeldmenge (Buchgeldmenge) erhöht, so muß sie damit rechnen, daß sie durch Überweisung an andere Banken oder durch Abhebung seitens des Publikums Zentralbankgeld, das sie nur durch Verschuldung bei der Zentralbank (z. B. Weitergabe eines Wechsels oder Kreditaufnahme) erhält, verliert. Eine Bank wird daher nur dann Giralgeld schöpfen, wenn sie eine gewisse Reserve an Zentralbankgeld hat, die sich nach den Zahlungssitten richtet oder gesetzlich vorgeschrieben ist (‚Mindestreserve').

Teil b: Die Erfahrungen haben gezeigt, daß eine Kreditbank, die eine Überschußreserve (ΔM) besitzt, nur Geldschöpfung im Aktivgeschäft (ΔD) in Höhe dieser Überschußreserve betreiben wird, da sie infolge Überweisung oder Barabhebung voll mit einem Verlust des Zentralbankgeldes rechnen muß. Für eine Kreditbank gilt also:

$$\Delta D = \Delta M$$

Die Geldschöpfungsmöglichkeiten des Bankensystems, z. B. in einem einstufigen Mischgeldsystem mit Barabhebung (die Abhebungsquote sei c), dagegen betragen ein Vielfaches der Überschußreserve. Dieser ‚multiple' Geldschöpfungsprozeß besteht aus einem ständigen Wechsel von Geldschöpfung im Aktivgeschäft und Geldschöpfung im Passivgeschäft, bis die Überschußreserve zur Mindestreserve geworden ist. Ist der gesetzlich vorgeschriebene Mindestreservesatz r, so läßt sich der maximale Geldschöpfungsspielraum des Bankensystems durch folgende Beziehung ausdrücken:

$$\Delta D = \frac{1}{r + c(1 - r)} \cdot \Delta M$$

Der Proportionalitätsfaktor wird ‚Geldschöpfungsmultiplikator' (k) genannt; es gilt (da $r < 1$ und $c < 1$):

$$k = \frac{1}{r + c(1 - r)} > 1$$

k sinkt bei steigendem r bzw. wachsendem c.

Aufgabe 41

Teil a: Von einer ‚hinkenden Währung' wird gesprochen, wenn es in einem metallistischen Währungssystem zwei Währungsmetalle gibt, von denen eines unterbewertet ist.

Eine Währungsverfassung dieses Typs existierte in Deutschland in der Zeit von 1873 bis 1907. Neben den Goldmünzen waren Silbermünzen im Umlauf, die wie Goldmünzen definitives und obligatorisches Geld (s. Aufgabe I, 23), aber von der metallischen Deckung losgelöst waren. Es konnten nicht jederzeit Silbermünzen geschaffen werden, wenn Silber vorhanden war, da die Silbermünzen nur ‚akzessorisches' Geld waren, d. h. sie sollten nur so lange im Umlauf bleiben, bis Goldmünzen ausreichend zur Verfügung standen. Insofern war die ‚hinkende' Währung nur eine Übergangsstufe zur reinen Goldwährung.

Teil b: In der Geldtheorie wird zwischen einem inländischen (‚internal drain') und ausländischen Mechanismus (‚external drain') zur Stabilisierung des Preisniveaus unterschieden.

Der inländische Automatismus betrifft den Fluß des Goldes von der Geld- in die Nichtgeldverwendung. Wenn z. B. bei steigendem Preisniveau in einer Volkswirtschaft der Geldwert fällt, so sinkt der Wert des Goldes in der Geldverwendung. In der Nichtgeldverwendung bleibt der Wert des Goldes unverändert, da der Goldpreis konstant ist. Daher wird Gold aus der Geld- in die Nichtgeldverwendung abfließen, so daß die Gold- und Geldmenge abnehmen. Die Folge ist ein Sinken des Preisniveaus und damit eine Tendenz zur Stabilisierung.

Der ausländische Goldmechanismus begünstigt ebenfalls eine Stabilität des Preisniveaus und — darüber hinaus — einen Ausgleich der Handelsbilanz (und damit ein Gleichgewicht der Zahlungsbilanz). Z. B. wird bei steigendem Preisniveau ein Land exportunfähiger und importfähiger, so daß (Freihandel vorausgesetzt) ein Importüberschuß und damit ein Devisenzufluß erreicht wird. Daher fließt Gold von der Zentralbank zur Bezahlung des Importüberschusses ins Ausland ab. Gold- und Geldmenge im Inland sinken, so daß auch das Preisniveau zurückgeht und eine Stabilisierung bewirkt wird. Bei fallendem Preisniveau werden aber die Exporte zu-, die Importe abnehmen; der Exportüberschuß wird den vorher erzielten Importüberschuß kompensieren und damit zu einem Ausgleich der Handelsbilanz tendieren.

Teil c: In einem Goldwährungsland ist der Außenwert des Geldes gegenüber einem anderen Land, der durch den Wechselkurs gemessen wird, durch die Goldparität festgelegt. Diese Goldparität ist z. B. 1:4, wenn eine bestimmte Gewichtsmenge Gold im ersten Land eine Währungseinheit, im zweiten Land dagegen 4 Währungseinheiten kostet.

Der Wechselkurs kann von der Goldparität nur innerhalb der sog. ‚Goldpunkte' abweichen und ist daher nahezu fest. Diese Goldpunkte können folgendermaßen erklärt werden:

1. Oberer Goldpunkt: Wenn im Inland z. B. ein Importüberschuß besteht, so werden die Importeure

verstärkt Devisen nachfragen. Daher wird der Wechselkurs — als Preis der ausländischen Währung im Inland — steigen, jedoch nur bis zum oberen Goldpunkt, der durch die Höhe der Transport- und Versicherungskosten für die Goldverschiffung determiniert ist. Würde der Wechselkurs über den oberen Goldpunkt hinaus ansteigen, so wäre es für den inländischen Importeur günstiger, statt im Inland Devisen nachzufragen nunmehr Gold an das Ausland zu verschicken und dortige Zahlungsmittel zu kaufen. Der obere Goldpunkt (‚Goldausfuhrpunkt') ist daher der maximale Preis für die ausländische Währungseinheit im Inland.

2. Unterer Goldpunkt: Ausgehend von einem Exportüberschuß im Inland wird durch das erhöhte Angebot an Devisen der Wechselkurs fallen, aber nur bis zum unteren Goldpunkt, der ebenfalls durch die Verschiffungskosten des Goldes bestimmt ist. Dieser ‚Goldeinfuhrpunkt' ist damit der niedrigste Preis für die ausländische Währungseinheit im Inland.

Aufgabe 42

Die Quantitätstheorie des Geldes (bereits im 16. Jahrhundert, dann vor allem von den englischen Klassikern vertreten) postuliert eine funktionale Beziehung zwischen dem Preisniveau einer Volkswirtschaft (P) und der umlaufenden Geldmenge (M), und zwar derart, daß bei größerer Geldmenge auch das Preisniveau steigt und damit der Geldwert sinkt:

$$P = f(M)$$

Diese Theorie, die nur unter bestimmten Bedingungen (s. unten) gültig ist, darf nicht mit der ‚Quantitätsgleichung' (Irving Fisher) verwechselt werden. Die ‚Verkehrsgleichung' ist dem Inhalt nach eine Tautologie, d. h. eine auf Grund der Definitionen der Begriffe erfüllte Identität. Sie besagt, daß das Produkt aus Geldmenge (M) und Umlaufsgeschwindigkeit des

Geldes (V) gleich dem Produkt aus Preisniveau (P) und Realeinkommen (Y) der Volkswirtschaft ist:

$$M \cdot V \equiv P \cdot Y$$

Wird unterstellt, daß V und Y konstant sind und daß M die Größe P bestimmt, so kann aus der obigen Gleichung die funktionale Beziehung der Quantitätstheorie abgeleitet werden. Diese Konstanz der Größen V und Y entspricht den klassischen Annahmen, a) daß die Umlaufsgeschwindigkeit des Geldes von den Zahlungssitten abhängig ist, die sich nicht ändern, und daß es eine Kassenhaltung nur auf Grund des Transaktionsmotivs gibt, b) daß das reale Sozialprodukt kurzfristig deshalb konstant ist, weil der Kapitalbestand und das Beschäftigungsvolumen sich kurzfristig ebenfalls nicht ändern.

Aufgabe 43

Teil a: In der volkswirtschaftlichen Gesamtrechnung werden vier Sektoren der Ersparnisbildung unterschieden:

1. In den Haushalten wird gespart, wenn das bezogene Einkommen größer als die Konsumsumme ist. Das Sparen wird als abhängig von der Sparfähigkeit (vor allem durch die Höhe des Einkommens bestimmt), der Sparwilligkeit und den Sparzielen angesehen (s. Aufgabe IV, 5).

2. In den Unternehmungen werden unverteilte Gewinne, die zur Finanzierung von Investierungen verwendet werden, als Nettoersparnis bezeichnet. Ihre Höhe hängt von verschiedenen Komponenten ab (z. B. Konjunkturlage, staatliche Steuerpolitik, Kapitalmarktsituation).

3. Sparen des Staates liegt dann vor, wenn die staatlichen Einnahmen (im wesentlichen Steuern, Gebühren und Beiträge) die Ausgaben (Staatsausgaben für Güter und Dienste, Subventionen, Transferzahlungen) übertreffen.

1. Auch im Sektor Ausland wird in der volkswirtschaftlichen Gesamtrechnung von Sparen gesprochen, wenn der Saldo der Übertragungen des Auslands und des Inlands positiv ist.

Teil b: Als Formen der Anlage von Ersparnissen und damit der Vermögensbildung können vor allem genannt werden: Bargeldhaltung (‚Horten'), Depositen bei den Banken (‚Kontokorrent-Konten' als täglich fällige Gelder), Wertpapiere (z. B. Schatzwechsel), Sparguthaben (langfristig festgelegte Gelder), Aktien und sonstige Beteiligungspapiere.

Konsolidierung bedeutet, daß kurzfristige Anlageformen (z. B. Wechsel) in langfristige Anlageformen (z. B. Anleihen) umgewandelt werden, d. h. daß die Fristigkeit der Vermögensteile verlängert wird.

Aufgabe 44

Im Modell einer geschlossenen Volkswirtschaft ohne staatliche Aktivität ist das Gleichgewichtseinkommen durch die Bedingung

$$S_{gepl} = I_{gepl}$$

determiniert (s. Aufgabe IV, 4). Dieses Gleichgewicht kann graphisch durch den Schnittpunkt der Sparfunktion mit der Investitionsfunktion (die vereinfachend als Parallele zur Einkommensachse gezeichnet wird) dargestellt werden:

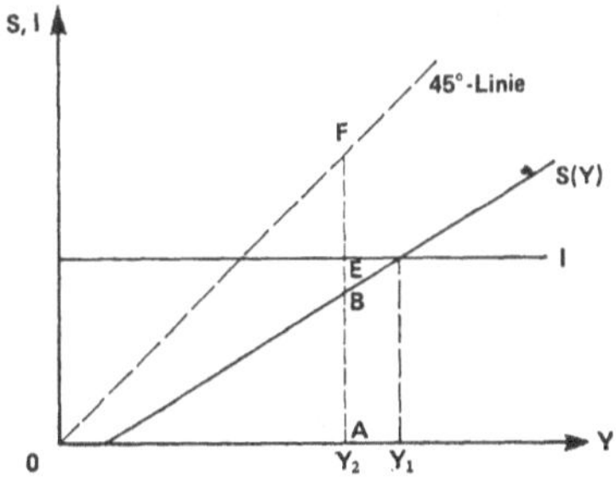

Beim Gleichgewichtseinkommen (Y_1) ist die Höhe der (hier: exogen vorgegebenen) Investierungen gleich den bei diesem Einkommen geplanten Ersparnissen.

Ungleichgewichtssituationen sind dann gegeben, wenn ungeplante Größen (hier: Ersparnisse, da die Investierungen ‚autonom' bestimmt sind) auftreten. Mit ‚Zwangssparen' wird der Fall bezeichnet, daß die geplanten Ersparnisse kleiner als die realisierten Investierungen sind, z. B. bei einem Volkseinkommen Y_2 (s. Graphik). Hier gilt:

$$S_{gepl.} = AB < I_{realis.} = AE$$

Das Einkommen Y_2 kann auch durch die Strecke AF gemessen werden; daher drückt die Strecke BF die Höhe der geplanten Konsumausgaben der Haushalte aus ($BF = C = Y - S$). Es ist ersichtlich, daß die Haushalte monetär mehr für Konsumzwecke verausgaben (BF), als real an Konsumgütern produziert worden ist (EF); d. h. der Absatzwert der Verbrauchsgüter (BF) ist größer als ihr Kostenwert (EF). Der Überschuß (BE) ist — makroökonomisch gesehen — Sparen, das als ungeplanter Gewinn bei den Unternehmen auftritt. Die realisierten Investierungen ‚erzwingen' in der Höhe, in der sie größer als das geplante Sparen der Haushalte sind, ein ungeplantes Sparen, das als ‚Zwangssparen' bezeichnet wird.

Die ex-post-Gleichheit von Sparen und Investieren wird durch das ‚Zwangssparen' bewirkt:

$$S_{realis.} = I_{realis.}$$

$$AB + BE = AE$$

Aufgabe 45

Ein ‚Unternehmereinkommen' liegt dann vor, wenn die Differenz zwischen den Produktionserlösen und den Produktionskosten, die an Dritte zu zahlen sind, positiv ist.

Der ‚Unternehmerlohn' ist das Entgelt für die Arbeitsleistung eines Unternehmers, d. h. das Entgelt, das bei Erbringung dieser Arbeitsleistung in anderen Unternehmungen als Kontrakteinkommen erzielbar wäre (kalkulatorische Größe).

Der ‚Unternehmergewinn' ist eine Restgröße, die sich nach Abzug der Gesamtkosten einschl. des Unternehmerlohnes, einer Verzinsung für Eigenkapital, eines Risikozuschlags oder eines Entgelts für zur Verfügung gestellte Bodenleistungen, von den Produktionserlösen ergibt. Dieses Residuum wird oft als Preis für die eigentliche Unternehmerleistung, die in der Entscheidung über den Wirtschaftsplan der Unternehmung und seine Durchführung gesehen werden kann, bezeichnet.

Das ‚Unternehmereinkommen' ist die Gesamtgröße der dem Unternehmer zufließenden Beträge, die den ‚Unternehmerlohn' und den ‚Unternehmergewinn' enthält.

Lösungen

Teil IV: Gesamtbeschäftigung, Konjunkturen, Wachstum

Aufgabe 1

Teil: a Nach klassischer Auffassung (u. a. vertreten von Ricardo, Say, J. Mill, McCulloch, Senior, J. St. Mill) ist einer Volkswirtschaft eine ständige Tendenz zu einem Gleichgewicht bei Vollbeschäftigung inhärent. Folgende Voraussetzungen müssen gegeben sein:

1. Freie Preisbildung (der Preis ergibt sich ausschließlich durch Dispositionen der Marktteilnehmer).
2. Volle Preisbeweglichkeit (die Preise sind sowohl nach oben als auch nach unten flexibel).
3. Preisorientiertes Verhalten der Wirtschaftssubjekte (die entscheidende Größe, an der sowohl die Nachfrager als auch die Anbieter ihr Verhalten ausrichten, ist der Preis).

4. Rationalität des Verhaltens (für den ‚homo oeconomicus' wird eine bestimmte Methode der Mittelwahl unterstellt: rationales Verhalten ergibt sich bei gegebener Zweckordnung, gegebenen Mittelbeständen, gegebener Verwendbarkeit der Mittel und quantitativer Vergleichbarkeit von eingesetzten Mitteln und erreichten Zwecken rein rechnerisch).

5. ‚Neutralität' des Geldes (die Geldmenge verändert nur das Preisniveau, nicht die Preisrelationen der Güter, d. h. Angebot und Nachfrage sind in bezug auf das Preisniveau homogen vom Grade Null).

Teil b: Das nach J. B. Say (1767—1832) benannte Theorem besagt, daß bei Gültigkeit der klassischen Voraussetzungen (s. Teil a) der Wert des Gesamtangebots an Gütern in einer Volkswirtschaft nicht größer sein kann als der Wert der Gesamtnachfrage. Das gesamte Angebot schafft sich selbst seine Nachfrage, da niemand produziert, ohne anzubieten, und niemand anbietet, ohne Produkte zu verlangen. Jeder Anbieter ist zugleich Nachfrager, so daß wertmäßig keine Gesamtüber- bzw. -unterproduktion möglich ist.

Ein Rückgang der Nachfrage nach einem Gut wird ausgeglichen durch die Erhöhung der Nachfrage nach einem anderen Gut. Diese Nachfrageänderungen führen zu entsprechenden Preisanpassungen der betreffenden Güter. Dabei handelt es sich um partielle Verschiebungen der Nachfrage, die Produktionsumstellungen hervorrufen, ohne daß es zu einer Veränderung der Gesamthöhe der Nachfrage und damit zu einer Variation der Produktionsmenge kommt.

In der Kreislaufbetrachtung besagt diese These, daß die Geldkosten der Produktion Geldeinkommen der Produktionsfaktoren sind. Dieses Einkommen wird stets wieder als Nachfrage eingesetzt, da das Geld nur als Tauschmittel Verwendung findet.

Aufgabe 2

Die Bezeichnung ‚Gesetz von Walras' (auch ‚Walras-Identität') geht auf Oskar Lange (Price Flexibility and Employment, 1944) zurück.

Für alle einzelnen Märkte einer Volkswirtschaft läßt sich folgende Identitätsbeziehung aufstellen:

Wert des Güterangebots = Nachfrage nach Geld

bzw.

Angebot von Geld = Wert der Güternachfrage

Durch Summierung der beiden Gleichungen folgt dann:

Wert des Güterangebots + Geldangebot
= Geldnachfrage + Wert der Güternachfrage

Diese Gleichung, die als ‚Identität' (d. h. ‚tautologische' Gleichung) anzusehen ist, wird als ‚Gesetz von Walras' bezeichnet.

Bei alleiniger Tauschmittelverwendung des Geldes (d. h. es wird nicht ‚gehortet') würde gelten:

Geldangebot = Geldnachfrage ,

damit auch:

Wert des Güterangebots = Wert der Güternachfrage

Diese Gleichung entspricht der Aussage des Say'schen Theorems (s. Aufgabe IV, 1).

Aufgabe 3

Teil a: Nach der Quantitätsgleichung (Fisher'sche Verkehrsgleichung) gilt

$$M \cdot V = P \cdot Y$$

(M = Geldmenge; V = Umlaufsgeschwindigkeit des Geldes; P = Preisniveau; Y = Realeinkommen).

In diese Gleichung werden die gegebenen Größen eingesetzt:

$$M \cdot 2 = P \cdot 99$$

Da

$$M = \frac{1}{2} \cdot P^2 + 40 \cdot P,$$

kann das Preisniveau berechnet werden:

$$2 \cdot \left(\frac{1}{2} \cdot P^2 + 40 \cdot P\right) = 99 \cdot P$$

$$P + 80 \qquad = 99$$

Daraus folgt:

$$P = 19$$

Teil b: Nach der Multiplikatorbeziehung ist die Veränderung des Volkseinkommens (ΔY) durch den Multiplikator (k) und die Investitionsänderung (ΔI) bestimmt:

$$\Delta Y = k \cdot \Delta I$$

Der Investitionsmultiplikator ist gleich dem Kehrwert der marginalen Sparquote:

$$k = \frac{1}{dS/dY} = \frac{1}{1 - dC/dY}$$

Die marginale Konsumquote (dC/dY) kann aus der angegebenen Konsumfunktion ermittelt werden:

$$C = 2 \cdot \sqrt{Y + 1} = 2 \cdot (Y + 1)^{\frac{1}{2}}$$

$$\frac{dC}{dY} = \frac{2}{2} \cdot (Y + 1)^{-\frac{1}{2}} = \frac{1}{\sqrt{Y + 1}}$$

Bei einem Ausgangseinkommen von $Y = 99$ ist:

$$\frac{dC}{dY} = \frac{1}{\sqrt{100}} = \frac{1}{10}$$

und

$$k = \frac{10}{9}$$

Bei einer Investitionsänderung von $\Delta I = 10$ ergibt sich daher:

$$\Delta Y = k \cdot \Delta I = 20$$

Zur Berechnung des Preisniveaus wird in der Verkehrsgleichung ein Volkseinkommen von

$$Y + \Delta Y = 119$$

berücksichtigt. Es gilt dann:

$$P + 80 = 119 \text{ (s. oben)}$$

$$P = 39$$

Aufgabe 4

In einer geschlossenen Volkswirtschaft ohne staatliche Aktivität lauten die Keynes'schen Einkommensgleichungen:

Entstehung des Volkseinkommens: $Y = C + I$

Verwendung des Volkseinkommens: $Y = C + S$

In der Entstehungsgleichung bedeutet ‚C' den Wert der Verkäufe von Gütern durch Unternehmungen an Haushalte, in der Verwendungsgleichung ist ‚C' der Wert der Käufe von Gütern durch Haushalte von Unternehmungen; beide Größen sind identisch. Da angenommen wird, daß das Volkseinkommen in der gleichen Periode, in der es entsteht, auch wieder verwendet wird (‚statische Betrachtung'), ergibt sich notwendigerweise die Identität

$$I = S$$

(als ‚Gleichheit' von Investieren und Sparen). Diese Gleichung besagt lediglich, daß produzierte Güter, die nicht in der betrachteten Periode an Haushalte verkauft worden sind und daher nicht als verbraucht gelten. den Beständen der Unternehmungen zuwachsen, also reale Vermögensbildung darstellen, der notwendig ein Zuwachs an ‚Ansprüchen', d. h. Ersparnissen, entsprechen muß. Keynes bstimmt die Begriffe ‚Sparen' und ‚Investieren' so, daß beide ex-post (d. h. als realisierte Größen) stets die gleiche Höhe haben.

Diese ‚Gleichheit' ist aber nicht identisch mit dem ‚Gleichgewicht' von Investieren und Sparen, das durch die Verhaltensfunktionen der Wirtschaftssubjekte determiniert ist und damit von den Wirtschaftsplänen abhängt. Zur Bestimmung des ‚Gleichgewichts' ist eine ex-ante-Betrachtung erforderlich, indem Investieren und Sparen als ‚geplante' Größen am Beginn der Periode verglichen werden.

Da die Investitionen modell-exogen (‚autonom') vorgegeben, die Ersparnisse dagegen einkommenselastisch sind, liegt Gleichgewicht von Investieren und Sparen dann vor, wenn das Einkommen die Höhe erreicht, bei der das auf diese Höhe bezogene geplante Sparen gleich der vorgegebenen Höhe der Investierungen ist.

Mathematisch kann die Gleichgewichtsbedingung aus den Einkommensgleichungen bestimmt werden, indem $C = C(Y)$, $S = S(Y)$ und $I = \bar{I}$ berücksichtigt werden:

$$Y = C(Y) + \bar{I}$$
$$Y = C(Y) + S(Y)$$

Daraus folgt, daß das Gleichgewichtseinkommen dann gegeben ist, wenn bei diesem Einkommen soviel gespart wie realisiert investiert wird:

$$S(Y) \overset{!}{=} \bar{I}$$

Aufgabe 5

Wieviel Sparen der Einkommensempfänger bei jeder Einkommenshöhe plant, hängt nach Keynes von subjektiven ‚Sparplänen' ab, die in der Sparfunktion $S = S(Y)$ konstant gesetzt werden. Dazu gehören u. a.

Entscheidungen über die Schaffung von Rücklagen für unvorhergesehene Ausgaben, für die Altersvorsorge, für die Vermögensansammlung zum Zwecke des späteren Verbrauchs, für die Schaffung von Unabhängigkeit und Macht, für die Vererbung von Vermögen.

Bei sog. ‚gegebener subjektiver Sparneigung' ändert sich die Höhe des geplanten Sparens unter dem Einfluß objektiver Bestimmungsgründe, z. B. bei einer Änderung des Lohn- und Preisniveaus, bei einer Variation des Zinssatzes, bei einer die Einkommensverteilung beeinflussenden Steuerpolitik, bei einer Veränderung der Erwartungen über künftige Einkommen, beim Auftreten von Zufallsgewinnen bzw. Zufallsverlusten aus Kursänderungen der Effekten, bei einer Variation des Verhältnisses von Brutto- zu Nettoeinkommen.

Aufgabe 6

Teil a: Zur Berechnung des Gleichgewichtseinkommens wird von der Gleichgewichtsbedingung

$$S \overset{!}{=} I$$

ausgegangen. Aus der gegebenen Konsumfunktion

$$C = 10 + 0{,}8 \cdot Y$$

folgt die Sparfunktion:

$$S = -10 + 0{,}2 \cdot Y$$

Durch Gleichsetzen von I und S ergibt sich die Höhe des Gleichgewichtseinkommens (Y_1):

$$-10 + 0{,}2 \cdot Y_1 = 20$$

$$Y_1 = 150$$

In der Graphik (C bzw. S und I auf der Ordinatenachse, Y auf der Abszissenachse) werden die Konsumfunktion, die C + I-Gerade und die 45-Grad-Linie bzw. die Sparfunktion und die Investitionsgerade eingetragen.

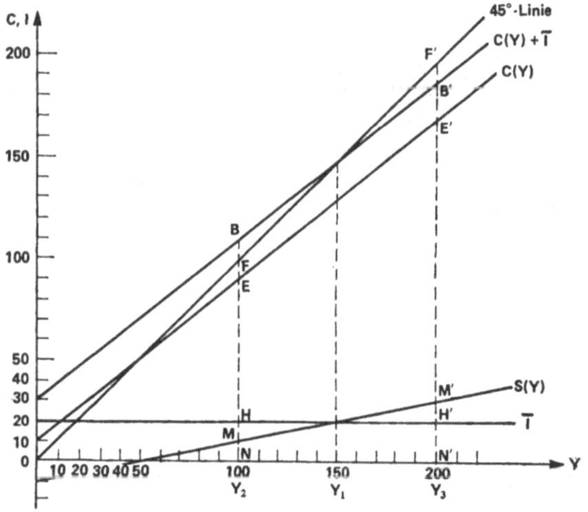

(die Investitionsgerade ist nur bis zum Schnittpunkt mit der 45-Grad-Linie relevant, da das realisierte Einkommen nicht tiefer sinken kann als bis zur Höhe der realisierten Netto-Investierungen).

Das Gleichgewichtseinkommen ($Y_1 = 150$) kann entweder durch den Schnittpunkt der C + I-Geraden mit der 45-Grad-Linie oder durch den Schnittpunkt der Sparfunktion und der Investitionsgeraden abgelesen werden.

Teil b: 1. Bei einem Volkseinkommen von $Y_2 = 100$ sind die geplanten Ersparnisse kleiner als die realisierten Investierungen:

$$S_2 = 10 < I = 20$$

(in der Graphik: $S_2 = EF = NM$). Daher besteht keine Gleichgewichtssituation.

Die ex-post-Gleichheit von Sparen und Investieren kommt folgendermaßen zustande: Da die geplanten

Konsumausgaben zu hoch sind, wird von den Haushalten monetär mehr für Konsumzwecke ausgegeben, als real an Konsumgütern produziert wurde; der Absatzwert der Konsumgüter (in der Graphik: $C_2 = MF$) ist größer als ihr Kostenwert ($C'_2 = HF$). Der Überschuß (MH) kann durch Preissteigerungen erklärt werden und entspricht ungeplanten Gewinnen bei den Unternehmungen; er bedeutet makroökonomisch Sparen (‚Zwangssparen'; s. Aufgabe III, 44). Die Gleichheit von Investieren und Sparen wird demnach durch das Auftreten eines ungeplanten Sparens bewirkt.

2. Bei einem Volkseinkommen von $Y_3 = 200$ sind die geplanten Ersparnisse größer als die realisierten Investierungen:

$$S_3 = 30 > I = 20$$

(in der Graphik: $S_3 = E'F' = N'M'$). Es existiert wiederum eine Ungleichgewichtssituation.

Zur ex-post-Gleichheit von Investieren und Sparen kommt es auf folgendem Weg: Da die geplanten Konsumausgaben jetzt zu gering sind, ist der Absatzwert der Konsumgüter ($C_3 = M'F'$) kleiner als der Kostenwert ($C'_3 = H'F'$). Es entstehen Verluste bei den Unternehmungen infolge von Preissenkungen, die makroökonomisch Entsparen (negatives Sparen $= H'M'$) sind und die die Gleichheit von Investieren und Sparen herbeiführen.

Aufgabe 7

Unter Berücksichtigung der Keynes'schen Einkommensgleichungen

$$Y = C + I$$

und

$$Y = C + S$$

wird festgestellt: da die Investierungen I = 50 Mrd. betragen, die Wirtschaftssubjekte aber Konsumausgaben in Höhe von C = Y = 200 Mrd. planen, ist das geplante Sparen (S_g) gleich Null; es tritt ein ungeplantes Sparen (S_u) in Höhe der realisierten Investierungen auf:

$$S = S_g + S_u = 0 + 50 = 50 \text{ Mrd.}$$

Dieses ‚Zwangssparen' kann dadurch erklärt werden, daß der Absatzwert der Konsumgüter größer ist als der Kostenwert (s. Aufgabe III, 44).

Durch das Auftreten des ungeplanten Sparens wird die ex-post-Gleichheit von Investieren und Sparen bewirkt:

$$I = S = 50 \text{ Mrd.}$$

Aufgabe 8

Teil a: Es wird zunächst das Gleichgewichtseinkommen (Y_1) ermittelt, indem Spar- und Investitionsfunktion gleichgesetzt bzw. in der Graphik die Spar- und Investitionsgerade zum Schnitt gebracht werden:

$$S \overset{!}{=} I$$

$$0{,}2 \cdot Y_1 - 50 = 70$$

$$Y_1 = 600$$

$$S_1 = 70 = I$$

Bei der Verlagerung der Sparfunktion nach oben entsteht eine Kontraktionslücke (k), da beim Gleichgewichtseinkommen $Y_1 = 600$ jetzt das geplante Sparen größer als die realisierte Investition ist:

$$S_1' = 90 > I = 70$$

$$k = S_1' - I = 20$$

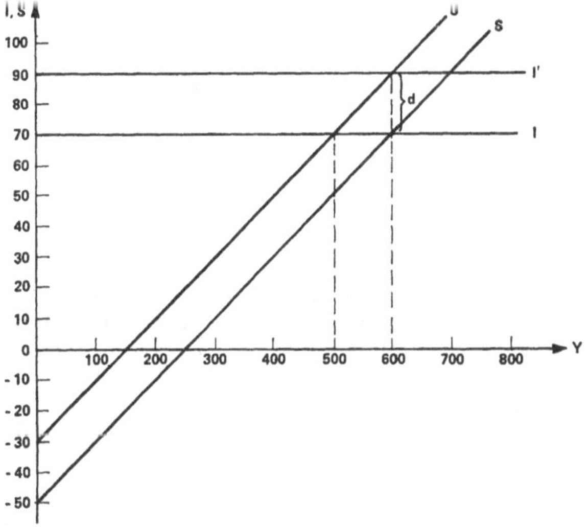

Teil b: Soll die Kontraktionslücke überwunden und damit ein Absinken des Volkseinkommens vermieden werden, müßte entweder die Sparneigung wieder zurückgehen (bzw. die Konsumneigung steigen), so daß die Sparfunktion sich nach unten verlagert, oder es müßten die exogen vorgegebenen Investitionen erhöht werden auf I′ = 90 (s. Graphik).

Aufgabe 9

‚Zwangssparen' tritt auf, wenn realisierte Investierungen höher als geplante Ersparnisse sind, so daß eine Überschußnachfrage nach Verbrauchsgütern deren Preise zum Steigen bringt und daher für die Konsumausgabensumme ein geringerer ‚realer' Verbrauch erfolgt.

‚Zwangsverbrauch' läge demnach im umgekehrten Falle vor: Realisierte Investierungen sind niedriger als geplantes Sparen; daher ist die Ausgabensumme für Verbrauchsgüter geringer als ihr Kostenwert. Durch Preisfall wird der ‚reale' Verbrauch größer als er geplant war, d. h. es wird ungeplant entspart (s. Aufgabe IV, 6).

Aufgabe 10

Teil a: Aus der gegebenen Konsumfunktion kann die Sparfunktion bestimmt werden:

$$S = 0{,}3 \cdot Y - 40$$

Da Sparen und Investieren einkommenselastisch sind, ist das Gleichgewichtseinkommen (Y_1) dann erreicht, wenn bei diesem Einkommen soviel an Investierungen wie an Ersparnissen geplant wird; I- und S-Funktion werden gleichgesetzt:

$$I \overset{!}{=} S$$

$$0{,}2 \cdot Y_1 + 10 = 0{,}3 \cdot Y_1 - 40$$

$$Y_1 = 500$$

In der Graphik werden die I- und S-Funktion eingezeichnet; der Schnittpunkt ergibt das Gleichgewichtseinkommen $Y_1 = 500$:

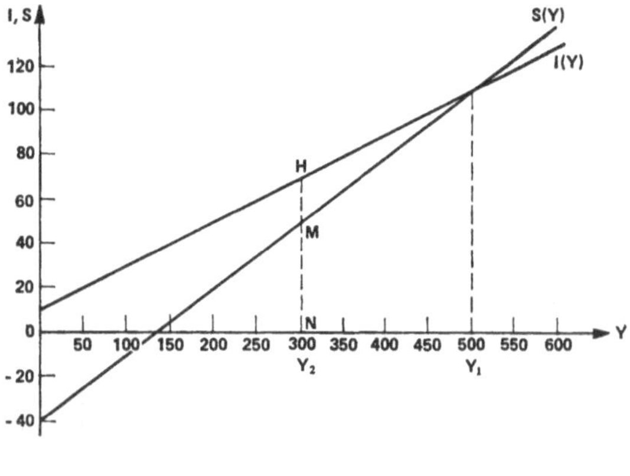

Teil b: Bei einem Volkseinkommen von $Y_2 = 000$ gilt für die geplanten Investierungen bzw. Ersparnisse:

$$S_2 = 50 < I_2 = 70$$

(in der Graphik: $S_2 = NM < I_2 = NH$).

1. Wenn die geplanten Ersparnisse von den Wirtschaftssubjekten realisiert werden, wird die ex-post-Gleichheit von Investieren und Sparen durch das Auftreten ungeplanter Des-Investierungen (als Lagerabbau) herbeigeführt; die gesamten Ersparnisse (S_2 = NM) sind gleich den geplanten Investierungen (I_2^g = NH) abzüglich der ungeplanten Des-Investierungen ($-I_2^u$ = MH). Die Gleichheit von Investieren und Sparen stellt sich auf dem — tieferen — Niveau NM ein.

2. Wenn die Unternehmer die geplanten Investitionen realisieren, kommt die ex-post-Gleichheit von Investieren und Sparen durch das Auftreten eines ungeplanten Sparens (‚Zwangssparen') zustande; die gesamten Investierungen (I_2 = NH) sind gleich den geplanten Ersparnissen (S_2^g = NM) zuzüglich der ungeplanten Ersparnisse (S_2^u = MH). Die Gleichheit von Investieren und Sparen entsteht auf dem — höheren — Niveau NH.

Aufgabe 11

Die gesamte Produktionsmenge der Stahlindustrie kann durch folgende Gleichung zum Ausdruck gebracht werden:

$$Q = c \cdot Q + R = 0{,}3 \cdot Q + R$$

bzw.:

$$Q = \frac{1}{1 - 0{,}3} \cdot R = \frac{10}{7} \cdot R$$

Diese Gleichung läßt das allgemeine Multiplikatorprinzip erkennen: der Faktor $k = 10/7$ entspricht dem ‚Multiplikator', die Größe R ist der ‚Multiplikand'. Für jede Veränderung ΔR wird durch den Multiplikator $k > 1$ die Variation von Q als ein Mehrfaches von ΔR bestimmt.

Soll daher der Marktabsatz um $\Delta R = 210$ erhöht werden, ist die erforderliche Produktionsmenge:

$$\Delta Q = \frac{10}{7} \cdot 210 = 300 > \Delta R$$

Aufgabe 12

Teil a: Das Gleichgewichtseinkommen ist dann gegeben, wenn die geplanten Ersparnisse den modell-exogen vorgegebenen Investierungen entsprechen. Aus der Konsumfunktion folgt die Gleichung der Sparfunktion:

$$S = 0{,}4 \cdot Y - 100$$

Das Gleichgewichtseinkommen (Y_1) ist dann:

$$I = S$$
$$20 = 0{,}4 \cdot Y_1 - 100$$
$$Y_1 = 300$$

In der Graphik werden die Sparfunktion und die Investitionsgerade zum Schnitt gebracht:

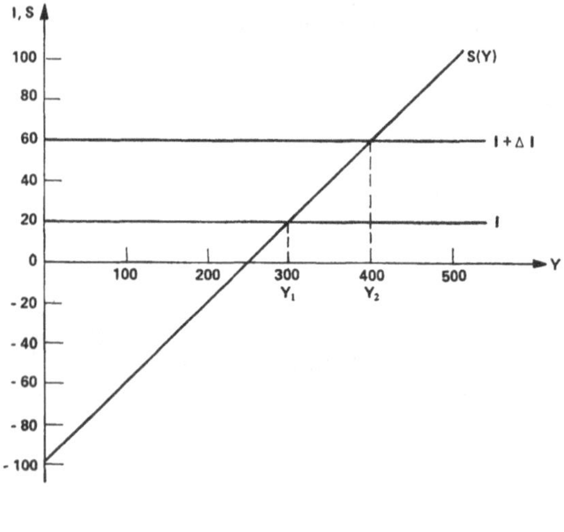

Der Schnittpunkt von I und S(Y) ergibt das Gleichgewichtseinkommen $Y_1 = 300$.

Teil b: Der Investitionsmultiplikator entspricht dem Kehrwert der marginalen Sparquote:

$$k_I = \frac{1}{s} = \frac{1}{0{,}4} = 2{,}5$$

Daher steigt das Volkseinkommen um:

$$\Delta Y = k \cdot \Delta I = 2{,}5 \cdot 40 = 100$$

Das neue Gleichgewichtseinkommen (Y_2) ist also:

$$Y_2 = Y_1 + \Delta Y = 400$$

Dieses Ergebnis stimmt mit der obigen Graphik überein.

Aufgabe 13

Die Veränderung der Verbrauchsfunktion wird durch eine Variation des einkommensunabhängigen Teiles des Verbrauchs ($\Delta a = 17$) bewirkt. Die Differenz des Gleichgewichtseinkommens ist daher durch den Konsummultiplikator, der dem Kehrwert der marginalen Sparquote ($s = 1 - b = 0{,}2$) entspricht, bestimmt:

$$\Delta Y = k_C \cdot \Delta a = \frac{1}{0{,}2} \cdot 17 = 85$$

Aufgabe 14

Zur Lösung wird die Multiplikatorformel verwendet, nach der die Änderung des Volkseinkommens gleich dem Produkt aus dem Investitionsmultiplikator (k_I) und der Variation der Investierungen ist:

$$\Delta Y = k_I \cdot \Delta I = \frac{1}{1 - b} \cdot \Delta I$$

Da die marginale Konsumquote (b) und die Veränderung des Gleichgewichtseinkommens ($\Delta Y = Y_2 - Y_1 =$

92) gegeben sind, kann die erforderliche Erhöhung der Investierungen berechnet werden:

$$\Delta I = \frac{\Delta Y}{k_I} = (1 - b) \cdot \Delta Y = 0{,}15 \cdot 92 = 13{,}8$$

Aufgabe 15

Die Sparfunktion wird aus der Konsumfunktion abgeleitet:

$$S = \frac{1}{3} \cdot Y - 80$$

Das Volkseinkommen im Ausgangsgleichgewicht (Y_1) ist durch die Bedingung

$$I \overset{!}{=} S$$

bestimmt:

$$\frac{1}{4} \cdot Y_1 + 10 = \frac{1}{3} \cdot Y_1 - 80$$

$$\frac{1}{3} \cdot Y_1 - \frac{1}{4} \cdot Y_1 = 90$$

$$Y_1 = 1080$$

Dieses Gleichgewichtseinkommen steigt, wenn die einkommensunabhängigen Investierungen erhöht werden; die Vergrößerung des Volkseinkommens ist durch den Investitionsmultiplikator determiniert, der in diesem Modell gleich dem Kehrwert der Differenz von marginaler Sparquote ($s = {}^1/_3$) und Investitionsquote ($d = {}^1/_4$) ist, da ein Teil der Investierungen einkommenselastisch ist (‚Supermultiplikator', k_s):

$$\Delta Y = k_S \cdot \Delta I = \frac{1}{s - d} \cdot \Delta I$$

$$\Delta Y = \frac{1}{1/12} \cdot 30 = 360$$

In der Graphik ergeben sich die Investitions- und Sparfunktion als steigende Geraden; ihr Schnittpunkt (M) bestimmt das Ausgangsgleichgewicht $Y_1 = 1080$:

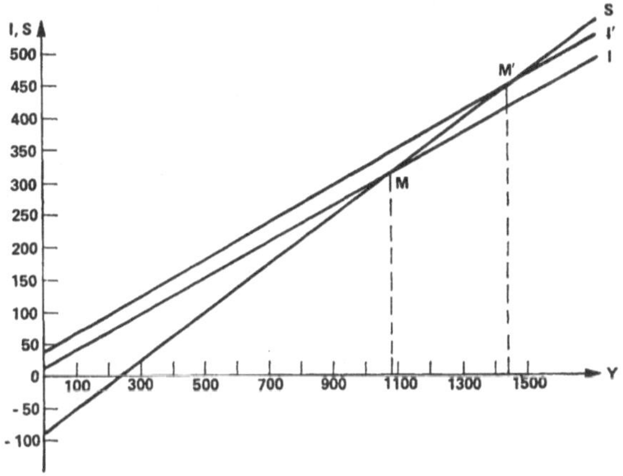

Bei einer Erhöhung der autonomen Investitionen um $\Delta I = 30$ verschiebt sich die Investitionsfunktion (I) parallel nach oben (I'). Der neue Schnittpunkt mit der Sparfunktion (M') determiniert das Gleichgewichtseinkommen $Y_2 = Y_1 + \Delta Y = 1440$.

Aufgabe 16

Teil a: Das Gleichgewicht in dem durch die beiden Gleichungen determinierten Modell ist durch die Bedingung:

$$\text{Investieren} \overset{!}{=} \text{Sparen}$$

bestimmt. Aus der Konsumfunktion kann die Sparfunktion abgeleitet werden:

$$S = 0{,}2 \cdot Y - 20$$

Die Gleichgewichtsbedingung würde also lauten:

$$-10 \cdot i + 80 = 0{,}2 \cdot Y - 20$$

Da eine Gleichung mit zwei Unbekannten (i und Y) vorliegt, besitzt das Modell einen Freiheitsgrad, d. h. es ist unterbestimmt. Das Gleichgewichtseinkommen kann daher nur ermittelt werden, wenn der Zins fixiert wird.

Teil b: Ist der Zins $i_1 = 4$, so kann das Gleichgewichtseinkommen (Y_1) aus der obigen Gleichung berechnet werden:

$$-10 \cdot 4 + 80 = 0{,}2 \cdot Y_1 - 20$$

$$Y_1 = 300$$

In der Graphik werden in zwei Quadranten die Investitions- und die Sparfunktion eingezeichnet:

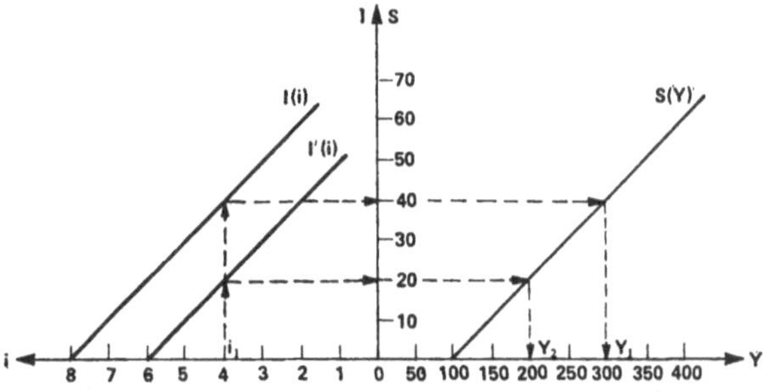

Das Gleichgewichtseinkommen ergibt sich über folgenden Streckenzug:

$$i_1 = 4 \curvearrowright I_1 = 40 = S_1 \curvearrowright Y_1 = 300$$

Teil c: Die I = S-Kurve wird durch eine funktionale Beziehung zwischen Volkseinkommen (Y) und Zins (i) dargestellt.

Aus

$$I = S$$

$$-10 \cdot i + 80 = 0{,}2 \cdot Y - 20$$

folgt:

$$Y = -50 \cdot i + 500$$

Die Graphik zeigt folgendes Bild:

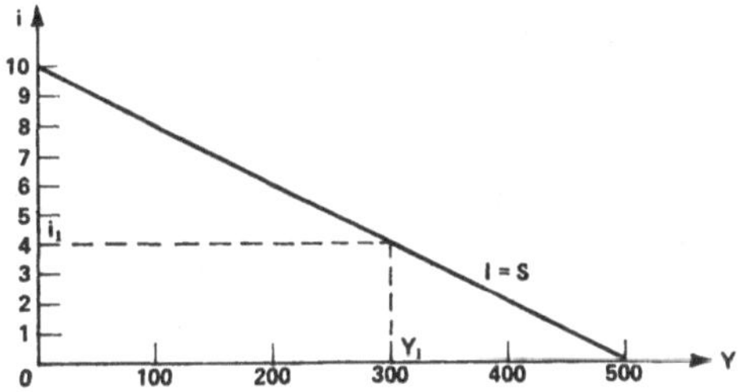

Bei $i_1 = 4$ ist: $Y_1 = 300$.

Die I = S-Kurve bezeichnet in jedem Punkt die Höhe von Zins und Volkseinkommen, bei der Gleichgewicht zwischen Investieren und Sparen besteht. Form und Neigung der Kurve drücken aus, daß bei niedrigem Zinssatz die Investierungen größer wären und damit auch das Volkseinkommen, bei dem das geplante Sparen gleich dem geplanten Investieren ist (fallende Kurve: bei einer Zinserhöhung sinkt das Gleichgewichtseinkommen und umgekehrt).

In welchem Ausmaß eine Änderung des Zinses zu einer Variation des Gleichgewichtseinkommens führt, hängt von der Zinselastizität der Investierungen ($e_{I,i}$) und von der Einkommenselastizität der Ersparnisse ($e_{S,Y}$) ab:

$$e_{I,i} = \frac{dI}{I} : \frac{di}{i}$$

$$e_{S,Y} = \frac{dS}{S} : \frac{dY}{Y}$$

Teil d: Aus $I' = S$ folgt bei $i_1 = 4$ das neue Gleichgewichtseinkommen (Y_2):

$$-10 \cdot i_1 + 60 = 0{,}2 \cdot Y_2 - 20$$

$$-40 + 60 = 0{,}2 \cdot Y_2 - 20$$

$$Y_2 = 200$$

Die Graphik (s. Teil b) zeigt ebenfalls diese Größen.

Auf Grund der veränderten Investitionsfunktion verlagert sich die Investitionsgerade parallel nach rechts. Das bedeutet, daß die Investitionsneigung zurückgeht. Die Unternehmer beabsichtigen, bei jeder Zinshöhe weniger zu investieren als vorher, z. B. weil ihre Ertragserwartungen gesunken sind.

Aufgabe 17

Teil a: Die gesamte Kassenhaltung setzt sich aus der Transaktions- und Spekulationskasse zusammen. Für verschiedene Größen des Volkseinkommens ergeben sich unterschiedliche zinsabhängige Liquiditätskurven:

$$Y = 0 \quad : L = \frac{60}{i - 2} \; (L = L_2)$$

$$Y = 100: L = 25 + \frac{60}{i - 2}$$

$$Y = 200: L = 50 + \frac{60}{i - 2}$$

$$Y = 300: L = 75 + \frac{60}{i - 2}$$

$$Y = 400: L = 100 + \frac{60}{i - 2}$$

Die Graphik zeigt folgendes Bild:

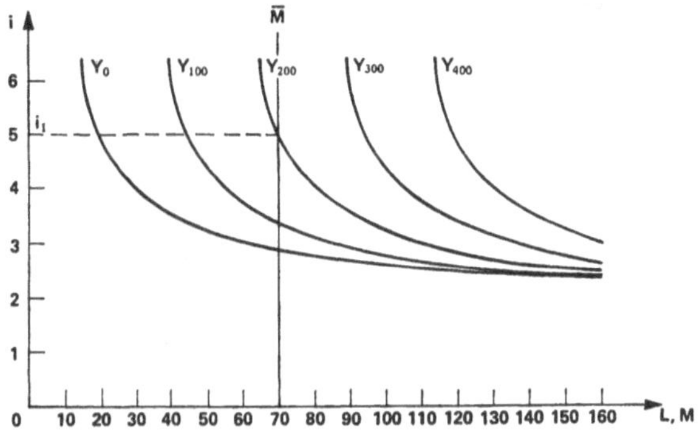

Teil b: Die gegebene Geldmenge $\overline{M} = 70$ wird als Senkrechte im Abszissenpunkt 70 eingezeichnet. Ihr Schnittpunkt mit der L-Kurve für $Y = 200$ ergibt den Gleichgewichtszins $i_1 = 5$.

Der Gleichgewichtszins kann berechnet werden, indem von der Gleichgewichtsbedingung

$$\text{Geldangebot} \overset{!}{=} \text{Geldnachfrage}$$

ausgegangen wird:

$$70 = 0{,}25 \cdot Y + \frac{60}{i - 2}$$

Für $Y = 200$:

$$70 = 50 + \frac{60}{i_1 - 2}$$

$$i_1 = 5$$

Teil c: Das Modell wird um den realen Sektor (Spar- und Investitionsfunktion) erweitert. Die Gleichgewichtsbedingungen lauten jetzt:

$$L \overset{!}{=} M$$

und

$$I \overset{!}{=} S$$

Es werden die gegebenen Funktionen bzw. die Größe für M eingesetzt:

$$L = M$$

$$0{,}25 \cdot Y + \frac{60}{i - 2} = 80$$

$$Y = 320 - \frac{240}{i - 2} \qquad \text{(L = M-Funktion)}$$

Und:

$$I = S$$

$$90 - 15 \cdot i = -10 + 0{,}2 \cdot Y$$

$$Y = 500 - 75 \cdot i \qquad \text{(I = S-Funktion)}$$

Aus der Gleichsetzung der L = M- und I = S-Funktion kann der Gleichgewichtszins (i_1) berechnet werden:

$$320 - \frac{240}{i_1 - 2} = 500 - 75 \cdot i_1$$

$$180 = 75 \cdot i_1 - \frac{240}{i_1 - 2} = \frac{75 \cdot i_1^2 - 150 \cdot i_1 - 240}{i_1 - 2}$$

$$180 \cdot i_1 - 360 = 75 \cdot i_1^2 - 150 \cdot i_1 - 240$$

Daraus folgt die quadratische Gleichung

$$i_1^2 - \frac{22}{5} \cdot i_1 + \frac{8}{5} = 0$$

und ihre Lösung (es interessiert nur die positive Wurzel):

$$i_1 = \frac{22}{10} + \sqrt{\frac{484}{100} - \frac{8}{5}} = 4$$

Das Gleichgewichtseinkommen kann dann aus einer der beiden obigen Formeln für Y ermittelt werden:

$$Y_1 = 500 - 75 \cdot i_1 = 200$$

In der graphischen Darstellung nach Palander werden im ersten Quadranten die Sparfunktion, im zweiten Quadranten die Investitionsfunktion und im vierten Quadranten die L = M-Kurve eingetragen $\left(\text{s. oben: } Y = 320 - \frac{240}{i - 2}\right)$:

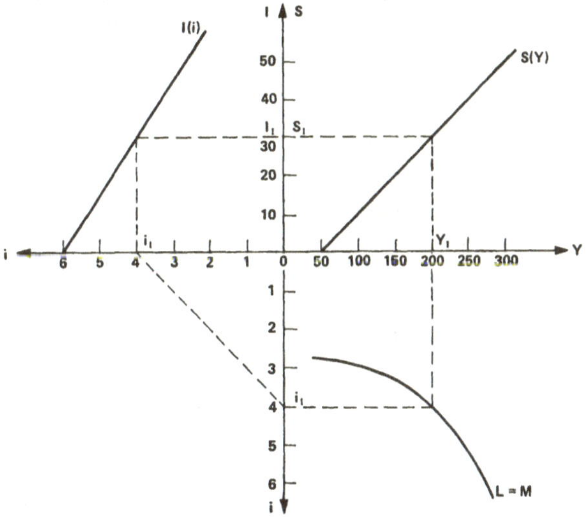

Im Gleichgewicht muß die Zinshöhe auf der linken Abszissenachse ($i_1 = 4$), die über die Gleichgewichtsbedingung $I \stackrel{!}{=} S$ zum Gleichgewichtseinkommen ($Y_1 = 200$) führt, identisch sein mit der Zinshöhe auf der unteren Ordinatenachse ($i_1 = 4$), die über die Gleichgewichtsbedingung $L \stackrel{!}{=} M$ ebenfalls das Gleichgewichtseinkommen bestimmt.

In der Hicks'schen Graphik werden die L = M-Kurve (die alle zusammengehörigen Wertepaare von

Zins und Volkseinkommen enthält, welche Gleichgewicht auf dem monetären Sektor bewirken: $Y = 320 - \frac{240}{i-2}\Big)$ und die I = S-Kurve (die alle zusammengehörigen Wertepaare von Zins und Volkseinkommen zum Ausdruck bringt, welche das Gleichgewicht auf dem realen Sektor determinieren: $Y = 500 - 75 \cdot i$) in einem i, Y-Koordinatensystem eingezeichnet:

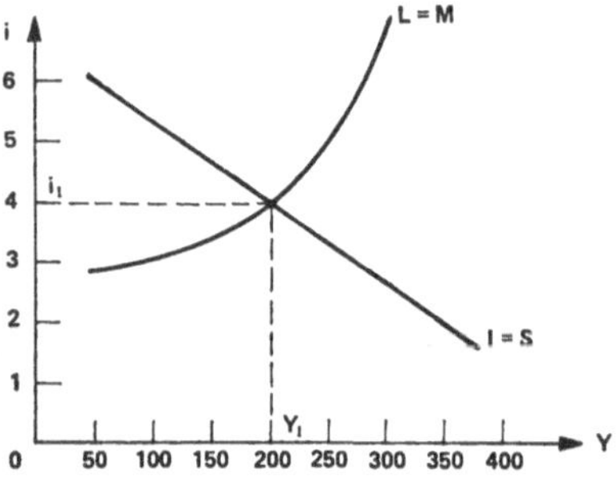

Der Schnittpunkt der beiden Kurven ergibt das ‚simultane' Gleichgewicht des realen und mondetären Sektors: $i_1 = 4$; $Y_1 = 200$.

Teil d: Bei einem fixierten Zinssatz von $i_1 = 5$ ist die Höhe der geplanten Investierungen und — wegen I = S — auch die Höhe der geplanten Ersparnisse bestimmt. Damit folgt aus der Sparfunktion das Gleichgewichtseinkommen:

$$i_1 = 5 \curvearrowright I_1 = 15 = S_1 \curvearrowright Y_1 = 125$$

Die notwendige Geldmenge (M) kann dann aus der Bedingungsgleichung L = M berechnet werden, wenn die Gleichgewichtsgrößen von i und Y berücksichtigt werden:

$$M = L = 0{,}25 \cdot Y_1 + \frac{60}{i_1 - 2} = 51{,}25$$

Aufgabe 18

Teil a: Werden die gegebenen Funktionen in die beiden Gleichgewichtsbedingungen eingesetzt (M = angebotene Geldmenge):

$$\frac{140}{i} = 0{,}4 \cdot Y - 100$$

$$0{,}2 \cdot Y + \frac{70}{i} = M$$

so ist das Modell durch zwei Gleichungen und drei Unbekannte (i, Y, M) gekennzeichnet; d. h. es besitzt einen Freiheitsgrad, ist also unterbestimmt (s. Aufgabe IV, 16). Wenn eine der drei unbekannten Größen fixiert wird, können jeweils die anderen beiden Größen als Modelllösung ermittelt werden.

Teil b: Da im Gleichgewicht die geplante Transaktionskasse der realisierten Transaktionskasse entspricht, ist durch M_1' das Gleichgewichtseinkommen (Y_1) bestimmt:

$$M_1 \overset{!}{=} L_1$$

$$70 = 02 \cdot Y_1$$

$$Y_1 = 350$$

Bei diesem Einkommen werden Ersparnisse in Höhe von

$$S_1 = 0{,}4 \cdot Y_1 - 100 = 40$$

geplant. Der Gleichgewichtszins (i_1) kann aus der Gleichung $S_1 = I_1$ ermittelt werden:

$$S_1 = 40 = I_1 = \frac{140}{i_1}$$

$$i_1 = 3{,}5$$

Bei diesem Zinssatz wird eine Spekulationskasse von

$$L'_2 = \frac{70}{i_1} = 20$$

geplant, die auch realisiert werden muß, damit das ‚simultane' Gleichgewicht gegeben ist:

$$M'_2 = L'_2 = 20$$

Daher:

$$M' = M'_1 + M'_2 = 90$$

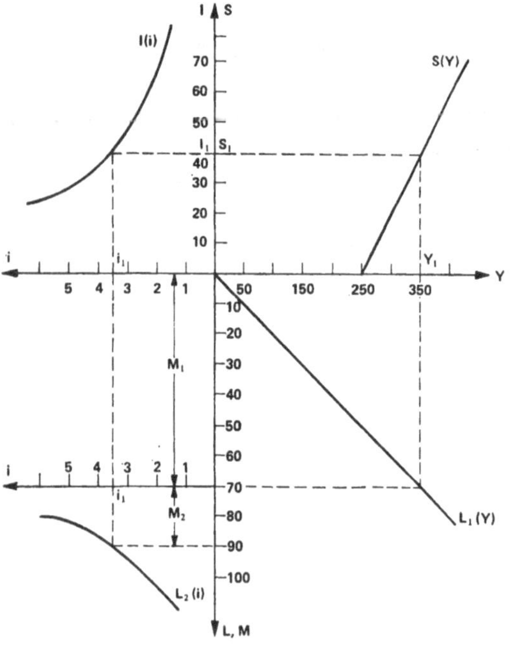

In der Graphik werden im ersten Quadranten die Sparfunktion, im zweiten Quadranten die Investitionsfunktion und im vierten Quadranten die Kurve der Geldnachfrage für Transaktionszwecke eingezeichnet. Dann wird in Höhe von $M_1' = 70$ auf der unteren Ordinatenachse eine Parallele zur linken Abszissenachse, der Zinsachse, gezogen. So entsteht im dritten Quadranten ein verschobenes Koordinatensystem (i, L), in dem die L_2-Funktion eingetragen wird.
Die Gleichgewichtsgrößen ergeben sich dann durch folgenden Streckenzug:

$$i_1 = 3{,}5 \curvearrowright I_1 = 40 = S_1 \curvearrowright Y_1 = 350 \curvearrowright L_1' = 70 = M_1'$$

und:

$$i_1 = 3{,}5 \curvearrowright L_2' = M_2' = M' - M_1' = 90 - 70 = 20$$

Teil c: Bei einem Volkseinkommen von $Y_1 = 390$ sind die geplanten Ersparnisse und die geplante Transaktionskasse aus den gegebenen Verhaltensgleichungen auszurechnen:

$$Y_1 = 390 \curvearrowright L_1' = 0{,}2 \cdot Y_1 = 78 = M_1'$$

$$Y_1 = 390 \curvearrowright S_1 = 0{,}4 \cdot Y_1 - 100 = 56$$

Über $I = S$ kann der Gleichgewichtszins (i_1) bestimmt werden:

$$S_1 = 56 = I_1 = \frac{140}{i_1} \curvearrowright i_1 = 2{,}5$$

Bei $i_1 = 2{,}5$ gilt:

$$L_2' = \frac{70}{i_1} = 28 = M_2'$$

Damit muß die gesamte Geldmenge, die für Transaktions- und Spekulationszwecke zur Verfügung zu stellen ist, gleich

$$M' = M_1' + M_2' = 106$$

sein.

Aufgabe 19

Teil a: Die Gleichung

$$S(Y) - I(i) = n$$

wird nach Y differenziert:

$$\frac{dS}{dY} - \frac{dI}{di} \cdot \frac{di}{dY} = \frac{dn}{dY}$$

(Anwendung der Kettenregel). Weiterhin wird die Gleichgewichtsbedingung des monetären Sektors differenziert:

$$L(i, Y) = \overline{M}$$

$$\frac{\partial L}{\partial Y} \cdot dY + \frac{\partial L}{\partial i} \cdot di = 0$$

Daraus folgt:

$$\frac{di}{dY} = - \frac{\partial L/\partial Y}{\partial L/\partial i}$$

Diese Gleichung wird oben eingesetzt:

$$\frac{dS}{dY} + \frac{dI}{di} \cdot \frac{\partial L/\partial Y}{\partial L/\partial i} = \frac{dn}{dY}$$

Daher ergibt sich:

$$dY = \frac{1}{\frac{dS}{dY} + \frac{dI}{di} \cdot \frac{\partial L/\partial Y}{\partial L/\partial i}} \cdot dn$$

Der Investitionsmultiplikator, der die Einkommensänderung bei einer autonomen Investitionserhöhung bestimmt, ist von mehreren Differentialquotienten abhängig: marginale Sparquote, Investitionsneigung sowie Liquiditätsneigung in bezug auf Einkommens- und Zinsänderungen:

$$k_n = \frac{1}{\frac{dS}{dY} + \frac{dI}{di} \cdot \frac{\partial L/\partial Y}{\partial L/\partial i}}$$

Teil b: Die gegebenen Funktionen werden in die Gleichgewichtsbedingungen eingesetzt.

Aus $S(Y) = I(i)$ folgt die $I = S$-Funktion:

$$0{,}25 \cdot Y - 30 = \frac{125}{i} + 20$$

$$Y = \frac{500}{i} + 200 \qquad (I = S\text{-Funktion})$$

Aus $L(i, Y) = M$ wird die $L = M$-Funktion abgeleitet:

$$0{,}15 \cdot Y + \frac{150}{i} = 75$$

$$Y = -\frac{1000}{i} + 500 \qquad (L = M\text{-Funktion})$$

Werden beide Funktionen gleichgesetzt, ergibt sich der Gleichgewichtszins (i_1):

$$\frac{500}{i_1} + 200 = -\frac{1000}{i_1} + 500$$

$$i_1 = 5$$

Das Gleichgewichtseinkommen (Y_1) kann aus der $I = S$- oder der $L = M$-Funktion ermittelt werden:

$$Y_1 = 300$$

Zur Berechnung des Investitionsmultiplikators k_n müssen zunächst die einzelnen Differentialquotienten gebildet werden:

$$\frac{dS}{dY} = 0{,}25$$

$$\frac{dI}{di} = -\frac{125}{i^2}$$

$$\frac{\partial L}{\partial Y} = 0{,}15$$

$$\frac{\partial L}{\partial i} = -\frac{150}{i^2}$$

Dann kann der Multiplikator bestimmt werden:

$$k_n = \frac{1}{0{,}25 + \left(-\frac{125}{i^2} \cdot \frac{0{,}15}{-150/i^2}\right)} = \frac{8}{3}$$

Bei dn = 15 ist die Einkommensänderung:

$$dY = k_n \cdot dn = 40$$

und das neue Gleichgewichtseinkommen:

$$Y_2 = Y_1 + dY = 340$$

Aufgabe 20

Teil a: Beide Effekte spielen bei der Bestimmung des Systemgleichgewichts eine Rolle. Nach klassischer Auffassung tendiert eine Volkswirtschaft stets zu einem Gleichgewicht bei Vollbeschäftigung, da es keine dauernden Angebots- bzw. Nachfrageüberschüsse geben kann (‚Say'sches Theorem', s. Aufgabe IV, 1).

Der sog. ‚Pigou-Effekt' wurde von Pigou (1941) zur Stützung dieser These angeführt. Er besagt folgendes:

Angenommen, das Angebot an Gütern sei größer als die Nachfrage. Die Folge wird ein fallendes Preisniveau sein, so daß der reale Wert der gegebenen Geldmenge steigt. Die Wirtschaftssubjekte könnten zusätzliche Nachfrage nach Gütern ausüben und damit den Aus-

gleichzeitig herbeiführen oder die Steigerung der realen Ausgaben durch eine Erhöhung des realen Wertes der Kassenhaltung neutralisieren. Die letztere Verhaltensweise, eine Aufstockung der Kassenhaltung über den Umsatzbedarf hinaus, ist jedoch unrational, da sie das Bestehen von ‚Geldillusion', d. h. fehlendes Bewußtsein für Veränderungen der Kaufkraft des Geldes, bedeuten würde. Für die Planung der Kassenhaltung wird daher nicht die Menge, sondern die Kaufkraft des Geldes entscheidend sein. Deshalb wird früher oder später der reale Wert der Ausgaben für Güter steigen und somit den Ausgleich von Angebot und Nachfrage bewirken.

Der ‚Keynes-Effekt', der von Keynes untersucht, dessen ausreichende Wirksamkeit bei der Herbeiführung des Systemgleichgewichts jedoch bestritten wurde, besagt, daß der Ausgleich zwischen Angebot und Nachfrage auch durch einen Einsatz der überschüssigen Kassenhaltung für eine zusätzliche Nachfrage nach Forderungengsrechten bewirkt werden könnte. Dadurch ergäbe sich ein Zinsfall und bei genügender Zinselastizität der Investierungen eine Erhöhung der Nachfrage nach Investitionsgütern.

Keynes hält diesen Effekt nicht für ausreichend, um jederzeit die Vollbeschäftigung zu sichern, denn die Wirtschaftssubjekte können auch die Kassenhaltung aufbauen, weil sie auf einen Zinsertrag zugunsten der Liquiditätsposition verzichten.

Teil b: Entscheidend für die Wirksamkeit des Pigou- bzw. Keynes-Effektes sind die Erwartungen der Wirtschaftssubjekte hinsichtlich der künftigen Preis- und Zinsentwicklung, die — nach Hicks — durch die Elastizität der Preiserwartungen bzw. der Zinserwartungen ausgedrückt werden können.

1. Zur Untersuchung der Wirksamkeit des Pigou-Effektes wird davon ausgegangen, daß das gegenwärtig für die Zukunft erwartete Preisniveau (p_e) vom gegen-

wärtigen Preisniveau (p) abhängig ist; die Elastizität der Preiserwartungen (e_p) ist dann definiert als das Verhältnis der relativen Änderung des erwarteten Preisniveaus zur relativen Änderung des heutigen Preisniveaus:

$$e_p = \frac{dp_e}{p_e} : \frac{dp}{p}$$

Wird z. B. angenommen, daß ein Angebotsüberschuß vorliegt, der zu einem Sinken des Preisniveaus führt, so tritt eine zusätzliche Nachfrage nach Gütern nur auf, wenn die Wirtschaftssubjekte erwarten, daß die künftigen Preise weniger stark fallen als die heutigen Preise, also relativ zu den gegenwärtigen Preisen steigen, d. h.

$$e_p < 1$$

In diesem Falle wird es lohnend, Gegenwartsgüter nachzufragen.

Andererseits werden auch die Unternehmer versuchen, das Angebot in die Zukunft zu verlegen. Es besteht also eine Tendenz zur Beseitigung des Angebotsüberschusses; der Pigou-Effekt tritt ein.

Im entgegengesetzten Fall, d. h.

$$e_p > 1,$$

erwarten die Wirtschaftssubjekte, daß sich der Preisfall verstärkt fortsetzen wird. Daher wird die Nachfrage nach Gütern nicht zunehmen, und auch die Anbieter werden ihr Angebot dringender machen, da sie künftig mit noch niedrigeren Preisen rechnen müssen. Das Überschußangebot wird daher größer und es besteht keine Tendenz vom Ausgleich.

2. Beim Keynes-Effekt sind die Erwartungen über die Zinsbildung bedeutsam. Es wird angenommen, daß der gegenwärtig für die Zukunft erwartete Zins (i_e) vom gegenwärtigen Zins (i) abhängig ist. Die Elastizität der

Zinserwartungen (e_i) entspricht dem Verhältnis der relativen Änderung des erwarteten Zinssatzes zur relativen Änderung des gegenwärtigen Zinssatzes:

$$e_i = \frac{di_e}{i_e} : \frac{di}{i}$$

Ist ein Angebotsüberschuß und damit fallendes Preisniveau gegeben, so tritt der Keynes-Effekt nur ein, wenn die Wirtschaftssubjekte erwarten, daß der künftige Zins stärker fällt als der gegenwärtige Zins, daß also der künftige Kurs der Forderungsrechte relativ zum heutigen Kurs steigt, d. h.

$$e_i > 1$$

In diesem Fall wird die Zinssenkung als dauernd angesehen und daher die Nachfrage nach Wertpapieren steigen.

Ist dagegen

$$e_i < 1$$

so wird erwartet, daß der künftige Zins relativ zum gegenwärtigen Zins steigt bzw. der künftige Kurs der Forderungsrechte relativ zum heutigen Kurs sinkt, so daß Kursverluste in Aussicht stehen. Die Nachfrage nach Forderungsrechten wird daher nicht ausgedehnt und der Keynes-Effekt tritt nicht ein.

Aufgabe 21

Teil a: Die klassische Auffassung von der ständigen Tendenz zur Bildung des Systemgleichgewichts bei Vollbeschäftigung (s. Aufgabe IV, 1) wird von Keynes dahingehend kritisiert, daß er die Selbststeuerungskräfte einer Volkswirtschaft nicht immer für ausreichend hält, um dieses Gleichgewicht herbeizuführen. Daher kann nach Keynes eine Volkswirtschaft durchaus auf einem Einkommens- und Beschäftigungsniveau zum Stillstand kommen, das unter dem Zustand der Vollbeschäftigung liegt. Andererseits sind auch inflationäre Entwicklungen möglich. Keynes' Kritik geht davon aus, daß die notwendige Flexibilität der Preise und Zinssätze zur Herbeiführung des Ausgleichs von Angebot und Nachfrage nicht immer gegeben ist und daß die Erwartungsbildung der Wirtschaftssubjekte berücksichtigt werden muß (s. ‚Pigou-Effekt' und ‚Keynes-Effekt', Aufgabe IV, 20). Deshalb braucht die gesamte Geldmenge nicht notwendig als wirksame Nachfrage eingesetzt zu werden bzw. ist die wirksame Nachfrage nicht durch die vorhandene Geldmenge begrenzt. Dem Geld wird ein aktiver Einfluß auf das wirtschaftliche Geschehen zugestanden, d. h. es kann aus Liquiditätsgründen selbständig Kassenhaltung geplant werden (‚Spekulationskasse').

Dadurch wird es möglich, daß

1. das gesamte Güterangebot die Güternachfrage übersteigt, weil Teile des in der Produktion entstandenen Einkommens nicht wieder zur Nachfrage nach Gütern eingesetzt werden, sondern zur Aufstockung der Kassenhaltung (‚Horten') bzw. zur Tilgung von Bankschulden (‚Geldvernichtung') benutzt werden; das Sozialprodukt kann dann sinken und es ist eine Unterbeschäftigungssituation möglich;

2. die Güternachfrage höher als das Güterangebot ist, weil die Größe der Güternachfrage nicht durch das in der Produktion entstandene Einkommen begrenzt ist, sondern zusätzlich durch einen Abbau der Kassenhaltung (‚Enthorten') bzw. durch Aufnahme eines Bankkredits (‚Geldschöpfung') finanziert werden kann; wenn die Vollbeschäftigungssituation bereits erreicht ist, sind inflationäre Erscheinungen zu erwarten.

Hinzu kommt noch, daß eine Veränderung der Geldmenge nicht nur das Preisniveau verändert (s. Quantitätstheorie), sondern auch — entgegen der klassischen Lehre — die Preisrelationen beeinflussen kann, da die Geldmengenänderung auf den einzelnen Gütermärkten durchaus nicht simultan und in gleicher Stärke wirkt.

Teil b: Die wichtigsten wirtschaftspolitischen Folgerungen, die aus dem Keynes-Modell zu ziehen sind, wären folgende:

1. Keynes betont, daß er keine Einwendungen gegen den Funktionsmechanismus der Marktwirtschaft, wie er von den Klassikern vertreten wurde, habe, soweit er die partielle Steuerungsfähigkeit der Märkte betreffe; insofern gibt es keine Front ‚Keynes gegen Klassik'.

Problematisch ist dagegen, ob sich das makroökonomische Gleichgewicht stets bei Vollbeschäftigung einstellt. In Unter- bzw. Überbeschäftigungssituationen können wirtschaftspolitische Eingriffe in den Marktmechanismus bzw. Steuerungsmaßnahmen erforderlich sein, damit die makroökonomischen Größen entsprechend beeinflußt werden. Die Wirtschaftspolitik, die Keynes empfiehlt, besteht daher nicht aus punktuellen, sondern aus globalen Maßnahmen, d. h. nicht Teile der Nachfrage, sondern die gesamte effektive Nachfrage soll gesteuert werden.

2. Die Möglichkeit der Einflußnahme auf die makroökonomischen Größen in einer bestimmten Richtung setzt voraus, daß in der Marktwirtschaft bereits Tendenzen zur Auslastung der Kapazitäten vorhanden sind (‚built-in-stabilizers' bzw. ‚built-in-flexibility'), die automatisch wirken. Die Keynes'sche Wirtschaftspolitik ist also nicht gegen die in der Marktwirtschaft eingebauten Stabilisatoren gerichtet, sondern sie unterstellt vielmehr bewußt diese Tendenzen und versucht sie zu verstärken, wenn die Automatik nicht ausreicht.

3. Keynes entwickelte seine wirtschaftspolitischen Thesen im Anschluß an die Weltwirtschaftskrise, als die marktwirtschaftlichen Steuerungskräfte versagten und Unterbeschäftigung und Depression nicht verhindert werden konnten. Daher sind vor allem die Maßnahmen zur Erhöhung der effektiven Nachfrage diskutiert worden (‚deficit-spending', Steuersenkungen usw.). Die Mechanik des Modells gilt aber analog für den ent-

gegengesetzten Fall der Überbeschäftigung, in dem die effektive Nachfrage durch eine antizyklische Wirtschaftspolitik zu drosseln wäre (Kürzung der Staatsausgaben, Steuererhöhungen usw.).

Die Keynes'sche Kritik bringt zum Ausdruck, daß das marktwirtschaftliche System nicht automatisch jederzeit ohne Krisenerscheinungen funktionieren wird. Keynes zeigt jedoch auf, wie solche Krisen durch eine entsprechende Wirtschaftspolitik vermieden werden können, im Gegensatz beispielsweise zu der Kritik der wissenschaftlichen Sozialisten (Marx, Engels) an der verkehrswirtschaftlichen Ordnung, die nachzuweisen versucht, daß das ‚Ende des Kapitalismus' notwendig kommen muß.

Aufgabe 22

Das durch die acht Gleichungen skizzierte Modell ist ‚determiniert', da die Anzahl der Gleichungen der Anzahl der Modellgrößen (ebenfalls acht) entspricht: Sparen (S), Investieren (I), Zins (i), Volkseinkommen (Y), Geldnachfrage (L), Geldangebot (M), Arbeitsmenge (A) und Reallohn (w).

Aus den Gleichungen 1—6 können zunächst die Gleichgewichtswerte für den Zins und das Volkseinkommen ermittelt werden. Die Gleichgewichtsbedingung des realen Sektors führt zur I = S-Funktion:

$$S(Y) = I(i)$$

$$-100 + 0{,}25 \cdot Y = \frac{100}{i}$$

$$Y = \frac{400}{i} + 400$$

Aus der Gleichgewichtsbedingung des monetären Sektors wird die L = M-Funktion abgeleitet:

$$L(i, Y) = \overline{M}$$

$$0{,}1 \cdot Y + \frac{40}{i} = 60$$

$$Y = -\frac{400}{i} + 600$$

Das Gleichsetzen der beiden Funktionsgleichungen ergibt den Gleichgewichtszins (i_1):

$$\frac{400}{i_1} + 400 = -\frac{400}{i_1} + 600$$

$$i_1 = 4$$

Das Gleichgewichtseinkommen (Y_1) wird aus der I = S- oder L = M-Funktion errechnet:

$$Y_1 = \frac{400}{i_1} + 400 = 500$$

Bei diesen Gleichgewichtsgrößen von i und Y sind die gleichgewichtigen Größen von Investieren, Sparen, Geldnachfrage und Geldangebot:

$$I = 25 = S$$

$$L = 60 = M \quad \text{(M war vorgegeben)}$$

Dem Gleichgewichtseinkommen entspricht auf Grund der Produktionsfunktion (Gleichung 7) eine bestimmte Einsatzmenge des Produktionsfaktors Arbeit (A_1):

$$Y_1 = 500 = 50 \cdot \sqrt{A_1}$$

$$A_1 = 100$$

Der Gleichgewichts-Reallohn (w_1) ist (gemäß Gleichung 8) dem Grenzprodukt des Faktors A (GP_A) gleich; die Gleichung für das Grenzprodukt kann durch Differentiation aus der Produktionsfunktion ermittelt werden:

$$GP_A = \frac{dY}{dA} = \frac{25}{\sqrt{A}} = w$$

Für $A_1 = 100$ ist dann:

$$w_1 = 2.5$$

In der Graphik wird auf der oberen Ordinatenachse der Zins, auf der rechten Abszissenachse das Sozialprodukt abgetragen. Daher können im I. Quadranten die I = S- und L = M-Funktion eingezeichnet werden, deren Schnittpunkt (R) den Gleichgewichtszins ($i_1 = 4$) und das Gleichgewichtseinkommen ($Y_1 = 500$) aufzeigt.

Auf der unteren Ordinatenachse wird die Menge des Einsatzfaktors Arbeit bemessen, so daß im IV. Quadranten die Produktionsfunktion abgebildet werden kann. Es ist ersichtlich, daß bei einem Sozialprodukt von $Y_1 = 500$ eine Arbeitsmenge von $A_1 = 100$ erforderlich ist.

Auf der linken Abszissenachse wird die Höhe des Grenzprodukts (bzw. des Reallohnes) abgetragen; im III. Quadranten wird daher die Grenzproduktkurve dargestellt. Bei einem Arbeitseinsatz von $A_1 = 100$ muß der Gleichgewichtslohn $w_1 = 2,5$ sein.

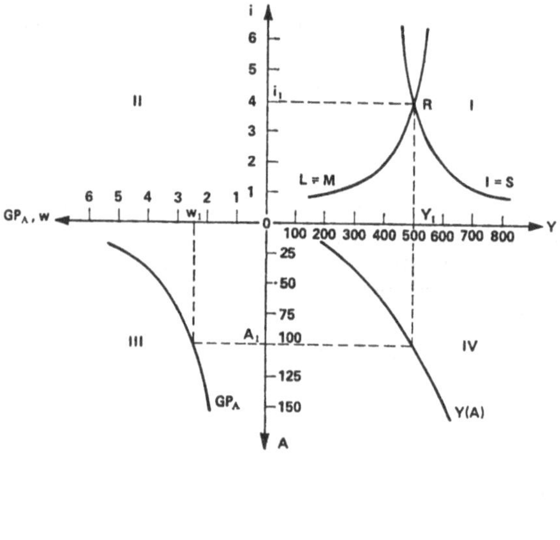

Aufgabe 23

Teil a: Das Gleichgewichtseinkommen (Y_1) ist durch die Parameter des Modells eindeutig bestimmt. Deshalb werden die gegebenen Größen bzw. die Konsumfunktion in die Einkommensentstehungsgleichung

$$Y = C(Y_d) + I + G = C(Y - T + Tr) + I + G$$

eingesetzt:

$$Y_1 = 75 + 0{,}5 \cdot (Y_1 - 70 + 20) + 125 + 25$$

Daraus folgt:

$$Y_1 = 400$$

Die Differenz des Staatshaushalts, Ausgaben des Staates für Güter und Dienstleistungen (G) abzüglich der Steuereinnahmen (die um die Transferzahlungen vermindert werden: T — Tr), ist hier negativ:

$$D = G - (T - Tr) = 25 - 50 = -25$$

d. h. es liegt ein Haushaltsüberschuß vor ($T - Tr > G$). In einer Volkswirtschaft mit staatlicher Aktivität lautet die Identitätsgleichung:

$$I + G = S + T - Tr$$

Da hier $G < T - Tr$, ist $I = 125 > S = 100$.

In der Graphik wird auf der Abszissenachse das disponible Einkommen abgetragen, das auch durch den senkrechten Abstand der Abszissenachse von der 45-Grad-Linie gemessen werden kann.

Im Abstand T — Tr von der 45-Grad-Linie wird die ‚Steuerlinie' eingezeichnet; der senkrechte Abstand der Abszissenachse von der Steuerlinie gibt das Volkseinkommen an, da gilt:

$$Y = Y_d + T - Tr$$

Die C + I-Linie bzw. C + I + G-Linie verlaufen im Abstand I bzw. I + G parallel zur Konsumfunktion $C(Y_d)$.

Das Gleichgewichtseinkommen, $Y_1 = OF = 400$, ergibt sich im Schnittpunkt (E) der gesamten Ausgabengraden (C + I + G) mit der Steuerlinie.

Aus der Graphik ist auch ersichtlich, daß die Gleichung

$$I + G = S + T - Tr$$

(in Strecken: NB + BE = NA + AE)

(in Zahlen: 125 + 25 = 100 + 50)

erfüllt ist.

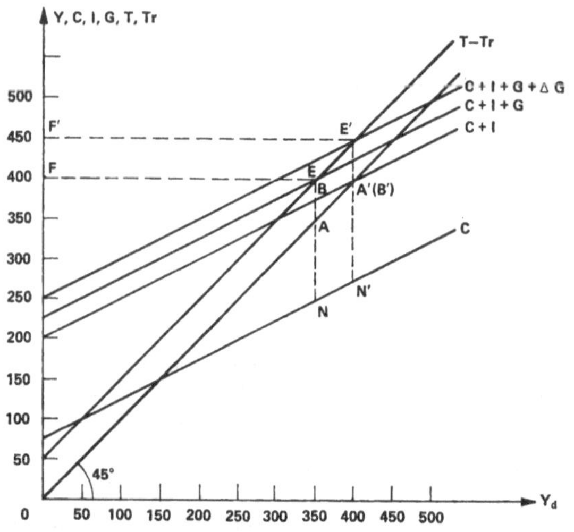

Der Überschuß des Staatshaushalts (D) entspricht der Strecke AB:

$$D = AB = -25$$

Teil b: Soll der Staatshaushalt durch eine Änderung der Staatsausgaben zum Ausgleich gebracht werden, so müssen die Staatsausgaben um

$$\Delta G = 25$$

erhöht werden. Wird dieser Betrag in der Einkommensgleichung (s. Teil a) addiert, so ergibt sich

$$Y_2 = 450$$

als neues Gleichgewichtseinkommen.

Die Graphik zeigt im Schnittpunkt (E′) der neuen Ausgabengeraden $(C + I + G + \Delta G)$ mit der Steuerlinie ebenfalls diese Größe an (OF′). Die Höhe der Steuereinnahmen (T — Tr) entspricht den Staatsausgaben (G); das Sparen ist jetzt dem Investieren gleich:

$$T - Tr = G = A'E' = 50$$

$$S = I = N'A' = 125$$

Aufgabe 24

Teil a: Aus der gegebenen Konsumfunktion wird zunächst die Sparfunktion bestimmt:

$$S = -65 + 0{,}25 \cdot Y_d = -65 + 0{,}25 \cdot (Y - T + Tr)$$

Dann werden die einzelnen Größen in die Gleichgewichtsbedingung eingesetzt:

$$I + G \overset{!}{=} S(Y_d) + T - Tr$$

$$150 + 34 = -65 + 0{,}25 \cdot (Y_1 - 80 + 20) + 80 - 20$$

Daraus ergibt sich das Gleichgewichtseinkommen (Y_1):

$$Y_1 = 816$$

Teil b: Soll das Volkseinkommen auf $Y_2 = 888$ steigen, so müssen (bei Konstanz von T, G und I) die staatlichen Transferzahlungen größer werden. Die notwendige Erhöhung (ΔTr) ist durch den Multiplikator der Transferzahlungen (k_{Tr}) determiniert, da gilt:

$$\Delta Y = k_{Tr} \cdot \Delta Tr$$

bzw.

$$\Delta Tr = \frac{1}{k_{Tr}} \cdot \Delta Y$$

Der Multiplikator hängt von der marginalen Konsumquote, b = 0,75, ab:

$$k_{Tr} = \frac{b}{1 - b} = 3$$

Da $\Delta Y = 888 - 816 = 72$ ist, müssen die Transferzahlungen um

$$\Delta Tr = 24$$

erhöht werden.

Aufgabe 25

Teil a: Werden zusätzliche Staatsausgaben für Güter und Dienste ($\Delta G = W$) durch zusätzliche Steuereinnahmen ($\Delta T = W$) gedeckt, so könnte angenommen werden, daß die Verminderung der Einkommen durch den Steuerabzug gerade ausgeglichen würde durch die Wiederverausgabung der Steuern seitens des Staates; die Wirkung auf das Volkseinkommen wäre dann Null. Das ‚Haavelmosche Theorem' zeigt aber, daß auch steuerfinanzierte Staatsausgaben für Güter und Dienste einen multiplikativen Effekt auf das Volkseinkommen haben, und zwar ist der Multiplikator k = 1 (Haavelmo, 1945).

Dieses Theorem kann folgendermaßen begründet werden: Durch die zusätzlichen Staatsausgaben wird zunächst primär in gleicher Höhe Einkommen geschaffen; wird dieses Einkommen von den Empfängern gemäß der marginalen Konsumquote zur Nachfrage nach Verbrauchsgütern verwendet, entsteht infolge Produktion der Konsumgüter sekundär Einkommen usw.

Durch die zusätzlichen Steuern wird primär nur das disponible Einkommen vermindert, da sich das disponible Einkommen durch die Höhe der Steuern (abz. der Transferzahlungen) vom Volkseinkommen unterscheidet (s. Modellgleichungen). Eine negative Wirkung auf das Volkseinkommen ergibt sich erst dann, wenn sekundär usw. die Konsumgüternachfrage eingeschränkt wird und daher die gesamte effektive Nachfrage sinkt. In der Ablaufsbetrachtung des Multiplikators heben sich also von der zweiten ‚Runde' an die positiven multiplikativen Wirkungen der Staatsausgaben und die negativen multiplikativen Effekte der Steuereinnahmen auf, so daß das Volkseinkommen insgesamt um die — primäre — Erhöhung der Staatsausgaben zunimmt.

Der mathematische Beweis kann folgendermaßen geführt werden:

Aus der Einkommensgleichung

$$Y = C + I + G = a + b \cdot (Y - T + Tr) + I + G$$

kann das Gleichgewichtseinkommen (Y_1) ermittelt werden, das durch die Modellparameter bestimmt ist:

$$Y_1 = \frac{a + I + G + b \cdot Tr - b \cdot T}{1 - b}$$

Bei einer partiellen Erhöhung der Staatsausgaben bzw. der Steuern ergeben sich aus dieser Bestimmungsgleichung der Staatsausgaben- (k_G) bzw. Steuermultiplikator (k_T):

$$k_G = \frac{1}{1 - b}$$

bzw.

$$k_T = -\frac{b}{1 - b}$$

Nehmen die Staatsausgaben und die Steuern gleichzeitig um den Betrag $\Delta G = \Delta T = W$ zu, so gilt für die Einkommenssteigerung:

$$\Delta Y = (k_G + k_T) \cdot W = \left(\frac{1}{1-b} - \frac{b}{1-b}\right) \cdot W = 1 \cdot W$$

Der Multiplikator ist also gleich eins.

Teil b: Der Unterschied der staatlichen Ausgaben für Güter und Dienste und der Transferzahlungen in ihrer Wirkung auf das Volkseinkommen besteht darin, daß die Staatsausgaben einkommensbildend und sozialproduktswirksam sind, während die Transferzahlungen nicht zum Sozialprodukt zählen und nur wirksam werden durch die Änderung der Verbrauchsausgaben der Empfänger der Transferzahlungen, da deren disponibles Einkommen gesteigert wird. In der Ablaufsbetrachtung entfällt bei den Transferzahlungen — im Gegensatz zu den Staatsausgaben für Güter und Dienste — die primäre Einkommenserhöhung in der ersten ‚Runde', da der Staat bei der Zahlung von Transfereinkommen keine Nachfrage entfaltet (s. analog zu Teil a).

Daher ist der Multiplikator der Staatsausgaben (k_G) größer als der Multiplikator der Transferzahlungen (k_{Tr}); beide Multiplikatoren können aus der Bestimmungsgleichung für das Gleichgewichtseinkommen (s. Teil a) abgeleitet werden:

$$k_G = \frac{1}{1-b} > k_{Tr} = \frac{b}{1-b}$$

(da $0 < b < 1$).

Aufgabe 26

Teil a: Werden die Modellparameter bzw. die Konsumfunktion in die Einkommensentstehungsgleichung

$$Y = C + I + G$$

eingesetzt, so kann das Gleichgewichtseinkommen (Y_1) berechnet werden:

$$Y_1 = 20 + \frac{2}{3} \cdot (Y_1 - 65 + 5) + 60 + 80$$

$$Y_1 = 360$$

Der Staatshaushalt zeigt ein Defizit (D), da die Ausgaben für Güter und Dienste (G = 80) größer als die Steuereinnahmen abzüglich der Transferzahlungen (T — Tr = 60) sind:

$$D = G - (T - Tr) = 20$$

Das disponible Einkommen ist:

$$Y_d = Y - T + Tr = 300$$

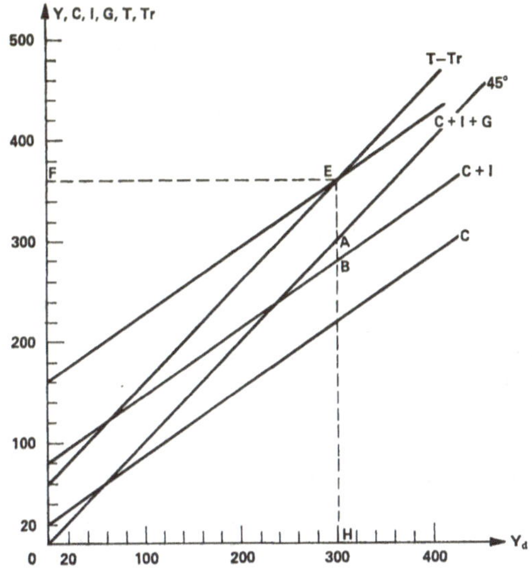

In der Graphik (s. analog zu Aufgabe IV, 23) ergibt sich das Gleichgewichtseinkommen durch den Schnittpunkt (E) der gesamten Ausgabengeraden (C + I + G) mit der Steuerlinie (T — Tr):

$$Y_1 = OF = 360$$

Das disponible Einkommen wird auf der Abszissenachse bemessen:

$$Y_{d_1} = OH = HA = 300$$

Das Defizit des Staatshaushalt (D) wird durch die Strecke

$$D = G - (T - Tr) = BE - AE = BA = 20$$

dargestellt.

Teil b: Das Volkseinkommen soll von $Y_1 = 360$ auf $Y_2 = 280$ sinken, d. h.

$$\Delta Y = -80$$

Da der Steuermultiplikator

$$k_T = -\frac{b}{1-b}$$

(s. Aufgabe IV, 25) negativ ist, müßte der Staat seine Steuereinnahmen vergrößern; diese Steuererhöhung ist durch den Multiplikator determiniert.

Aus der Beziehung

$$\Delta Y = k_T \cdot \Delta T$$

folgt für die erforderliche Steuererhöhung (b = 2/3):

$$\Delta T = \frac{1}{k_T} \cdot \Delta Y = \left(-\frac{1}{2}\right) \cdot (-80) = 40$$

Der Staatshaushalt, der in der Ausgangssituation defizitär war, wird jetzt überschüssig, da bei unveränderten Ausgaben die Einnahmen steigen:

$$D = G - (T - Tr) = -20$$

Die zusätzlichen Steuern führen zu einer starken Verminderung des disponiblen Einkommens (‚multiplikative' Wirkung):

$$Y_{d_2} = Y - T + Tr = 180 < Y_{d_1} = 300$$

In der Graphik wird die Steuerlinie nach links verschoben ($T + \Delta T - Tr$); der neue Schnittpunkt (E′) mit der Ausgabengeraden ($C + I + G$) bestimmt das Gleichgewichtseinkommen $Y_2 = OF' = 280$ und das disponible Einkommen $Y_{d_2} = OH' = 180$

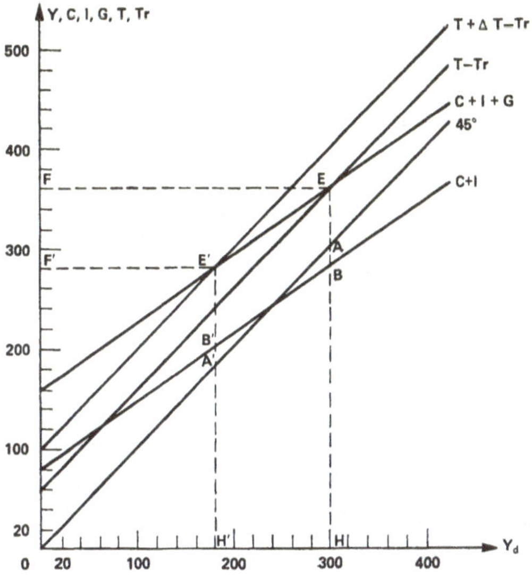

Der Überschuß des Staatshaushalts wird durch die Strecke

$$D = G - (T + \Delta T - Tr) = B'E' - A'E' = A'B' = -20$$

gemessen.

Teil c: Werden die Staatsausgaben für Güter und Dienste (G) und die Steuereinnahmen (T — Tr) gleichzeitig um den gleichen Betrag (W) erhöht, so gilt:

$$\Delta Y = k_G \cdot W + k_T \cdot W = \left(\frac{1}{1-b} + \frac{b}{1-b}\right) \cdot W = 1 \cdot W$$

Der Multiplikator der steuerfinanzierten Ausgaben ist also gleich eins (‚Haavelmo'sches Theorem', s. Aufgabe IV, 25) und die Staatsausgabenerhöhung entspricht der Einkommenssteigerung:

$$W = \Delta Y = 40$$

Das Defizit im staatlichen Haushalt bleibt erhalten, da Ausgaben und Einnahmen des Staates um den gleichen Betrag zunehmen:

$$D = G + W - (T + W - Tr) = 20$$

Das disponible Einkommen bleibt jetzt unverändert, da die Wirkungen der erhöhten Staatsausgaben und der zusätzlichen Steuern sich in bezug auf das verfügbare Einkommen gerade kompensieren (s. Aufgabe IV, 25):

$$Y_{d_3} = Y_3 - (T + W) + Tr = 300 = Y_{d_1}$$

In der Graphik verlagern sich sowohl die Steuerlinie (T + W — Tr) als auch die Ausgabengerade (C + I + G + W) um den gleichen Betrag W = 40 nach links oben. Der Schnittpunkt (E') der beiden Linien zeigt, daß das Gleichgewichtseinkommen gestiegen ist,

$$Y_3 = OF' = 400 > Y_1 = OF = 360$$

das disponible Einkommen dagegen konstant geblieben ist:

$$Y_{d_2} = OH = 300 = Y_{d_1}$$

Das Defizit des Staatshaushalts ändert sich ebenfalls nicht:

$$D = BA = 20$$

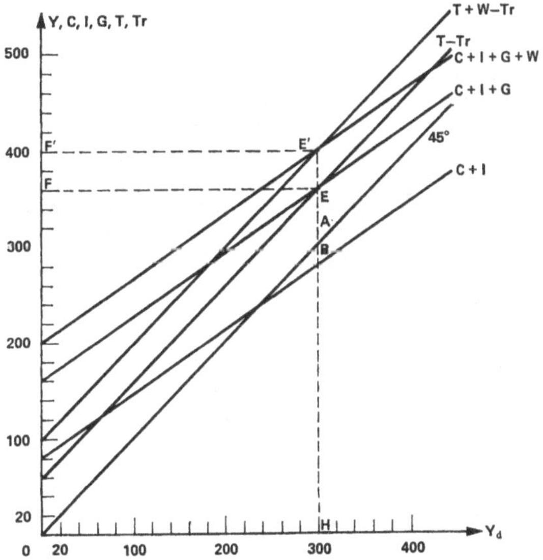

Aufgabe 27

Teil a: Steuern werden als Zahlungen gekennzeichnet, die die Wirtschaftssubjekte zwangsweise und ohne Entgelt an den Staat zu leisten haben und die der Finanzierung der staatlichen Ausgaben bzw. der Erzielung bestimmter wirtschaftspolitischer Zwecke dienen.

Gebühren sind zwangsweise erhobenes Entgelt für vom Staat gebotene und unmittelbar in Anspruch genommene Leistungen (Benutzungs- oder Verwaltungsgebühr), während Beiträge Zwangsabgaben sind, die im Zusammenhang mit der Errichtung öffentlicher Werke zur Deckung der Kosten von denjenigen gezahlt werden müssen, die besondere Vorteile durch diese öffentlichen Einrichtungen haben.

Teil b: Zu den direkten Steuern zählen solche, die auf die direkte Erfassung individuell-persönlicher Leistungen (z. B. Einkommen-, Vermögen-, Erbschaftsteuer) oder sachlicher Leistungsfähigkeit (z. B. Körperschaft-, Grund-, Gewerbe-, Kapitalertrag- oder Kraftfahrzeugsteuer) gerichtet sind. Indirekte Steuern beziehen sich auf eine mittelbare Erfassung entweder individuell-persönlicher (z. B. Verbrauchsteuern, Zölle, Beförderung-, Vergnügung- oder Versicherungsteuer) oder sachlicher Leistungen (z. B. Umsatz-, Grunderwerb-, Wechsel- oder Schecksteuer).

Aufgabe 28

Teil a: Unter der Zahlungsbilanz eines Landes wird die systematische ziffernmäßige Erfassung aller wirtschaftlichen Transaktionen zwischen ‚Inländern' und ‚Ausländern' in einer bestimmten Periode verstanden, d. h. die Erfassung der Ziffern des Waren-, Dienstleistungs- und Kapitalverkehrs zwischen ‚Inland' und ‚Ausland'.

Die Aufgliederung der einzelnen Posten der Zahlungsbilanz wird in unterschiedlicher Weise vorgenommen. Oft werden folgende Unterbilanzen der Zahlungsbilanz gebildet:

1. Leistungsbilanz: kommerzielle, zweiseitige und entgeltliche Transaktionen; sie zerfällt in:

a) Handelsbilanz: Exporte (X) und Importe (M) von Gütern (‚sichtbare Posten');

b) Dienstleistungsbilanz: geleistete und empfangene Dienste wie Transportleistungen, Touristenausgaben usw. (‚unsichtbare Posten');

c) Zinsbilanz: Zinsen und Gewinne aus Kapitalanlagen im Ausland und umgekehrt (‚unsichtbare Posten').

2. Kapitalverkehrsbilanz: finanzielle Transaktionen, die zweiseitig sein können (Veränderungen der Bestände an Forderungen); sie zerfällt in:

a) Bilanz der kurzfristigen Kredite an das Ausland und umgekehrt (Fälligkeit binnen eines Jahres, meist aus der Leistungsbilanz resultierend);

b) Bilanz der langfristigen Forderungen aus Kapitalanlagen im Ausland und umgekehrt (Anleihen und Rückzahlungen).

3. Bilanz der Übertragungen von internationalen Zahlungsmitteln (Veränderungen der Gold- und Devisenbestände).

4. Bilanz der unentgeltlichen Leistungen (einseitige Übertragungen wie Entwicklungshilfe, Reparationen, Schenkungen usw.).

Innerhalb der Leistungs- und Kapitalverkehrsbilanz werden oft Gruppenbildungen vorgenommen, um die Bedeutung des internationalen Kapitalverkehrs aufzuzeigen. Eine übliche Unterscheidung ist die zwischen einem Saldo der laufenden Posten (‚current account') — dazu gehören der Waren- und Dienstleistungsverkehr und die unentgeltlichen Transaktionen — und einem Saldo der Kapitalleistungen (‚capital account') — dazu gehören die kurz- und langfristigen Kapitalbewegungen; diese Salden werden dann in der ‚basic balance' zusammengefaßt.

Teil b: Da bei der Aufstellung der Zahlungsbilanz jede Transaktion auf einem Debet- und einem Kreditkonto erscheint, ist die Zahlungsbilanz buchhalterisch stets ausgeglichen. Z. B. muß einem Saldo der Leistungsbilanz ($X > M$ oder $X < M$) ein entgegengesetzter Saldo der Kapitalverkehrsbilanz oder der Gold- und Devisenveränderungsbilanz entsprechen.

Vom Gleichgewicht der Zahlungsbilanz dagegen wird gesprochen, wenn die Leistungsbilanz keinen Saldo aufweist (Exporte gleich Importe) oder wenn ein Saldo der Leistungsbilanz durch geplante Veränderungen der Kapitalverkehrsbilanz ausgeglichen wird, so daß die Gold- und Devisenbestände nicht ungeplant variieren und daher keine Notwendigkeit zur Änderung des Wechselkurses besteht.

Aufgabe 29

Teil a: Der Begriff ‚Währungsreserven' wird auf die liquiden bzw. jederzeit liquidisierbaren Reserven der Währung eines Landes beschränkt, die bei der Zentralbank gehalten werden. Wegen der Schwierigkeiten bei der statistischen Erfassung werden z. B. Goldvorräte bei privaten Wirtschaftssubjekten oder private Vermögen im Ausland nicht zu den Reserven gerechnet.

Die Deutsche Bundesbank zählt zu den Währungsreserven folgende Größen: Goldbestand, uneingeschränkt verwendbare Auslandsforderungen (Devisenguthaben und kurzfristige Schatzwechsel) und beschränkt verwendbare Auslandsforderungen (Schuldverschreibungen bei der Weltbank, zweckgebundene Guthaben bei ausländischen Banken, zweckgebundene Geldmarktanlagen usw.), abzüglich der Auslandsverpflichtungen.

Teil b: Unter dem Begriff ‚Terms of Payment' ist im Außenhandel die Höhe der Lieferantenkredite zwischen Unternehmern bzw. zwischen einem Unternehmer und einer Bank zu verstehen; eine Veränderung dieser Kredite, die wegen statistischer Ermittlungsschwierigkeiten nicht in den Währungsreserven erfaßt werden, wirkt sich auf die Währungsreserven eines Landes aus. Wenn z. B. die Exporteure eines Landes schneller von ihren Geschäftspartnern im Ausland Zahlungen erhalten, als es bisher üblich war, so verändern sich die Terms of Payment und die Währungsreserven nehmen zu. Diese Vergrößerung der Reserven ist aber nicht auf eine Veränderung der Leistungs- oder Kapital-

Verkehrsbilanz zurückzuführen; deshalb erfolgt die ‚Gegenbuchung' in der Zahlungsbilanz bei den ‚nicht erfaßbaren Posten'.

Teil c: In der Regel werden die ‚Terms of Trade' (N) als Relation eines Preisindex' für Exportgüter (p_x) zum Preisindex für Importgüter (p_m) gebildet; es wird von sog. ‚Net Barter — oder Commodity Terms of Trade' gesprochen. Mit o als Basis- und t als Betrachtungsperiode würde die Definition lauten:

$$N = \frac{p_x^t}{p_x^o} : \frac{p_m^t}{p_m^o}$$

Wird mit den Export- (q_x) bzw. Importmengen (q_m) gewichtet, ergeben sich die ‚Groß Barter Terms of Trade' (‚Paasche-Index'):

$$N = \frac{\Sigma \frac{p_x^t \cdot q_x^t}{p_x^o \cdot q_x^o}}{\Sigma \frac{p_m^t \cdot q_m^t}{p_m^o \cdot q_m^o}}$$

Teil d: Der Wechselkurs (W) ist die Austauschrelation zwischen zwei Währungen in einem bestimmten Zeitpunkt. Es kann entweder der Preis einer inländischen Währungseinheit in ausländischen Währungseinheiten (z. B. 1 DM = 0,25 Dollar; daher W = 0,25) oder der Preis einer ausländischen Währungseinheit in inländischen Währungseinheiten (z. B. 1 Dollar = 4 DM; daher W = 4) ausgedrückt werden. Beide Begriffsbestimmungen sind gebräuchlich; üblich ist W = 4.

Aufgabe 30

Teil a: Wird die Sparfunktion in die Einkommensverwendungsgleichung eingesetzt, so ergibt sich die Konsumfunktion:

$$C = 0{,}6 \cdot Y + 50$$

Das Gleichgewichtseinkommen (Y_1), das durch die Modellparameter eindeutig bestimmt ist, kann ermittelt werden, indem die Konsum- und Importfunktion sowie die modell-exogen gegebenen Investierungen und Exporte in die Entstehungsgleichung eingesetzt werden:

$$Y_1 = 0{,}6 \cdot Y_1 + 50 + 80 + 20 - 0{,}2 \cdot Y_1 - 30$$

$$Y_1 = 200$$

Bei diesem Einkommen werden Ersparnisse in Höhe von

$$S_1 = 0{,}4 \cdot Y_1 - 50 = 30$$

und Importe in Höhe von

$$M_1 = 0{,}2 \cdot Y_1 + 30 = 70$$

geplant. In der Handelsbilanz ist daher ein Importüberschuß

$$B_1 = X - M_1 = -50$$

festzustellen; diese Differenz zwischen X und M wird ausgeglichen durch einen Überschuß der Investierungen über die Ersparnisse:

$$I - S_1 = 50$$

In der Graphik werden die Investierungen als Parallele zur Abszissenachse (Y-Achse) eingetragen. Die Linie I + X ist um die Höhe der Exporte parallel nach oben verschoben.

Die Sparfunktion ergibt sich als steigende Gerade. Die Linie S + M verläuft oberhalb der Spargeraden mit der Steigung $s + m = 0{,}6$.

Der Schnittpunkt (P) der Linien I + X und S + M bestimmt das Gleichgewichtseinkommen $Y_1 = OA = 200$.

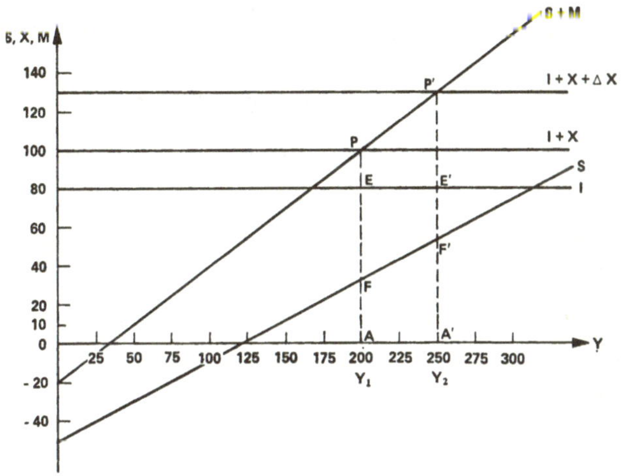

Es ist ersichtlich, daß bei diesem Einkommen die Ersparnisse kleiner als die Investierungen

$$S_1 = AF = 30 < I = AE = 80$$

und die Importe um den gleichen Betrag größer als die Exporte sind:

$$M_1 = FP = 70 > X = EP = 20$$

Teil b: Bei einer autonomen Erhöhung der Exporte (ΔX) steigt das Volkseinkommen um ein Vielfaches (ΔY); die Einkommensvergrößerung ist durch den Exportmultiplikator (k_X) determiniert:

$$\Delta Y = k_X \cdot \Delta X$$

Der Exportmultiplikator hängt von der marginalen Sparquote ($s = 0{,}4$) und der marginalen Importquote (m = 0,2) ab, so daß die Einkommenssteigerung errechnet werden kann:

$$\Delta Y = \frac{1}{s + m} \cdot \Delta X = \frac{1}{0,6} \cdot 30 = 50$$

Das neue Gleichgewichtseinkommen (Y_2) ist also:

$$Y_2 = Y_1 + \Delta Y = 250$$

Diese Größe ist auch aus der Graphik (s. Teil a) abzulesen (Schnittpunkt P' der Linien S + M und I + X + ΔX).

Die Handelsbilanz ist trotz der Exporterhöhung weiterhin negativ, da die Importe auf Grund der Einkommenssteigerung ebenfalls zunehmen; der Saldo verringert sich jedoch auf $B_2 = -30$:

$$M_2 = F'P' = 80 > X + \Delta X = E'P' = 50$$

$$B_2 = X + \Delta X - M_2 = -30$$

Aufgabe 31

Teil a: Die Gleichgewichtsbedingung in einer offenen Volkswirtschaft ohne staatliche Aktivität lautet:

$$S(Y) + M(Y) = I + X$$

d. h. beim Gleichgewichtseinkommen werden Ersparnisse und Importe in Höhe der autonom vorgegebenen Investierungen und Exporte geplant. Aus dieser Bedingungsgleichung wird das Gleichgewichtseinkommen (Y_1) ermittelt, indem die einzelnen Größen eingesetzt werden:

$$0,3 \cdot Y_1 - 46 + 0,1 \cdot Y_1 + 6 = 54 + 34$$

$$Y_1 = 320$$

Teil b: Die erforderliche Exportsteigerung (ΔX) ist durch die Multiplikatorformel

$$\Delta Y = k_X \cdot \Delta X$$

bestimmt; der Exportmultiplikator (k_X) ist gleich dem Kehrwert der Summe von marginaler Sparquote (s = 0,3) und marginaler Importquote (m = 0,1):

$$k_X = \frac{1}{s + m} = 2{,}5$$

Da die Einkommenserhöhung

$$\Delta Y = Y_2 - Y_1 = 30$$

gegeben ist, kann die erforderliche Zunahme des Exports aus der obigen Formel berechnet werden:

$$\Delta X = \frac{1}{k_X} \cdot \Delta Y = 12$$

Aufgabe 32

Der ‚external drain' oder ‚ausländische Mechanismus der Goldwährung' bewirkt, daß in einem Land, das eine Goldwährung besitzt, eine ständige Tendenz zum Ausgleich der Handelsbilanz, d. h. zur Übereinstimmung von Exporten und Importen, besteht.

Z. B. soll angenommen werden, daß in einem Goldwährungsland ein Importüberschuß vorliegt, die Handelsbilanz also passiv ist. Zur Bezahlung der Einfuhren wird eine verstärkte Nachfrage nach Devisen entstehen. Das wird den Preis der ausländischen Zahlungsmittel, den durch die Goldparität bestimmten Wechselkurs, vergrößern. Eine Erhöhung des Wechselkurses ist aber nur bis zum oberen Goldpunkt, dem ‚Goldausfuhrpunkt' als maximalen Preis der ausländischen Währung im Inland (bestimmt durch die Höhe der Transport- und Versicherungskosten für die Goldverschiffung), möglich.

Wird durch die Überschußnachfrage der Inlandsimporteure der Wechselkurs über den oberen Goldpunkt getrieben, so setzt ‚Goldarbitrage' ein: die Importeure (oder andere Inlandsinstanzen) verschaffen sich zum festen Inlandspreis bei der Zentralbank Gold und lösen es zum festen Goldkurs bei der Zentralbank des Auslands in Devisen ein. Durch diesen Goldabfluß sinkt die inländische Geldmenge und damit das Preisniveau. Das Land wird daher exportfähiger und importunfähiger, so daß die Handelsbilanz zum Ausgleich tendiert.

Analog kann argumentiert werden, wenn von einem Exportüberschuß ausgegangen wird.

Verschiedene Autoren (z. B. Marshall, Lerner) haben darauf hingewiesen, daß u. a. die Elastizitätsverhältnisse im Außenhandel für diesen Ausgleichseffekt bedeutsam sind (s. Aufgabe IV, 33).

Aufgabe 33

Teil a: Die ‚Importelastizität' wird aus der zugrunde liegenden Funktion $q_m = f(p_a)$ abgeleitet (als Verhältnis der relativen bzw. prozentualen Änderungen):

$$e_m = \frac{dq_m}{q_m} : \frac{dp_a}{p_a} = \frac{dq_m}{q_m} \cdot 100 : \frac{dp_a}{p_a} \cdot 100$$

Analog wird die ‚Exportelastizität' bestimmt:

$$e_x = \frac{dq_x}{q_x} : \frac{dp_a}{p_a} = \frac{dq_x}{q_x} \cdot 100 : \frac{dp_a}{p_a} \cdot 100$$

Es kann angenommen werden, daß bei einer Preissenkung das Land A exportfähiger wird, d. h. q_x wird steigen; die ‚Exportelastizität' wäre also negativ:

$$e_x < 0$$

Für die ‚Importelastizität' gilt das Umgekehrte: bei einer Preissenkung im Land A wird dieses Land importunfähiger, so daß q_m abnimmt:

$$e_m > 0$$

Teil b: Die Preissenkung im Land A um 4 Einheiten (von $p_a = 100$ auf $p'_a = 96$) bedeutet eine 4%ige Verringerung des Preisniveaus. Auf Grund der gegebenen Elastizitätsgrößen kann in den einzelnen Fällen daher die jeweilige prozentuale Änderung von q_m bzw. q_x bestimmt werden (da die Elastizität dem Verhältnis der prozentualen Änderungen von Menge und Preis entspricht).

Fall 1: Da $e_x = -1/4$, wird bei einer Preissenkung im Land A um 4% die Menge der exportierten Güter um 1%, d. h. 3 Einheiten, zunehmen:

$$q'_x = 303$$

Der Wert der Exporte ist nach der Preisänderung:

$$X' = p'_a \cdot q'_x = 96 \cdot 303 = 29088$$

Das bedeutet eine Verringerung der Exporte um

$$\Delta X = 29088 - 30000 = -912\,,$$

also etwa 3%.
Da $e_m = 3/4$, wird bei einer 4%igen Preissenkung die Menge der importierten Güter um 3%, d. h. 12 Einheiten, abnehmen:

$$q'_m = 388$$

Daher ist der Wert der Importe gefallen:

$$M' = \bar{p}_b \cdot q'_m = 110 \cdot 388 = 42680$$

und:

$$\Delta M = 42680 - 44000 = -1320\,,$$

d. h. 3%.

Exporte und Importe fallen also um etwa 3%; daher besteht keine Tendenz zum Ausgleich der Handelsbilanz, sondern der Importüberschuß bleibt erhalten.

Fall 2: Da $e_x = -1/4$, wird der Wert der Exporte um 3% sinken (s. Fall 1).

Da $e_m = 1/2$, wird sich bei einer 4%igen Preisabnahme die Importgütermenge um 2%, d. h. 8 Einheiten, vermindern:

$$q'_m = 392$$

Der Wert der Importe ist jetzt:

$$M' = \bar{p}_b \cdot q'_m = 110 \cdot 392 = 43120$$

Also gilt:

$$\Delta M = 43120 - 44000 = -880\,,$$

d. h. Abnahme um 2%.

Da die Exporte (um 3%) stärker als die Importe (um 2%) zurückgehen, wird sich der Importüberschuß in diesem Fall verstärken.

Fall 3: Da $e_x = -1/2$, wird bei einer 4%igen Preissenkung die Menge der Exportgüter um 2%, das entspricht 6 Einheiten, steigen:

$$q'_x = 306$$

Der Wert der Exporte ist aber trotzdem gefallen:

$$X' = p'_a \cdot q'_x = 96 \cdot 306 = 29376$$

Die Abnahme des Exports

$$\Delta X = 29376 - 30000 = -624$$

macht etwa 2% aus.

Bei $e_m = 3/4$ wird der Wert der Importe um 3% fallen (s. Fall 1). Daher kann festgestellt werden, daß die Exporte weniger stark sinken als die Importe; es besteht eine Tendenz zum Verschwinden des Importüberschusses und damit zum Ausgleich der Handelsbilanz.

Allgemein kann aus der obigen Analyse gefolgert werden, daß (unter den gegebenen Modellbedingungen) die Handelsbilanz nur dann zum Ausgleich tendiert, wenn die Summe der beiden Elastizitäten (absolut gesehen) größer als eins ist. Ist die Summe absolut gleich eins, so bleibt der Importüberschuß erhalten; ist die Summe absolut kleiner als eins, wird die passive Handelsbilanz verstärkt.

Aufgabe 34

Es wird von den Einkommensgleichungen in einer offenen Volkswirtschaft ausgegangen:

Einkommensentstehung: $Y = C + I + X - M$

Einkommensverwendung $Y = C + S$

Der Export (X) ist einkommensbildend, der Import (M) dagegen einkommenssenkend (bzw. einkommensverwendend).

Liegt in einem Land eine Unterbeschäftigungssituation vor, so könnten das Sozialprodukt und die Beschäftigung erhöht werden, wenn die Exporte verstärkt, die Importe dagegen erschwert würden. Im Ausland würde diese Exportsteigerung bzw. Importverminderung des betrachteten Landes eine entgegengesetzte Wirkung zeigen, d. h. das Sozialprodukt im Partnerland würde sinken und die Beschäftigung abnehmen. Diese ‚Ausfuhr der Unterbeschäftigung' durch eine exportfördernde bzw. importhemmende Wirtschaftspolitik wird als ‚beggar-my-neighbour-Politik' bezeichnet.

Aufgabe 35

Konjunkturen sind zyklisch-periodische Veränderungen makroökonomischer Größen, die die Eigenschaft haben, den Trend der allgemeinen wirtschaftlichen Entwicklung wellenartig zu überlagern. Oft wird von einer ‚Konjunkturschwankung der Wirtschaft' gesprochen; diese Aussage ist nur berechtigt, wenn die Variationen einzelner wirtschaftlicher Größen im Zeitablauf zu Aggregaten zusammengefaßt werden können, wenn also eine gewisse Typik oder Gleichartigkeit der Bewegungen gegeben ist.

Die wichtigsten Schwankungsgrößen, deren zeitliche Entwicklung beobachtet und zu erklären versucht wurde, waren bzw. sind: private Investierungen, langfristige Verbrauchsgüter und Wohnbauten, Lagerbestände der Unternehmungen, Unternehmergewinne, Kurse der Effekten und Zinssätze, Preise (vor allem der Rohstoffe), Volkseinkommen und Beschäftigung.

Aufgabe 36

Bei den Unterkonsumtionstheorien handelt es sich um endogene Konjunkturtheorien, da die konjunkturellen Schwankungen nicht von außen (‚exogen'), sondern innerhalb der wirtschaftlichen Erscheinungen erklärt werden.

Wie in fast allen Konjunkturtheorien des 20. Jahrhunderts wird der Expansionsphase die größere Bedeutung beigemessen. Im Aufschwung kommt es zu ‚Disproportionalitäten' auf der Nachfrageseite, da die Kapitalgüterproduktion sich im Verhältnis zum Konsum zu stark entwickelt. Krisenhafte Erscheinungen entstehen dadurch, daß die Konsumgüternachfrage nicht ausreicht, um die durch Investierungen geschaffenen Produktionskapazitäten auszunutzen. Die Ersparnis ist im Verhältnis zum Verbrauch zu hoch.

Eine ältere Fassung der Unterkonsumtionstheorie wurde bereits von Malthus entwickelt: Im Gegensatz zu der Aussage des ‚Say'schen Theorems' (s. Aufgabe IV, 1) wurde eine allgemeine Überproduktion in einer Volkswirtschaft für möglich gehalten. Nach Malthus kommt es infolge der ungleichen Einkommensverteilung zu einer Kapitalansammlung bei den Unternehmern, da diese ihre Einkommen größtenteils sparen und nur geringe Konsumausgaben tätigen. Die Produktion wird daher ausgedehnt, kann aber nicht abgesetzt werden. Dadurch entstehen Absatzstockungen und Krisen, die nur vermieden werden könnten, wenn der Staat oder eine andere, nicht produzierende Konsumentenschicht als Nachfrager auf den Gütermärkten auftreten würde.

Eine modernere Fassung dieser Theorie ist die ‚Kaufkraftlehre' (Lederer, Hobson, Foster, Catchings), die nach dem 2. Weltkrieg vertreten wurde. Danach folgen im Aufschwung die Löhne den Preisen mit einem time-lag, so daß die Erlöse der Unternehmer stärker als die Kosten steigen und zusätzliche Gewinne erzielt werden. Diese Gewinne werden von den Unternehmern überwiegend gespart und investiert; die Kapitalgüterproduktion steigt. Die Kapazitäten der Unternehmer können jedoch nicht ausgelastet werden, da wegen der niedrigen Löhne die notwendige Kaufkraft fehlt. Die ungleiche Einkommensverteilung bewirkt, daß zusätzlich gespart und investiert wird, daß der Absatz der Güter jedoch nicht gewährleistet ist. Das führt zum konjunkturellen Umschwung und zur Krise.

Aufgabe 37

Das Harvard- Konjunktur-Barometer (in den 20er Jahren von der Harvard-University in Cambridge/Mass. herausgegeben) ging davon aus, daß sich bestimmte Zeitreihen ökonomischer Größen in typischer Weise wiederholen. Aus den jeweiligen Werten dieser Reihen wurde einerseits die gegenwärtige Situation (‚Konjunkturdiagnose'), andererseits aber auch die künftige Entwicklung (‚Konjunkturdiagnose') abzulesen versucht.

Es wurden drei Kurven unterschieden:

a) Spekulationskurve (K): aufgestellt für den Börsenmarkt (Dividenden bestimmter Eisenbahnaktien, Kurse einer Reihe von Industrieaktien und -obligationen usw.).

b) Warenmarktkurve (P): aufgestellt für die Produktionstätigkeit (Roheisenproduktion, Preisindizes usw.).

c) Geldmarktkurve (Z): aufgestellt für Zinssätze (Diskontsatz, Kredite gewisser Banken usw.).

In diesen Zeitreihen wurden Saisonschwankungen und Trendentwicklungen ausgeschaltet. Im zeitlichen Ablauf wurde auf folgende Regelmäßigkeit hingewiesen: im wirtschaftlichen Aufschwung steigen zunächst die Kurse, dann folgen mit einem time-lag die Preise und mit einem weiteren time-lag die Zinssätze. Die Maxima der einzelnen Kurven sind also in typischer Weise verschoben (t = Zeitachse):

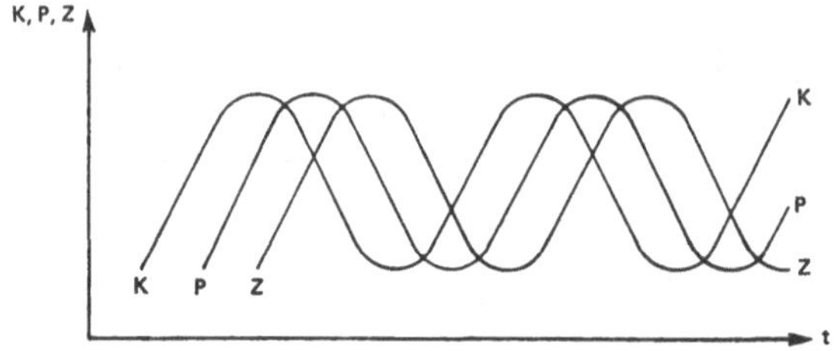

Diese Prognose war jedoch nicht zuverlässig, weil der Phasenabstand der Kurven unregelmäßig war. Daher versagte das Harvard-Barometer in der Praxis (vor allem in der Weltwirtschaftskrise im Jahre 1929).

Aufgabe 38

Nach der monetären Konjunkturerklärung von Hawtrey werden die konjunkturellen Schwankungen allein durch Veränderungen auf der monetären Seite der Volkswirtschaft verursacht. Im Konjunkturzyklus wechseln sich inflationistische und deflationistische Prozesse ständig ab.

Der Aufschwung wird durch eine Kreditexpansion induziert, indem der Diskontsatz gesenkt wird. Die Investierungen der Industrie werden durch den niedrigen Diskontsatz i. a. nur wenig beeinflußt, jedoch sind die Lagerhaltungen des Großhandels sehr zinselastisch, da diese oft mit Bankkrediten finanziert werden. Der Großhandel wird daher seine Aufträge an die industrielle Produktion erhöhen und damit die Expansion fördern, die sich kumulativ fortsetzt.

Werden die Kapazitätsgrenzen erreicht, so kommt es zu Preissteigerungen und inflationistischen Entwicklungen, so daß die Banken gezwungen sind, den Diskontsatz drastisch heraufzusetzen (diesen Zwang zur Diskontsatzerhöhung ist nach Hawtrey auch durch den ständigen Goldabfluß ins Ausland bedingt). Die Folge wird eine Einschränkung des Kreditvolumens und ein Rückgang der Konsumentenausgaben sein. Die Großhändler werden ihre Bestellungen bei den industriellen Unternehmungen verringern, so daß sich eine sinkende Preistendenz ergibt, die einen kumulativen Kontraktionsprozeß bewirkt, der in der Depressionsphase endet.

Während der Depression werden Schulden getilgt, so daß Geld zu den Banken zurückfließt und die liquiden Reserven der Banken erhöht werden. Wenn trotz des niedrigen Zinssatzes keine Kredite aufgenommen werden, da zunächst noch ein allgemeiner Konjunkturpessimismus vorherrscht, muß die Zentralbank durch andere geldpolitische Maßnahmen (z. B. Offenmarktpolitik) die Kreditnachfrage anzuregen versuchen. Nach einer gewissen Zeit werden dann nach Hawtrey die Konsumenteneinkommen und -ausgaben wieder steigen und die Expansion einleiten.

Aufgabe 39

Teil a: Nach dem Akzelerationsprinzip sind die induzierten Investierungen der Konsumänderung direkt proportional; der Akzelerator (β) ist der Proportionalitätsfaktor:

$$I = \beta \cdot \frac{dC}{dt}$$

Daher wird die gegebene Konsumfunktion nach der Zeit differenziert:

$$\frac{dC}{dt} = 2 \cdot \frac{1}{\sqrt{t}}$$

Da der Akzelerator $\beta = 2{,}5$ ist, lautet die Investitionsfunktion:

$$I = \frac{5}{\sqrt{t}}$$

Teil b: Werden für t verschiedene Größen in die beiden Funktionen C(t) und I(t) eingesetzt, so ergeben sich in der Graphik folgende Funktionen:

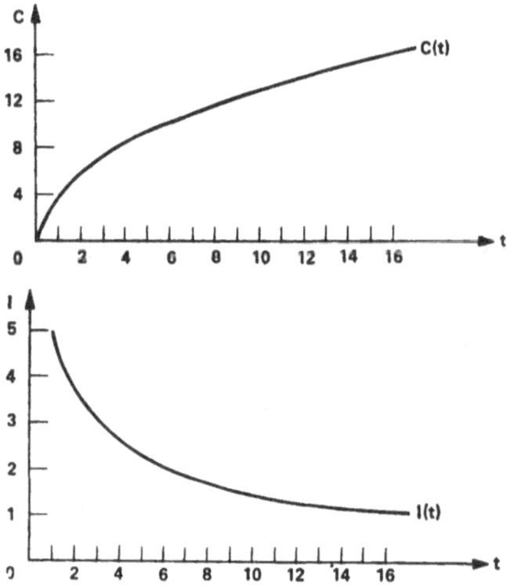

Der Konsum steigt ständig an, aber mit abnehmender Wachstumsrate; die induzierten Investierungen dagegen sinken im Zeitablauf.

Aufgabe 40

Da gemäß Akzelerationsprinzip die induzierten Investitionen der Konsumänderung direkt proportional sind, werden die Investierungen nur so lange zunehmen, wie die Wachstumsrate des Konsums steigt (t_0 bis t_1);

da im Zeitraum t_1 bis t_2 die Änderungsrate des Verbrauchs sinkt, fallen auch die induzierten Investitionen. Vom Zeitpunkt t_2 an nimmt die Konsumnachfrage ab; die Wachstumsrate des Konsums und damit auch die induzierten Investierungen werden negativ. Von t_2 bis t_3 sinkt der Konsum mit fallender Rate; daher nehmen die Investitionen (im negativen Bereich) ab (die Des-Investitionen wachsen). Von t_3 bis t_4 steigen die Investierungen wieder, da die Änderungsrate des Konsums im negativen Bereich größer wird.

Die Graphik der beiden Funktionen C(t) und I(t) zeigt folgendes Bild:

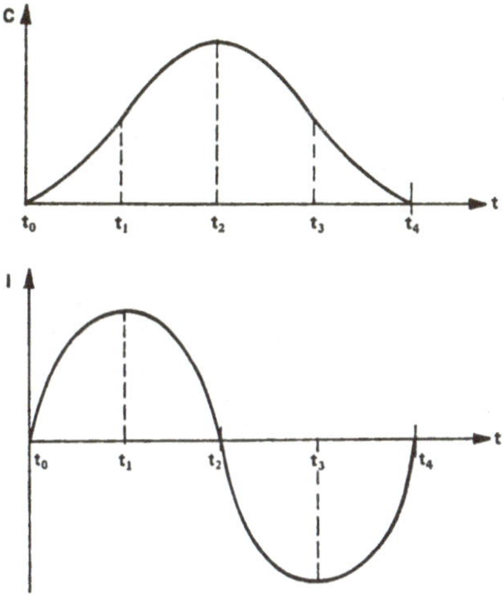

Die obige Darstellung demonstriert die Wirkungsweise des Akzelerationsprinzips für verschiedene Möglichkeiten der Entwicklung der Konsumgüternachfrage. Es werden folgende fundamentalen Regeln des Prinzips veranschaulicht:

a) Die Größe der induzierten Investitionen ist nicht durch die Höhe, sondern durch die Wachstumsrate des Konsums bestimmt.

b) Wenn die Konsumgüternachfrage nur noch mit abnehmender Rate steigt, sinken bereits die induzierten Investierungen; schon eine Verlangsamung des Wachstumstempos der Verbrauchsgüternachfrage bewirkt somit eine Kontraktion der Gesamtproduktion, ohne daß die Nachfrage nach Konsumgütern sich absolut zu vermindern braucht.

c) Sinkt der Verbrauch, so werden die induzierten Investitionen negativ; das Prinzip wirkt kontraktiv, d. h. es entwickelt sich ein Prozeß, der nach den gleichen Regeln, aber mit umgekehrtem Vorzeichen abläuft.

Aufgabe 41

Von einem Akzeleratorprozeß in ‚negativer Richtung' kann gesprochen werden, wenn die Wachstumsrate der induzierenden Größe sinkt und damit die induzierten Investitionen abnehmen. Wird die Zuwachsrate der induzierenden Größe negativ, so verringert sich der Kapitalbestand der Volkswirtschaft, da Des-Investitionen auftreten, indem die erforderlichen Re-Investitionen zum Ersatz der Bestandsminderung durch Abnutzung, Verschleiß, Verzehr usw. nicht in voller Höhe durchgeführt werden.

Durch die völlig unterlassenen Re-Investierungen ist die Verminderung des Kapitalbestandes begrenzt. Denn im Abschwung kann der Akzelerator nur so lange wirksam werden, bis die Brutto-Investierungen durch völligen Wegfall der notwendigen Ersatz-Investierungen auf Null gesunken sind. Der Kapitalbestand kann nur verkleinert werden, indem erforderliche Ersatz-Investierungen nicht durchgeführt werden.

In diesem Falle würde gelten, daß die Des-Investierungen ($-I_n$) den erforderlichen, aber unterlassenen Re-

Investierungen (I_r) gleich sind, die Brutto-Investierungen (I_B) also Null sind:

$$I_B = -I_n + I_r = 0$$

Aufgabe 42

Die Wirksamkeit des makroökonomischen Akzelerationsprinzips

$$I_t = \beta \cdot (C_t - C_{t-1})$$

ist durch folgende Bedingungen begrenzt:

a) Soll das Prinzip, das ursprünglich für bestimmte Industriezweige entwickelt wurde (Carver, Aftalion, Clark), auch im makroökonomischen Bereich gelten, so ist für die Aggregation eine Homogenität der Gesamtgrößen erforderlich (keine unterschiedliche Kapitalintensität in den einzelnen Wirtschaftszweigen, gleiche Lebensdauer der Kapitalanlagen, keine Möglichkeiten von Nachfrageverschiebungen innerhalb einer konstanten Gesamtnachfrage).

b) Das Prinzip in der obigen einfachen Form nimmt an, daß die Änderung der Konsumgüternachfrage und die Durchführung der Investierungen simultan erfolgen. D. h. es werden keine time-lags berücksichtigt, die sich aus folgenden Komponenten zusammensetzen können: es kann eine zeitliche Verzögerung eintreten, bis die Unternehmer die Nachfragesteigerung erkennen; es kann eine gewisse Zeit vergehen, bis die Unternehmer die Investitionsentscheidungen treffen und entsprechende Aufträge vergeben; weitere time-lags können dadurch entstehen, daß die Investitionsaufträge nicht umgehend ausgeführt werden und daß die Fertigstellung der Investitionsgüter Zeit in Anspruch nimmt. Um diesen Verzögerungen gerecht zu werden, wird deshalb in verschiedenen Konjunktur- oder Wachstumsmodellen das Prinzip in folgender Form geschrieben:

$$I_t = \beta \cdot (C_{t-1} - C_{t-2})$$

c) Wenn die Unternehmer auf die Erhöhung der Nachfrage nach ihren Produkten mit zusätzlichen Investierungen reagieren, so wird unterstellt, daß keine Preiserhöhungen stattfinden, daß die Lieferfristen nicht verlängert werden und daß auch die Lagerhaltung nicht vermindert wird.

d) Das Prinzip beinhaltet eine konstante Produktionstechnik, da die zusätzliche Nachfrage nicht durch technisch verbesserte Kapitalanlagen befriedigt wird.

e) Die Konstanz des Akzelerators bedeutet, daß die Unternehmer ihre Produktionsanlagen ständig der Nachfrage anzupassen versuchen, um stets mit der wirtschaftlichsten Kapazität produzieren zu können. Die Unternehmer wollen sowohl Über- als auch Unterkapazitäten vermeiden, d. h. die produzieren ‚an der Grenze', da ihre Anlagen ständig voll ausgelastet sind. Andererseits können aber zusätzliche Investierungen nur durchgeführt werden, wenn die Kapitalgüterindustrie genügend Reserven hat, die zur Verfügung gestellt werden können. Daher wird für die Gültigkeit des Prinzips Vollbeschäftigung in der Konsumgüterindustrie, aber Unterbeschäftigung in der Kapitalgüterindustrie vorausgesetzt.

f) Die proportionale Anpassung des Kapitalstocks an Nachfrageänderungen unterstellt, daß die Unternehmer sich stets an den gegenwärtigen Absatzmengen orientieren und daß sie die Nachfrageerhöhung als permanent ansehen (der Erwartungsparameter ist gleich eins).

g) Im Akzelerationsprinzip werden nur Realgrößen in Beziehung gesetzt, so daß Wirkungen, die von der monetären Seite ausgehen (unelastisches Geldangebot usw.) unberücksichtigt bleiben.

h) Es werden konstante Raten der Re-Investierungen angenommen, d. h. das Prinzip beinhaltet einen völlig homogenen Altersaufbau des Kapitalstocks, eine gleiche Lebensdauer der Kapitalgüter und nach Ablauf der Lebensdauer einen vollständigen Ersatz.

Aufgabe 10

Teil a: Bei einer marginalen Sparquote von $s = 0{,}5$ ist auch die marginale Konsumquote $b = 0{,}5$.

Da die induzierten Investierungen der Konsumänderung direkt proportional sind, ist der Akzelerator $\beta = 1$.

Daher gilt:

$$\frac{1}{\beta} = 1$$

und:

$$\frac{4\beta}{(1+\beta)^2} = 1$$

Also ist:

$$b = 0{,}5 < \frac{1}{\beta}$$

und:

$$b = 0{,}5 < \frac{4\beta}{(1+\beta)^2}$$

Diese Konstellation (die in dem Samuelson'schen b, β-Diagramm in den Bereich B fällt) bedeutet, daß das Volkseinkommen im Zeitablauf mit gedämpfter Amplitude um das durch den Multiplikator bestimmte Gleichgewichtsniveau (hier:

$$\Delta Y = \frac{1}{1-b} \cdot \Delta I = 2 \cdot 200 = 400)$$

oszilliert.

Teil b: Zur Berechnung des Volkseinkommens in den einzelnen Perioden wird eine Tabelle gebildet. Dort werden die autonomen Investierungen (in jeder Periode $I_t^a = 200$), der Konsum (in jeder Periode $C_t = 0{,}5 \cdot Y_{t-1}$) und die induzierten Investierungen (in jeder Periode $I_t^i = C_t - C_{t-1}$) eingetragen. Das Volkseinkommen ergibt sich dann jeweils durch die Summierung der Größen von I_t^a, C_t und I_t^i.

Periode	I^a_t	C_t	I^i_t	Y_t
1	200	0	0	200
2	200	100	100	400
3	200	200	100	500
4	200	250	50	500
5	200	250	0	450
6	200	225	—25	400
7	200	200	—25	375
8	200	187,5	—12,5	375
9	200	187,5	0	387,5
10	200	193,75	6,25	400
11	200	200	6,25	406,25
12	200	203,125	3,125	406,25
13	200	203,125	0	403,125
...	...	...	...	...

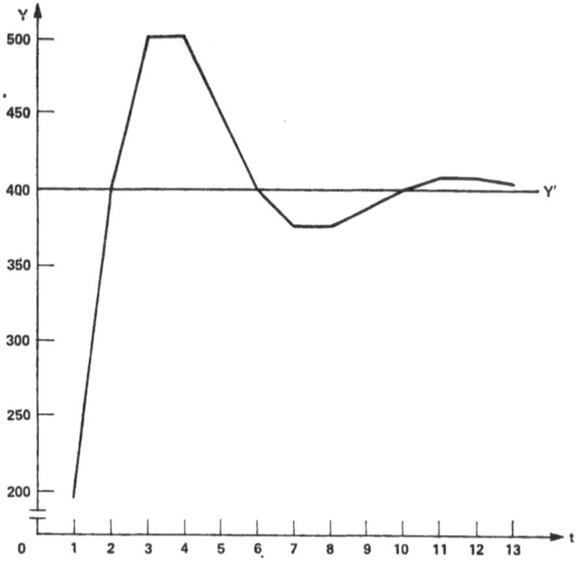

Die Entwicklung des Volkseinkommens im Y, t-Diagramm zeigt nebenstehendes Bild.

In Übereinstimmung mit dem Ergebnis von Teil a schwankt das Volkseinkommen um den ‚Gleichgewichtswert‘ $Y' = 400$ mit abnehmenden Amplituden.

Aufgabe 44

Teil a: Samuelson (s. Aufgabe IV, 43) und Hicks gehen in ihren Konjunkturmodellen davon aus, daß das Volkseinkommen einer Periode (Y_t) durch die Nachfrage nach Konsumgütern (C_t) und die Nachfrage nach Investitionsgütern (I_t) determiniert ist; die Investierungen werden in autonome (I_t^a) und induzierte (I_t^i) aufgeteilt.

Für die Konsumfunktion wird ein time-lag angenommen:

$$C_t = f(Y_{t-1}) = b \cdot Y_{t-1}$$

(b = marginale Konsumquote). Die induzierten Investierungen sind durch das Akzelerationsprinzip bestimmt; Samuelson verwendet die Änderung des Konsums,

$$I_t^i = \beta \cdot (C_t - C_{t-1}) = \beta \cdot b \cdot (Y_{t-1} - Y_{t-2}),$$

Hicks direkt die Änderung des Volkseinkommens (verbunden mit einem time-lag),

$$I_t^i = \beta \cdot (Y_{t-1} - Y_{t-2}),$$

als induzierende Größe.

Die autonomen Investierungen werden von Samuelson als exogen vorgegebene Größe in das Modell genommen:

$$I_t^a = \bar{I} = \text{const.}$$

Dagegen unterstellt Hicks einen Wachstumstrend, der durch die ständig mit einer konstanten Rate (a) wachsenden autonomen Investitionen bewirkt wird:

$$I_t^a = I_0^a \cdot (1 + a)^t$$

In beiden Modellen werden die Schwingungen durch das Zusammenspiel von Multiplikator und Akzelerator erklärt.

Teil b: Im Hicks-Modell ist eine Obergrenze für das Wachstum des Sozialprodukts durch das ‚Vollbeschäftigungsniveau', von Hicks ‚ceiling' genannt, gegeben, da die Wirksamkeit des Akzelerators bei Vollbeschäftigung aller Produktionsfaktoren endet (es können als Folge einer Nachfragesteigerung nicht mehr zusätzliche Investierungen durchgeführt werden).

Die völlig unterlassenen Re-Investierungen (Brutto-Investierungen sind Null) begrenzen den Abschwung des Volkseinkommens, da der Akzelerator an dieser Untergrenze, von Hicks ‚floor' genannt, ebenfalls außer Kraft tritt (s. Aufgabe IV, 41).

Teil c: In der Graphik des Hicks'schen Modells werden auf den Koordinatenachsen das Volkseinkommen (im logarithmischen Maßstab; log Y = y) und die Zeit (t) abgetragen. Das Volkseinkommen schwankt um den Gleichgewichtspfad EE (der durch den Hicks'schen Supermultiplikator — s. Aufgabe IV, 15 — bestimmt ist) zwischen ‚ceiling' (FF) und ‚floor' (LL):

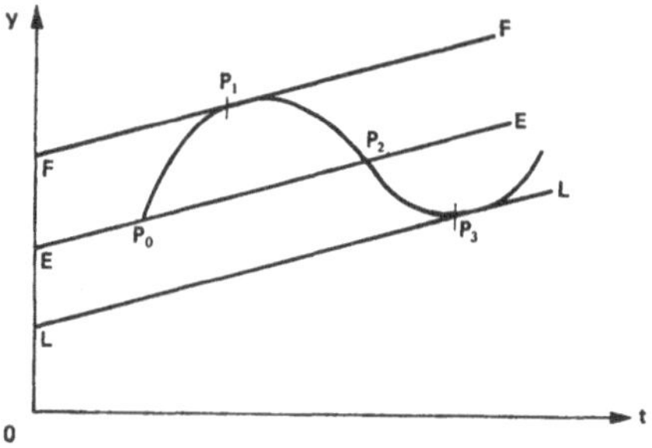

In der Ausgangssituation P_0 befindet sich das System im Gleichgewicht. Wenn eine Störung durch eine autonome Investition erfolgt, wird der Pfad EE verlassen;

das Volkseinkommen wächst stärker als EE. Im Punkt P_1 auf der Linie FF verhindert das Erreichen der Vollbeschäftigung ein weiteres starkes Ansteigen des Volkseinkommens, das nur noch entlang der Linie FF wachsen kann.

Diese Bewegung kann jedoch nicht von Dauer sein, da das der autonomen Investition entsprechende Volkseinkommen der Linie EE entspricht. Deshalb erfolgt ein Abschwung; das Volkseinkommen wird wieder fallen, und zwar über den Punkt P_2 auf der Linie EE hinaus, weil Des-Investitionen induziert werden. Da der Abbau des Kapitalstocks jedoch durch die völlig unterlassenen Re-Investierungen begrenzt ist, kann das Volkseinkommen nur bis zur Untergrenze LL sinken (P_3). An dieses untere Niveau LL paßt sich das Volkseinkommen an, da die Unterlassung der Re-Investierungen im Abschwung wie eine Verminderung der autonomen Investitionen wirkt.

Sobald die Überschußkapazität völlig abgebaut worden ist, wird das Akzelerationsprinzip wieder wirksam. Da auch die autonomen Investierungen durchgeführt werden, tritt eine Aufwärtsbewegung ein; das System kehrt zum Gleichgewichtspfad EE zurück. Wegen der hohen Steigerungsrate des Volkseinkommens wird die Linie EE wieder überschritten und der Zyklus setzt sich fort.

Aufgabe 45

Die postkeynesianische Wachstumstheorie (Wachstumsmodelle vom ‚Harrod-Domar-Typ', ‚capital stock adjustment theory') fußt auf der komparativ-statischen Gleichgewichtstheorie von Keynes und bezieht das Wachstum des Sozialprodukts auf mengenmäßige Veränderungen der Produktionsfaktoren (speziell des Faktors Kapitals). Harrod (1939, 1948) und Domar (1946, 1947, 1948) definieren die Bedingungen für ein ‚gleichgewichtiges' Wachstum des Volkseinkommens, das als ein ‚Ausbruch aus dem Gleichgewichtszustand‘ charakterisiert wird, bei ständig wachsendem Kapitalstock; die fortgesetzte Kapitalakkumulation determiniert das Sozialproduktswachstum.

Die Produktionsfaktoren Kapital und Arbeit stehen in einem limitationalen Verhältnis (Produktionsfunktion vom ‚Leontief-Typ‘), so daß die Substitutionselastizität gleich Null und die Kapitalintensität konstant ist (s. Aufgabe III, 8).

In der neoklassischen Wachstumstheorie (erste Veröffentlichungen: Haavelmo, 1954; Tobin, 1955; Solow, 1956; Swan, 1956) wird das Wachstum des Sozialprodukts (als ‚Normalzustand‘ der kapitalistischen Wirtschaft) nicht nur durch quantitative, sondern auch durch qualitative Veränderungen der Produktionsfaktoren über die Einführung des technischen Fortschritts erklärt. Die technischen Koeffizienten sind nicht mehr konstant. Die variable Kapitalintensität bewirkt, daß unterschiedliche Wachstumsraten der Produktionsfaktoren jederzeit vom System verarbeitet werden (‚Flexibilität‘). Preisgesteuerte Anpassungsprozesse werden berücksichtigt.

Die Produktionsfaktoren Kapital und Arbeit sind substituierbar. Meist wird eine Produktionsfunktion vom ‚Cobb-Douglas-Typ‘ (‚unbegrenzte‘ Substitutierbarkeit der Produktionsfaktoren) als Modellaxiom gesetzt; die Substitutionselastizität ist dann gleich minus eins (s. Aufgabe III, 8).

In der Harrod-Domar'schen Wachstumstheorie ist der gleichgewichtige Wachstumspfad des Volkseinkommens instabil (s. Aufgabe IV, 49), während das Ergebnis der neoklassischen Wachstumstheorie ein stabiles Einkommenswachstum bei Vollbeschäftigung und voller Kapazitätsausnutzung ist.

Aufgabe 46

Der Prozeß der fortgesetzten Erhöhung der Kapazität und ihrer Verwendung zu ständiger Zunahme des Sozialprodukts wird allgemein ‚Wirtschaftswachstum‘

genannt. Es kann von ‚extensivem‘ Wachstum gesprochen werden, wenn das Sozialprodukt infolge Vergrößerung der eingesetzten Faktormengen bei unveränderter Produktionstechnik steigt. Ist das Wachstum dagegen auf eine verbesserte Qualität der Produktionsfaktoren zurückzuführen, so kann es als ‚intensiv‘ bezeichnet werden.

Das Einkommenswachstum kann auf die Bevölkerung bezogen werden. Das Wachstum ist dann ‚extensiv‘, wenn das Pro-Kopf-Einkommen nicht steigt, d. h. die Wachstumsrate des Volkseinkommens nicht größer als die Wachstumsrate der Bevölkerung ist. ‚Intensives‘ Wachstum liegt vor, wenn das Pro-Kopf-Einkommen zunimmt, das Sozialprodukt stärker als die Bevölkerung wächst.

Aufgabe 47

Der duale Effekt der Investierungen im Wachstumsmodell von Domar besteht darin, daß einerseits die Investierungen (I) den Kapitalbestand (K) einer Volkswirtschaft erhöhen und damit zusätzliche Produktionskapazität schaffen — die durch die zusätzlich ermöglichte Realproduktion, ΔQ, gemessen wird — (‚Kapazitätseffekt‘), daß andererseits zusätzliche Investitionen über den Multiplikator das Volkseinkommen (Y) vergrößern (‚Einkommenseffekt‘). Der Kapazitätseffekt bringt die Angebotsseite, der Einkommenseffekt die Nachfrageseite des Modells zum Ausdruck:

$$\text{Kapazitätseffekt:} \quad \Delta Q = o \cdot \Delta K = o \cdot I$$

$$\text{Einkommenseffekt:} \quad \Delta Y = \frac{1}{s} \cdot \Delta I$$

(o = Kapitalproduktivität; s = marginale Sparquote).

Im Zusammenwirken des Anwachsens von Angebots- und Nachfrageseite vollzieht sich der Wachstumsprozeß im Modell von Domar. Diese Entwicklung wird als ein ‚gleichgewichtiges Wachstum' definiert, wenn Einkommens- und Kapazitätseffekt der Investierungen übereinstimmen; d. h. die durch zusätzliche Investierungen geschaffene zusätzliche Nachfrage muß so groß sein, daß sie das erhöhte (potentielle) Angebot, ausgelöst durch den Kapazitätseffekt dieser Investierungen, gerade aufnehmen kann. Die neuen Produktionskapazitäten sind dann voll ausgelastet. Es wird folgende ‚Gleichgewichtsbedingung' postuliert:

$$\Delta Q \overset{!}{=} \Delta Y$$

Daraus folgt:

$$o \cdot I = \frac{1}{s} \cdot \Delta I$$

$$\frac{\Delta I}{I} = o \cdot s$$

Diese ‚gleichgewichtige' Wachstumsrate der Investierungen kann auch für das Volkseinkommen abgeleitet werden, wenn die Gleichungen

$$S = s \cdot Y \qquad \text{(Sparfunktion)}$$

und

$$I \overset{!}{=} S \qquad \text{(Gleichgewichtsbedingung)}$$

berücksichtigt werden:

$$\Delta Y = \Delta Q = o \cdot I = o \cdot S = o \cdot s \cdot Y$$

Daraus folgt:

$$g = \frac{\Delta Y}{Y} = o \cdot s$$

Die gleichgewichtige Wachstumsrate des Volkseinkommens ist konstant, da sie dem Produkt aus den Parametern Kapitalproduktivität und Sparquote entspricht.

Aufgabe 48

Von ,capital-widening' (Erweiterungs-Investitionen) wird gesprochen, wenn der Kapitalstock (K) einer Volkswirtschaft und damit die Produktionskapazität (gemessen durch die mögliche Ausbringungsmenge, Q) bei gegebener Produktionstechnik vergrößert werden, indem zusätzliche Arbeitsplätze bei konstanter Kapitalintensität gebildet werden. Diese Investitionen beeinflussen den Kapitalkoeffizienten (als Verhältnis von Kapitalstock zu Ausstoßmenge) nicht (,horizontales Wachstum'):

$$v = \frac{K}{Q} = \text{const.}$$

,Capital-deepening' -oder Verbesserungs-Investitionen liegen dann vor, wenn (z. B. infolge einer Erhöhung der durchschnittlichen Lebensdauer der Produktionsanlagen) das Verhältnis von Kapitalbestand zum Output variiert und damit die Kapitalintensität steigt (,vertikales Wachstum'). Dabei kann unterschieden werden: a) Substitution von Arbeit durch Kapital (Mechanisierung, Automatisierung): bei gegebenem Output wird der Kapitaleinsatz größer, so daß der Kapitalkoeffizient zunimmt, b) Erhöhung der Effizienz der Produktion durch technischen Fortschritt (Rationalisierung): bei gleichem Kapitaleinsatz ist eine größere Realproduktion möglich, so daß der Kapitalkoeffizient sinkt.

Die festgestellte Konstanz des Kapitalkoeffizienten kann dadurch erklärt werden, daß sich die Wirkungen des technischen Fortschritts und der Substitution des Faktors Arbeit durch den Faktor Kapital auf das Verhältnis von Kapitaleinsatz zur Ausbringung gerade kompensieren.

Aufgabe 49

Teil a: Harrod definiert die ,actual rate of growth' als die tatsächliche realisierte Wachstumsrate (G) des

Volkseinkommens, die durch den realisierten marginalen Kapitalkoeffizienten (C) und durch die marginale Sparquote (s) bestimmt ist:

$$G = \frac{s}{C}$$

Die ‚warranted rate of growth' (‚gerechtfertigte' oder ‚gleichgewichtige' Wachstumsrate, G_w) ist durch das Verhalten der Unternehmer determiniert; sie ist die Zuwachsrate, die Befriedigung verschafft und zu ihrer eigenen Fortsetzung führt (‚unternehmerisches Gleichgewicht' im Wachstum). Wird diese Rate einmal erreicht, dann rechtfertigt sie die Investitionsentscheidungen der Unternehmer, die durch das Akzelerationsprinzip zum Ausdruck kommen, und führt zu einem weiteren gleichartigen Fortschritt:

$$G_w = \frac{s}{C_r}$$

C_r ist der Akzelerator, der als Verhaltenskoeffizient angibt, in welcher Höhe Investierungen durch Einkommenssteigerungen induziert werden.

Das Wachstum des Volkseinkommens ist durch die ‚natural rate of growth' (‚natürliche' Wachstumsrate, G_n) begrenzt. Diese Rate ist eine maximale Fortschrittsrate, die langfristig nicht vom tatsächlichen Wachstum überschritten werden kann. G_n ist von Harrod definiert worden als die nach der Ausstattung der Volkswirtschaft mit Arbeitskräften und nach den technischen Neuerungen ohne Inflation und bei unverändertem Zins höchstmögliche Wachstumsrate.

Ist $G_w < G_n$, so liegt ein Wachstum bei Unterbeschäftigung, aber bei ausgelasteten Kapazitäten vor (‚full capacity growth'). Die Möglichkeit $G_w > G_n$, die ebenfalls gegeben ist, bedeutet Wachstum bei nicht ausgenutzter Kapazität, aber bei Vollbeschäftigung (‚full employment growth').

Teil b: Je nachdem, ob die tatsächliche von der gerechtfertigten oder von der natürlichen Wachstumsrate abweicht, wird zwischen ‚konjunktureller Instabilität',

$$G \neq G_w \, ,$$

bzw. ‚säkularer Instabilität' des Systems,

$$G \neq G_n \, ,$$

differenziert.

Ist z. B. $G > G_w$, so war die Produktion zu hoch; der Kapazitätseffekt der Investierungen (‚Angebot') war geringer als der Einkommenseffekt (‚Nachfrage'). Die vorhandenen Kapitalbestände werden übermäßig beansprucht, so daß Lagervorräte abgebaut werden. Die Unternehmer könnten durch geringere Investierungen die Anpassung an den Gleichgewichtspfad erreichen, sie werden jedoch zusätzlich Investitionen vornehmen, um die Produktionskapazität und damit das Angebot zu erhöhen. Über den Einkommenseffekt der Investierungen wird dadurch aber die Nachfrage steigen, und die Differenz zwischen G und G_w wächst. Es ergibt sich eine Instabilität des Systems, da die tatsächliche und die gerechtfertigte Wachstumsrate immer stärker voneinander abweichen.

Eine kurzfristige Störung des dynamischen Gleichgewichts führt daher kumulativ vom Gleichgewichtspfad weg.

Analog gilt, daß bei zu geringer Produktion, d. h. im Falle $G < G_w$, die Investierungen und damit das Volkseinkommen zu hoch waren. Es entstehen ungenutzte Kapazitäten. Die Investitionen werden weiter sinken und damit das Ungleichgewicht vergrößern.

Die säkulare Instabilität betrifft die Eigenschaften des Wachstumspfades im Hinblick auf die Auslastung der Produktionsfaktoren. Ist $G < G_n$, so wächst das System nicht mit der maximal möglichen Rate; es werden ständig Wachstumschancen vertan. Aus sich heraus erzeugt das System nach Harrod keine Kräfte, die zu einer Angleichung der tatsächlichen an die natürliche Wachstumsrate führen. Jedoch kann die säkulare Instabilität durchaus mit der vollen Auslastung eines Produktionsfaktors verbunden sein (‚full capacity growth' oder ‚full employment growth', s. Teil a).

Aufgabe 50

Nach der Wachstumsformel von Domar gilt für die gleichgewichtige Wachstumsrate des Volkseinkommens:

$$g_Y = \frac{\Delta Y}{Y} = \frac{s}{v}$$

Bei einer marginalen Konsumquote von b = 0,88 ist die marginale Sparquote:

$$s = 1 - b = 0{,}12$$

Werden die Größen eingesetzt, ergibt sich:

$$g_Y = 0{,}03$$

Das Volkseinkommen würde im ‚dynamischen Gleichgewicht' wachsen, wenn die Zuwachsrate 3% beträgt.

Aufgabe 51

Der Kapitalkoeffizient ist nichts anderes als eine Verhältnisgröße, die eine technische Beziehung zum Ausdruck bringt, nämlich eine bestimmte technische Leistungsfähigkeit des Kapitalstocks einer Volkswirtschaft. Der Akzelerator dagegen ist eine Größe, die das Verhalten der Unternehmer hinsichtlich der Investitionsentscheidungen determiniert.

Im Domar-Modell bestimmt der Kapitalkoeffizient den Kapazitätseffekt der Investierungen,

$$\Delta Y = \frac{1}{v} \cdot I,$$

und damit die gleichgewichtige Wachstumsrate:

$$g_Y = \frac{\Delta Y}{Y} = \frac{s}{v}$$

In der Domarschen Angebotsgleichung ist die Änderung der Realproduktion bzw. des Volkseinkommens die abhängige, sekundäre, die Investierung die unabhängige, primäre Variable.

Harrods Formel für die gleichgewichtige Wachstumsrate des Volkseinkommens,

$$G_w = \frac{s}{C_r},$$

fußt auf der Akzeleratorbeziehung als Gleichung für das unternehmerische Verhalten:

$$I = C_r \cdot \Delta Y$$

Diese Gleichung bringt die entgegengesetzte Kausalitätsbeziehung zum Ausdruck, denn die Investierung ist hier die abhängige, die Einkommensänderung die unabhängige Variable.

Wird unterstellt, daß sowohl der Kapazitätseffekt als auch die Durchführung der Investition als Reaktion auf Veränderungen des Volkseinkommens ohne zeitliche Verzögerung erfolgen und sich daher entsprechen, kann Harrods Akzelerator mit dem Kapitalkoeffizienten identifiziert werden. Diese Bedingung der Simultaneität enthalten die einfachen Wachstumsmodelle von Harrod und Domar, in denen keine ‚reaction period' (Zeitabschnitt zwischen der Einkommensänderung und dem Beginn der Investierung) bzw. ‚gestation period' (Zeitabschnitt zwischen dem Beginn und der Vollendung der Investition) berücksichtigt werden. Bei einer Gleichsetzung von v und C_r ergeben sich formal identische Wachstumsraten.

Aufgabe 52

In der Graphik wird im Quadranten I die Sparfunktion mit der Steigung

$$s = \operatorname{tg} \alpha = 0{,}2$$

eingezeichnet. Im Quadranten III läßt sich das Verhältnis zwischen dem Kapitalbestand und dem Output (K/Y = v) als Fahrstrahl mit der Steigung

$$v = \operatorname{tg} \beta = 1$$

darstellen:

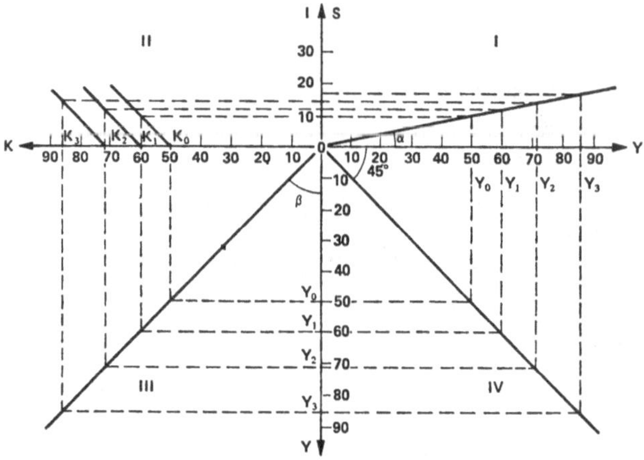

Ausgehend von einem Kapitalbestand $K_0 = 50$ ergibt sich über den Quadranten III ein Volkseinkommen $Y_0 = 50$, das auf den Quadranten I übertragen wird. Durch den Schnittpunkt mit der Sparfunktion ist das Sparen (bzw. Investieren) $S_0 = 10 = I_0$ bestimmt. Um diese Investierungen wird der Kapitalbestand erhöht:

$$K_1 = K_0 + I_0 = 60$$

Im Quadranten II wird in K_0 eine 45-Grad-Linie eingetragen. Der Schnittpunkt der über $I_0 = 10$ hinaus verlängerten Waagerechten mit der in K_0 eingezeichneten 45-Grad-Linie gibt den neuen Kapitalbestand K_1. Analog werden dann $Y_1 = 60$ und $S_1 = 12 = I_1$ sowie

$$K_2 = K_1 + I_1 = 72$$

bzw. $Y_2 = 72$ und $S_2 = 14{,}4 = I_1$ sowie

$$K_3 = K_2 + I_2 = 86{,}4$$

ermittelt, usw.

Aus der Graphik ist ersichtlich, daß das Volkseinkommen, die Investierungen und der Kapitalstock exponentiell wachsen.

Aufgabe 53

Teil a: Werden die Konsum- bzw. Investitionsfunktion in die Einkommensgleichung

$$Y_t = C_t + I_t$$

eingesetzt, so ergibt sich:

$$Y_t = 0{,}8 \cdot Y_t + 2 \cdot (Y_t - Y_{t-1})$$

$$Y_t = \frac{2}{1{,}8} \cdot Y_{t-1} = \frac{10}{9} \cdot Y_{t-1}$$

und:

$$Y_t - Y_{t-1} = \frac{1}{9} \cdot Y_{t-1} = 0{,}111 \cdot Y_{t-1}$$

Daraus folgt die gleichgewichtige (prozentuale) Wachstumsrate des Volkseinkommens:

$$g_Y = \frac{Y_t - Y_{t-1}}{Y_{t-1}} = 0{,}111 = 11{,}1\%$$

Teil b: Die Gleichung für den Wachstumspfad des Volkseinkommens wird durch Integration der obigen homogenen Differenzengleichung 1. Ordnung

$$Y_t = \frac{10}{9} \cdot Y_{t-1}$$

gewonnen. Das Integral ist durch die Exponentialfunktion

$$Y_t^h = C \cdot \left(\frac{10}{9}\right)^t$$

gegeben; die Integrationskonstante C ist durch die Bedingung, daß für $t = 0$ das Volkseinkommen $Y_0 = 100$ ist, festgelegt:

$$100 = C \cdot \left(\frac{10}{9}\right)^0 = C$$

Also gilt:

$$Y_t^h = 100 \cdot \left(\frac{10}{9}\right)^t = 100 \cdot (1{,}111)^t$$

(in der Klammer erscheint wiederum die Wachstumsrate von 11,1%).

Werden für t verschiedene Größen eingesetzt, kann folgende Wertetabelle gebildet werden:

t	Y_t^h
0	100
1	111,1
2	123,4
3	137,2
4	152,5
5	169,1
6	188,3
7	209,2
8	232,5
9	258,4
10	287,1
...	...

Die Graphik zeigt folgenden (kontinuierlich gezeichneten) Wachstumspfad:

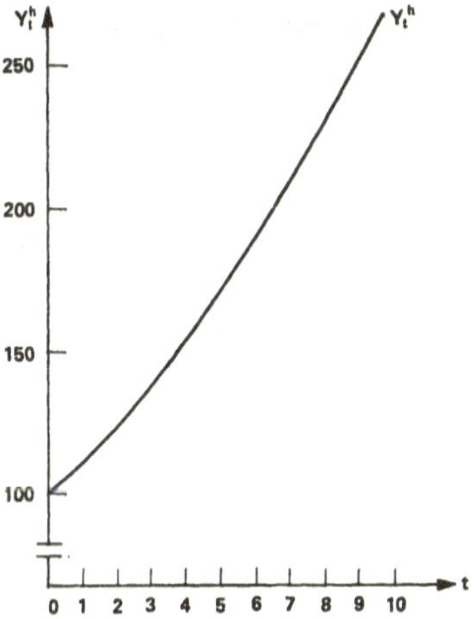

Teil c: Im 1. Fall werden neben den akzelerationsinduzierten Investierungen noch modell-exogen vorgegebene (‚autonome') Investitionen,

$$I_t^a = 15\,,$$

eingeführt, die in jeder Periode in gleicher Höhe durchgeführt werden. Aus der Einkommensgleichung

$$Y_t = C_t + I_t$$

$$Y_t = 0{,}8 \cdot Y_t + 2 \cdot (Y_t - Y_{t-1}) + 15$$

wird die inhomogene Differenzengleichung 1. Ordnung abgeleitet:

$$Y_t = \frac{10}{9} \cdot Y_{t-1} - \frac{25}{3}$$

Die allgemeine Lösung dieser inhomogenen Differenzengleichung, Y_t^1, erhält man, wenn zunächst ein partikuläres Integral der inhomogenen Gleichung (Y_t^p) gefunden und dieses dann zur allgemeinen Lösung der homogenen Gleichung,

$$Y_t^h = C \cdot \left(\frac{10}{9}\right)^t \quad \text{(s. Teil a)}$$

addiert wird:

$$Y_t^1 = Y_t^h + Y_t^p = C \cdot \left(\frac{10}{9}\right)^t + Y_t^p$$

Eine spezielle Lösung der inhomogenen Differenzengleichung kann durch den Ansatz einer konstanten Größe gewonnen werden, d. h.

$$Y_t^p = \text{const.}$$

bzw.

$$Y_t^p = Y_{t-1}^p$$

Wird diese Gleichheit in der Differenzengleichung beachtet, gilt:

$$Y_t^p = \frac{10}{9} \cdot Y_t^p - \frac{25}{3}$$

Daraus folgt:

$$Y_t^p = 75$$

und:

$$Y_t^1 = C \cdot \left(\frac{10}{9}\right)^t + 75$$

Die Integrationskonstante, C, ist wiederum durch die Anfangsbedingung, daß für $t = 0$ das Volkseinkommen $Y_0 = 100$ ist, determiniert:

$$100 = C \cdot \left(\frac{10}{9}\right)^0 + 75$$

$$C = 25$$

Die allgemeine Lösung der inhomogenen Differenzengleichung lautet daher:

$$Y_t^1 = 25 \cdot \left(\frac{10}{9}\right)^t + 75$$

Im 2. Modell ist ein Teil der Investierungen dem Volkseinkommen direkt porportional; ‚autonom', d. h. konstant, ist jetzt die Investionsrate (a = 0,15):

$$I_t^a = 0{,}15 \cdot Y_t$$

Durch Einsetzen der Konsum- und Investitionsfunktion in die Einkommensgleichung entsteht — wie in Teil b — eine homogene Differenzengleichung 1. Ordnung:

$$Y_t = C_t + I_t$$

$$Y_t = 0{,}8 \cdot Y_t + 2 \cdot (Y_t - Y_{t-1}) + 0{,}15 \cdot Y_t$$

$$Y_t = \left(\frac{40}{39}\right) \cdot Y_{t-1} = 1{,}026 \cdot Y_{t-1}$$

Die Lösung dieser Gleichung ist:

$$Y_t^2 = 100 \cdot \left(\frac{40}{39}\right)^t = 100 \cdot (1{,}026)^t$$

(die Wachstumsrate des Volkseinkommens in Höhe von 2,6% ist wiederum aus der Klammer ersichtlich).

Werden in die Wachstumsgleichungen in den Fällen 1 und 2 für t verschiedene Größen eingesetzt, ergeben sich folgende Wertetabelle und Graphik (in der Zeichnung ist die Lösung von Teil b, Y_t^h, zum Vergleich noch einmal eingetragen worden):

t	Fall 1 Y_t^1	Fall 2 Y_t^2
0	100	100
1	102,6	102,6
2	105,6	105,2
3	109,2	107,9
4	113,1	110,7
5	117,3	113,5
6	122,1	116,4
7	127,3	119,4
8	133,1	122,5
9	139,6	125,6
10	146,8	128,8
...	...	...

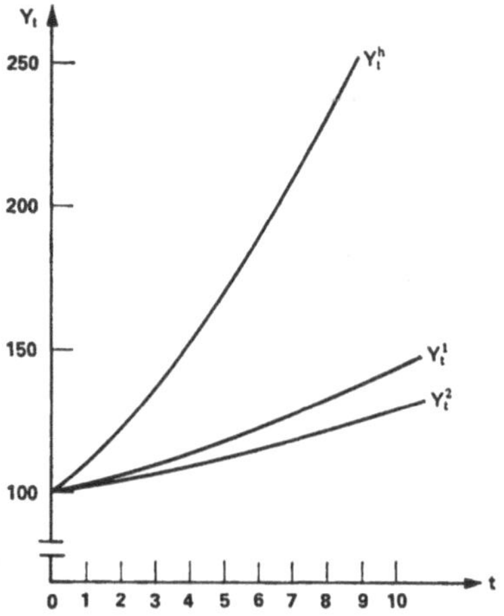

Es ist ersichtlich, daß, wenn neben den akzelerationsinduzierten Investierungen noch ‚autonome' Investitionen berücksichtigt werden, der Wachstumspfad des Volkseinkommens flacher wird und damit die Wachstumsrate sinkt. Dieser negative Einfluß der ‚autonomen'

Investierungen auf den Wachstumspfad kann dadurch erklärt werden, daß diese Investitionen einen Teil der gesamten Ersparnisse absorbieren, so daß die für die akzelerationsinduzierten Investierungen zur Verfügung stehende Quote des Sparens vermindert wird und damit die Wachstumsrate des Sozialprodukts abnimmt.

Im Modell des Teiles b (Y_t^h) und im 2. Fall des Teiles c (Y_t^2) ist die Zuwachsrate des Volkseinkommens konstant (11,1% bzw. 2,6%). Dagegen steigt die Wachstumsrate im 1. Fall des Teiles c (Y_t^1) ständig an; in der Ausgangsperiode hat die Rate ebenfalls die Höhe von 2,6%; sie nähert sich dann mit fortschreitender Zeit asymptotisch der Rate von 11,1%.

Aufgabe 54

In der Graphik wird zunächst die Sparfunktion als Gerade mit der Steigung s = 0,5 eingetragen.

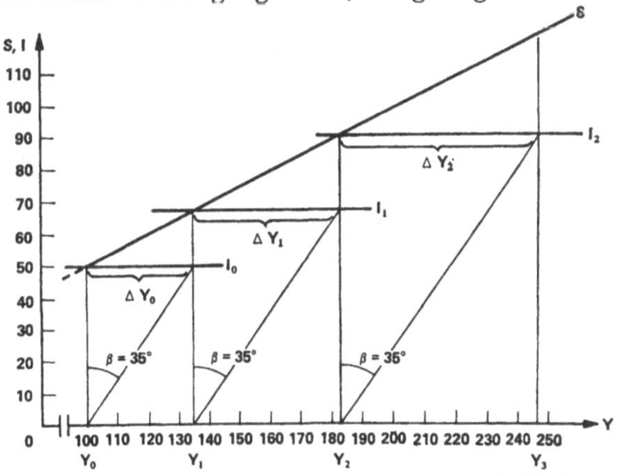

Beim Ausgangseinkommen $Y_0 = 100$ sind die geplanten Ersparnisse in Höhe von $S_0 = 50$ gleich den geplanten Investierungen:

$$S_0 = I_0 = 50$$

Diese Investitionen werden als Parallele zur Abszissenachse eingezeichnet; sie erhöhen den Kapitalstock und — da die Kapitalproduktivität o = 0,7 ist — das Volkseinkommen um das 0,7fache:

$$\Delta Y_0 = 0{,}7 \cdot 50 = 35$$

In der Zeichnung wird dieser ‚Kapazitätseffekt‘ als Fahrstrahl vom Abszissenpunkt $Y_0 = 100$ aus mit dem Winkel $\beta = 35$ Grad dargestellt, denn es gilt:

$$\text{tg}\,\beta = \frac{\Delta Y}{I} = o = 0{,}7$$

$$\beta = 35 \text{ Grad}$$

Der Schnittpunkt des Fahrstrahls mit der Investitions-Linie ergibt das Volkseinkommen

$$Y_1 = Y_0 + \Delta Y_0 = 135$$

Bei diesem Einkommen werden Ersparnisse in Höhe von

$$S_1 = 0{,}5 \cdot 135 = 67{,}5$$

geplant, die den geplanten Investierungen entsprechen:

$$I_1 = S_1 = 67{,}5$$

Diese Investierungen haben wieder einen Kapazitätseffekt, der durch die konstante Kapitalproduktivität bzw. durch den Winkel β gemessen wird:

$$\Delta Y_1 = o \cdot I_1 = \text{tg}\,\beta \cdot I_1 = 0{,}7 \cdot 67{,}5 = 47{,}25$$

Der Schnittpunkt des Fahrstrahls von $Y_1 = 135$ aus mit der Linie $I_1 = 67{,}5$ bestimmt das Einkommen Y_2:

$$Y_2 = Y_1 + \Delta Y_1 = 182{,}25$$

Über das Gleichgewicht von Investieren und Sparen und über den Kapazitätseffekt der Investierungen wird analog das nächste Einkommen

$$Y_3 = Y_2 + \Delta Y_2 = 246{,}125$$

ermittelt usw.

Die Graphik zeigt, daß ein exponentielles Wachstum des Volkseinkommens vorliegt.

Aufgabe 55

Aus der Gleichgewichtsbedingung I = S folgt:

$$-10 + 0{,}3 \cdot Y = 3 \cdot \Delta Y$$

$$g_Y = \frac{\Delta Y}{Y} = 0{,}1 - \frac{10}{3 \cdot Y}$$

Die Wachstumsrate des Volkseinkommens ist nicht konstant; mit steigendem Volkseinkommen wird die Zuwachsrate (die auch als Verhältnis von durchschnittlicher Sparquote zum Kapitalkoeffizienten interpretiert werden kann) größer, da die durchschnittliche Sparquote zunimmt (Bedingung ist, daß das Volkseinkommen größer als das ‚Basiseinkommen' — $Y_0 = 33{,}3$ bei $S = 0$ — sein muß). In der Literatur wird von ‚unstabilem Wachstum' gesprochen.

Die Zuwachsrate der Investierungen entspricht wie im einfachen Domar-Modell (s. Aufgabe IV, 47) dem Verhältnis von marginaler Sparquote (s = 0,3) und Kapitalkoeffizient (v = 3) und ist daher konstant:

$$g_I = \frac{\Delta I}{I} = \frac{s}{v} = 0{,}1$$

Bei einer vergleichenden Gegenüberstellung von g_Y und g_I in einem g, t-Diagramm zeigt sich, daß die konstante Rate g_I als Parallele zur t-Achse, die veränderliche Rate g_Y als steigende Funktion, die sich asymptotisch der konstanten Rate g_I nähert, dargestellt werden kann:

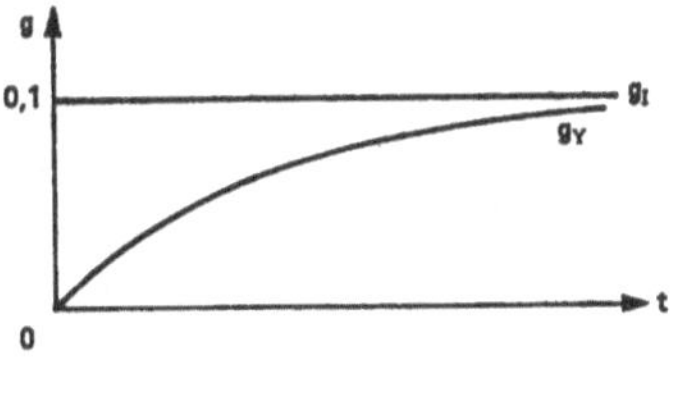

Aufgabe 56

Da der Arbeitskoeffizient konstant sein soll, gilt:

$$a = \frac{A}{Y} = \frac{\Delta A}{\Delta Y}$$

und:

$$\Delta A = a \cdot \Delta Y$$

Die Produktionsfaktoren Kapital und Arbeit sollen mit der gleichen Rate wachsen:

$$\frac{\Delta K}{K} = \frac{\Delta A}{A}$$

$$\Delta K = \Delta A \cdot \frac{K}{A} = \Delta A \cdot \frac{v}{a} = I$$

Wird für ΔA die obige Gleichung eingesetzt, ergibt sich:

$$I = a \cdot \Delta Y \cdot \frac{v}{a} = v \cdot \Delta Y$$

Über die Gleichgewichtsbedingung $I = S$ folgt:

$$I = v \cdot \Delta Y = S = s \cdot Y$$

und:

$$g_Y = \frac{\Delta Y}{Y} = \frac{s}{v}$$

Die logische Folgerung, daß bei limitationalem Verhältnis der Produktionsfaktoren (da $K/A = v/a =$ const.) die Wachstumsrate des Volkseinkommens nach Einbeziehung des Produktionsfaktors Arbeit in das Wachstumsmodell vom Harrod-Domar-Typ sich nicht ändern wird, wird also durch die obige Rechnung bestätigt.

Aufgabe 57

Teil a: Im Wachstumsmodell vom Harrod-Domar-Typ sind die Investierungen über den Kapitalkoeffizienten mit der Einkommensänderung verbunden:

$$I = v \cdot \Delta Y = 5 \cdot \Delta Y$$

Aus der Gleichung:

$$I + G = S + T - Tr\,,$$

die in einer Volkswirtschaft mit staatlicher Aktivität gilt (s. z. B. Aufgabe IV, 24), wird durch Einsetzen der einzelnen Größen die Wachstumsrate des Volkseinkommens ermittelt:

$$5 \cdot \Delta Y + 0{,}15 \cdot Y = 0{,}25 \cdot Y + 0{,}2 \cdot Y - 0{,}05 \cdot Y$$

$$g_Y = \frac{\Delta Y}{Y} = \frac{0{,}25 + 0{,}2 - 0{,}05 - 0{,}15}{5} = 0{,}05$$

Das Volkseinkommen wächst mit einer Rate von 5%.

Da die Steuerquote (0,2) gleich der Summe aus Staatsausgabenquote (0,15) und Quote der Transferzahlungen (0,05) ist, ist der Staatshaushalt ausgeglichen.

Teil b: In dem Modell einer offenen Volkswirtschaft sind die Exporte einkommensbildend, die Importe dagegen einkommensbeanspruchend; die Identitätsgleichung wird erweitert:

$$I + X + G = S + T - Tr + M$$

Nach Einsetzen der einzelnen Größen erhält man die Wachstumsrate des Volkseinkommens:

$$5 \cdot \Delta Y + 0{,}145 \cdot Y + 0{,}15 \cdot Y = 0{,}25 \cdot Y + 0{,}2 \cdot Y - 0{,}05 \cdot Y + 0{,}12 \cdot Y$$

$$g_Y = \frac{\Delta Y}{Y} = \frac{0{,}25 + 0{,}2 + 0{,}12 - 0{,}15 - 0{,}145 - 0{,}05}{5}$$

$$g_Y = \frac{\Delta Y}{Y} = \frac{0{,}225}{5} = 0{,}045$$

Die Wachstumsrate des Volkseinkommens ist im Vergleich zum Fall a auf 4,5% gesunken, da der Exportüberschuß (x — m = 0,025) einen Teil des inländischen Sparens absorbiert und daher die Zuwachsrate des Sozialprodukts verringert.

Aufgabe 58

Teil a: Wird der Mehrwert von den Kapitalisten in voller Höhe verbraucht, so ergibt sich ein stationärer Wirtschaftsablauf (Marx: ‚Reproduktion auf einfacher Stufenleiter'), da keine Kapitalakkumulation stattfindet. In diesem Falle ist der Wert des bei der Produktion von Konsumgütern verwendeten ‚konstanten' Kapitals (c_2) gleich dem in der Produktionsmittelindustrie verdienten Einkommen der Arbeiter (v_1) und Kapitalisten (m_1):

$$c_2 = v_1 + m_1 = 100$$

Im Vier-Sektoren-Kreislaufschema werden die gegebenen Größen als monetäre Ströme eingezeichnet:

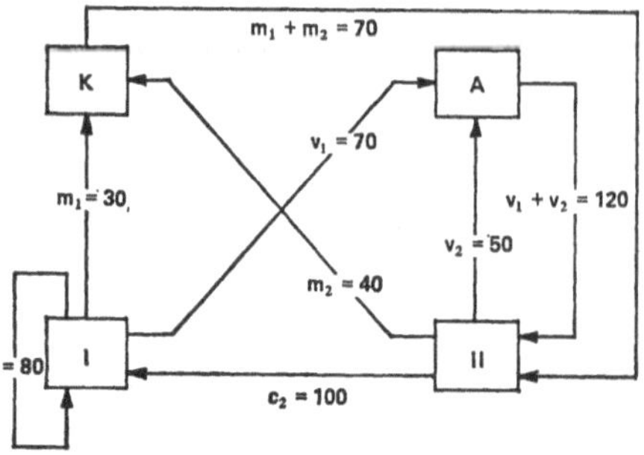

Die obige, für den stationären Wirtschaftsprozeß gültige Beziehung

$$c_2 = v_1 + m_1 = 100$$

kann aus dem Kreislaufschema ermittelt werden, wenn beachtet wird, daß der Kreislauf geschlossen sein muß, d. h. daß die Summe der Eingänge für jeden Sektor gleich der Summe der Ausgänge sein muß.

Teil b: Werden 30% des Mehrwertes zur Kapitalbildung verwendet, so ist der zusätzliche Sektor ‚Vermögen' (V) zu bilden. Der Teil des Mehrwertes, der investiert wird,

$$m^c = 21 \qquad (30\% \text{ von } m = 70)$$

ist als Strom in den Sektor V zu zeichnen. Der Rest des Mehrwertes

$$m^v = m - m^c = 49$$

wird wiederum konsumtiv verwendet und fließt in den Sektor II.

Die Netto-Investierungen sollen zu $\frac{2}{3}$ im Kapitalgütersektor

$$I_1 = \frac{2}{3} \cdot m^c = 14$$

und zu $\frac{1}{3}$ im Konsumgütersektor durchgeführt werden:

$$I_2 = \frac{1}{3} \cdot m^c = 7$$

Das Kreislaufschema zeigt folgendes Bild:

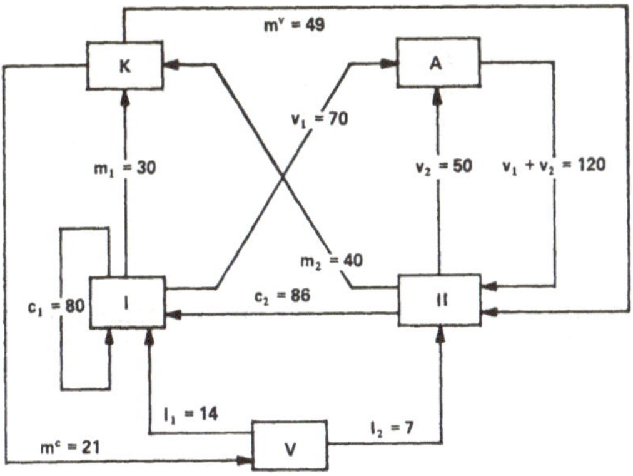

Der Unterschied zum stationären Ablauf besteht darin, daß der Wert der Käufe an Produktionsmitteln des Sektors II vom Sektor I (c_2) jetzt kleiner ist als die Summe aller im Sektor I verdienten Einkommen ($v_1 + m_1$):

$$c_2 = 86 < v_1 + m_1 = 100$$

Die Differenz entspricht den Netto-Investierungen in der Abteilung I:

$$v_1 + m_1 - c_2 = I_1 = 14$$

Diese Gleichung zeigt, daß der Wirtschaftsprozeß evolutionär ist (Marx: ‚Reproduktion auf erweiterter Stufenleiter'), da der Bestand an ‚konstantem' Kapital vergrößert wird. Soll der Wachstumsprozeß dargestellt werden, müßten die Kreislaufgrößen der folgenden Perioden berechnet werden. Neben der Verteilung der Netto-Investitionen auf den Kapital- und Konsumgütersektor müßten Annahmen über den zusätzlichen Einsatz an Arbeitsleistungen, der infolge der Kapitalakkumulation in den beiden Abteilungen notwendig wäre, und den zusätzlichen Mehrwert, der auf Grund der Netto-Investierungen entsteht, getroffen werden.

Marx hat in seinen Modellen verschiedene Zahlenbeispiele berechnet, jedoch wird in seinem System die Nachfrageseite nicht berücksichtigt, d. h. es fehlen Angaben darüber, wer die ständig erhöhte Produktion aufnimmt.

Aufgabe 59

Teil a: Im 1. Fall werden 10% des Kapitals im Investitions-, 90% des Kapitals im Konsumgütersektor verwendet. Daher gilt:

$$K^{I}_{t-1} = 0{,}1 \cdot K_{t-1}$$

$$K^{c}_{t-1} = 0{,}9 \cdot K_{t-1}$$

Aus den Definitionsgleichungen der Kapitalproduktivitäten folgt dann:

$$I_t^1 = 0{,}2 \cdot K_{t-1}^I = 0{,}02 \cdot K_{t-1}$$

$$C_t^1 = 0{,}5 \cdot K_{t-1}^c = 0{,}45 \cdot K_{t-1}$$

Diese Gleichungen werden in die Einkommensgleichung eingesetzt:

$$Y_t^1 = C_t^1 + I_t^1 = 0{,}47 \cdot K_{t-1}$$

Die Wachstumsrate des Volkseinkommens ist definiert als:

$$g_Y^1 = \frac{Y_t^1 - Y_{t-1}^1}{Y_{t-1}^1}$$

Unter Beachtung der obigen Beziehung kann geschrieben werden:

$$g_Y^1 = \frac{0{,}47 \cdot (K_{t-1} - K_{t-2})}{0{,}47 \cdot K_{t-2}} = \frac{I_{t-1}}{K_{t-2}} = \frac{0{,}02 \cdot K_{t-2}}{K_{t-2}} = 0{,}02$$

Die Wachstumsrate des Volkseinkommens ist also konstant und beträgt 2%.

Analog wird die Zuwachsrate des Sozialprodukts im 2. Fall bestimmt:

$$g_Y^2 = 0{,}06 = 6\%$$

Es ist ersichtlich, daß bei einem größeren Allokationsparameter des Investitionsgütersektors die Wachstumsrate des Volkseinkommens höher ist.

Teil b: Da der Kapitalbestand im Fall 1 mit der Rate

$$g_K = \lambda_I \cdot o_I = 0{,}02$$

wachsen soll, kann folgende Wachstumsgleichung für den Kapitalstock gebildet werden:

$$K_t = K_0 \, (1 + \lambda_I \cdot o_I)^t = 400 \cdot (1{,}02)^t$$

Wird diese Beziehung in der Gleichung

$$Y_t^1 = 0{,}47 \cdot K_{t-1}$$

(s. Teil a) berücksichtigt, so ergibt sich als Wachstumspfad des Volkseinkommens:

$$Y_t^1 = 188 \cdot (1{.}02)^{t-1}$$

Wie im Teil a bereits abgeleitet wurde, wächst das Volkseinkommen mit der Rate von 2%.

Analog wird im 2. Fall der Wachstumspfad berechnet:

$$Y_t^2 = 164 \cdot (1{,}06)^{t-1}$$

Zur graphischen Darstellung wird zunächst eine Wertetabelle gebildet:

t	Y_t^1	Y_t^2
1	188	164
2	191,8	173,8
3	195,6	184,2
4	199,5	195,3
5	203,5	207
6	207,6	219,4
7	211,7	232,6
8	216	246,6
9	220,3	261,3
10	224,7	277
...	...	...

Die Graphik zeigt folgendes Bild (s. nächste Seite).

Wenn langfristig ein möglichst hohes Wachstum angestrebt wird, ist — wie aus der Graphik erkennbar — der Wachstumspfad Y_t^2 vorzuziehen, der sich einstellt, wenn 30% (statt 10%) des Kapitals in der Investitionsgüterindustrie eingesetzt werden. Zwar ist das Volkseinkommen zunächst bei einer stärkeren Berücksichtigung des Konsumgütersektors größer, von einer bestimmten Periode an übersteigt aber der Pfad Y_t^2 den Pfad Y_t^1. Diese Periode (t^+) kann folgendermaßen berechnet werden:

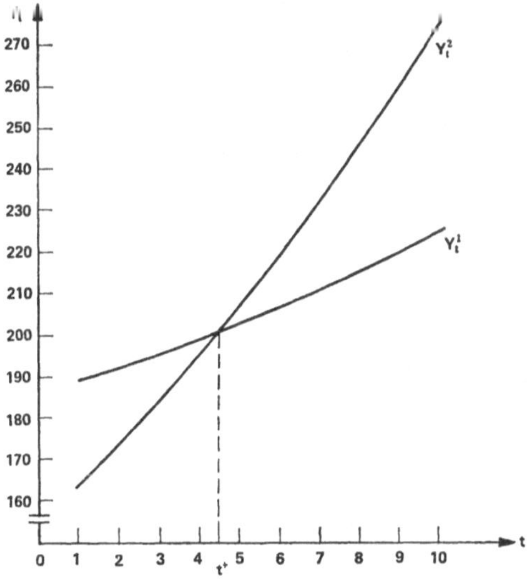

Zur Feststellung des Schnittpunktes der beiden Kurven werden die Exponentialfunktionen gleichgesetzt:

$$Y_t^1 = Y_t^2$$

$$188 \cdot (1{,}02)^{t^+-1} = 164 \cdot (1{,}06)^{t^+-1}$$

Daraus kann durch Logarithmieren die Periode t^+ ermittelt werden:

$$\log 188 + (t^+ - 1) \cdot \log 1{,}02 = \log 164 + (t^+ - 1) \cdot \log 1{,}06$$

$$t^+ \cdot (\log 1{,}06 - \log 1{,}02) = \log 188 - \log 1{,}02 - \log 164 + \log 1{,}06$$

$$t^+ = \frac{0{,}0761}{0{,}0017} = 4{,}5$$

Die Graphik zeigt ebenfalls, daß die beiden Wachstumspfade sich bei $t^+ = 4{,}5$ schneiden.

Aufgabe 60

Teil a: In dem neoklassischen Wachstumsmodell sind folgende Prämissen gegeben:

1. Das Modell gilt für eine geschlossene Volkswirtschaft ohne staatliche Aktivität.

2. Es herrschen vollkommene Marktverhältnisse auf dem jeweiligen Faktor- bzw. Gütermarkt.

3. Die Wachstumsraten der Produktionsfaktoren und des ‚neutralen' technischen Fortschritts sind modell-exogen vorgegeben.

4. Die Grenzproduktivitätstheorie, nach der die Produktionsfaktoren nach der Höhe ihres Grenzprodukts entlohnt werden, hat Gültigkeit.

5. Die Produktionsfaktoren sind substituierbar, so daß Veränderungen im Faktorpreisverhältnis zur Substitution führen; die variable Faktorintensität bewirkt Anpassungsprozesse.

6. Die durch die Ausstattung mit Produktionsmitteln bestimmte Produktionskapazität wird stets voll ausgenutzt.

7. Die in einer Periode abgenutzten sachlichen Produktionsmittel werden laufend ersetzt; veraltete Produktionsmittel können jederzeit ohne Kosten in solche umgewandelt werden, die dem derzeitigen Stand der Technik entsprechen.

8. Es wird ein Gut hergestellt, das alternativ zu Konsum- oder Investitionszwecken verwendet werden kann.

9. Die geplante ist gleich der realisierten Sparrate.

Teil b: Ein Wachstum des Sozialprodukts (ΔY) kann erreicht werden, wenn die Einsatzmengen der Produktionsfaktoren Arbeit bzw. Kapital erhöht werden

(ΔY_A bzw. ΔY_K) oder wenn bei unveränderten Einsatzmengen der technische Fortschritt wirkt ($\Delta Y'$ als Restkomponente):

$$\Delta Y = \Delta Y_A + \Delta Y_K + \Delta Y'$$

Es gilt:

$$\Delta Y_A = GP_A \cdot \Delta A = \frac{\partial Y}{\partial A} \cdot \Delta A = w \cdot \Delta A$$

bzw.

$$\Delta Y_K = GP_K \cdot \Delta K = \frac{\partial Y}{\partial K} \cdot \Delta K = i \cdot \Delta K$$

(Prämisse ist, daß die Grenzproduktivitäten der Faktoren den Faktorpreisen Lohn, w, und Zins, i, entsprechen).

Eingesetzt ergibt sich:

$$\Delta Y = w \cdot \Delta A + i \cdot \Delta K + \Delta Y'$$

Wird diese Gleichung durch Y dividiert, erhält man eine Formel für die Wachstumsrate des Sozialprodukts (g_Y):

$$g_Y = \frac{\Delta Y}{Y} = w \cdot \frac{A}{Y} \cdot \frac{\Delta A}{A} + i \cdot \frac{K}{Y} \cdot \frac{\Delta K}{K} + \frac{\Delta Y'}{Y}$$

Die Produkte aus Preis (= Grenzproduktivität) eines Faktors und Faktorkoeffizient (A/Y bzw. K/Y) können auch als Produktionselastizitäten (m bzw. n) geschrieben werden, die den Anteilen der beiden Produktionsfaktoren am Sozialprodukt gleich sind ($m = W/Y$ = Lohnquote; $n = P/Y$ = Profitquote; $W = w \cdot A$ = Lohnsumme; $P = i \cdot K$ = Profit); der dem technischen Fortschritt zugerechnete Zuwachs des Sozialprodukts wird mit z bezeichnet:

$$g_Y = m \cdot g_A + n \cdot g_K + z$$

Für die konstante Wachstumsrate des Kapitalstocks, g_K, kann geschrieben werden:

$$g_K = \frac{\Delta K}{K} = \frac{I}{K} = \frac{S}{K} = \frac{s \cdot Y}{K}$$

(I = Investition; S = Ersparnisse; s = Sparquote). Daraus folgt, daß bei konstanter Sparquote g_K nur dann unverändert bleibt, wenn das Verhältnis Y/K nicht variiert, d. h. wenn das Volkseinkommen und der Kapitalstock mit der gleichen Rate wachsen:

$$g_Y = g_K$$

Wird diese Beziehung oben berücksichtigt, so lautet die Formel für die Wachstumsrate des Sozialprodukts:

$$g_Y = \frac{m \cdot g_A + z}{1 - n} = g_A + \frac{z}{m} \quad (\text{da } m + n = 1)$$

Diese Gleichung drückt aus, daß allein die Zuwachsraten des Produktionsfaktors Arbeit und des technischen Fortschritts sowie die Produktionselastizitäten der Faktoren das Wachstum des Sozialprodukts determinieren. Die Sparrate hat langfristig keinen Einfluß.

Soll in dem gegebenen Beispiel die Wachstumsrate des Sozialprodukts ermittelt werden, so braucht die Sparquote $s = 0{,}1$ nicht berücksichtigt zu werden. Werden die Größen für die Zuwachsraten des Faktors Arbeit ($g_A = 0{,}02$) und des technischen Fortschritts ($z = 0{,}015$) sowie die Produktionselastizität des Faktors Arbeit ($m = 0{,}75$) eingesetzt, so ergibt sich eine Wachstumsrate des Volkseinkommens von 4%:

$$g_Y = 0{,}02 + \frac{0{,}015}{0{,}75} = 0{,}04$$

Teil c: Die in Teil b abgeleitete Wachstumsrate des Sozialprodukts ist stabil, da bei einer Abweichung — infolge einer Veränderung der Sparquote — eine Rückkehr zur ‚gleichgewichtigen' Rate gegeben ist.

Steigt z. B. die Sparquote (von s auf s'), so ist die Wachstumsrate des Kapitalstocks (g_K) größer als die Wachstumsrate des Sozialprodukts (g_Y):

$$g_K = s' \cdot \frac{Y}{K} > g_Y$$

Der Kapitalstock würde schneller wachsen als das Sozialprodukt; die Kapitalproduktivität (Y/K) würde sinken; bei der festen Sparrate s′ würde aber dann die Wachstumsrate g_K wieder fallen, bis das Niveau der Wachstumsrate g_Y erreicht ist.

Analog würde bei kleinerer Sparquote die Kapitalproduktivität so lange steigen, bis die Wachstumsraten g_K und g_Y sich wieder angepaßt haben.

Aufgabe 61

Wird in die Wachstumsgleichung des Faktors Kapital,

$$\frac{dK}{dt} = s \cdot Y_t ,$$

die Cobb-Douglas-Funktion eingesetzt, so ergibt sich:

$$\frac{dK}{dt} = s \cdot K_t^n \cdot A_t^m .$$

Die Kapitalintensität ist definiert als:

$$r_t = \frac{K_t}{A_t}$$

Daher kann für den Kapitalstock geschrieben werden:

$$K_t = r_t \cdot A_t = r_t \cdot A_0 \cdot e^{g_A \cdot t}$$

Diese Gleichung wird nach t differenziert (Anwendung der Produktregel):

$$\frac{dK}{dt} = \frac{dr}{dt} \cdot A_0 \cdot e^{g_A \cdot t} + r_t \cdot g_A \cdot A_0 \cdot e^{g_A \cdot t}$$

$$\frac{dK}{dt} = \frac{dr}{dt} \cdot A_t + g_A \cdot r_t \cdot A_t$$

Werden beide Gleichungen für die Veränderung des Kapitalstocks gleichgesetzt, so folgt:

$$\frac{dr}{dt} \cdot A_t + g_A \cdot r_t \cdot A_t = s \cdot K_t^n \cdot A_t^m = s \cdot \frac{K_t^n}{A_t^n} \cdot A^{m+n}$$

$$= s \cdot r_t^n \cdot A_t$$

$$\frac{dr}{dt} = s \cdot r_t^n - g_A \cdot r_t$$

Diese Gleichung zeigt, daß die Veränderung der Kapitalintensität von zwei Einflüssen abhängt: sie wird positiv durch das Wachstum des Kapitalstocks, d. h. die Sparrate, negativ durch das Wachstum des Faktors Arbeit beeinflußt.

Der ‚Gleichgewichtswert' der Kapitalintensität (r^+) ist nach Solow dann gegeben, wenn die Produktionsfaktoren Arbeit und Kapital mit der gleichen Rate wachsen, d. h. wenn:

$$\frac{dr}{dt} = 0$$

bzw.

$$s \cdot (r_t^+)^n = g_A \cdot r_t^+$$

$$\frac{s}{g_A} = \frac{r_t^+}{(r_t^+)^n} = (r_t^+)^m$$

Der Gleichgewichtswert der Kapitalintensität ist daher:

$$r_t^+ = \left(\frac{s}{g_A}\right)^{1/m}$$

Werden die gegebenen Größen für die Sparrate, die Zuwachsrate des Faktors Arbeit und die Produktionselastizität des Faktors Arbeit eingesetzt, so gilt:

$$r_t^+ = \left(\frac{0{,}1}{0{,}08}\right)^{4/3} = 1{,}35$$

Die graphische Lösung kann gefunden werden, wenn in einem Diagramm auf der Ordinatenachse die Veränderung der Kapitalintensität (dr/dt), auf der Abszissenachse die Höhe der Kapitalintensität (r_t) abgetragen und die beiden Kurven ($s \cdot r_t^n$) und ($g_A \cdot r_t$) eingezeichnet werden:

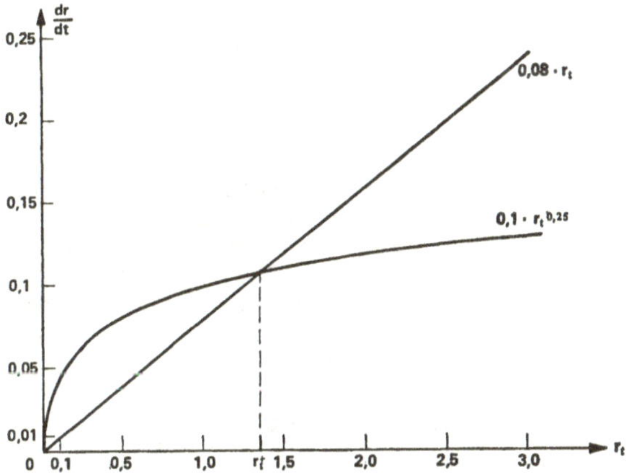

Der Schnittpunkt der beiden Kurven, für den gilt:

$$s \cdot r_t^n = g_A \cdot r_t$$

$$0{,}1 \cdot r_t^{0{,}25} = 0{,}08 \cdot r_t$$

bestimmt den Gleichgewichtswert der Kapitalintensität:

$$r_t^+ = 1{,}35$$

Ist dieser Gleichgewichtswert gegeben, wachsen die Produktionsfaktoren und damit auch das Sozialprodukt (da die Produktionsfunktion linear-homogen ist, d. h. $m + n = 1$) mit der gleichen Rate. Der Gleichgewichtswert der Kapitalintensität ist stabil, d. h. bei $r_t \gtrless r_t^+$ besteht eine Tendenz zur Rückkehr zur Größe r_t^+: Wäre z. B. $r_t > r_t^+$, so gilt auch $g_A \cdot r_t > s \cdot r_t^n$; der Faktor Arbeit würde stärker als der Faktor Kapital wachsen; die Folge wäre eine fallende Kapitalintensität, bis der Gleichgewichtswert r_t^+ erreicht ist.

Analog würde zu argumentieren sein, wenn $r_t < r_t^+$.

Aufgabe 62

Ausgangspunkt ist die makroökonomische Produktionsfunktion:

$$Y = f(A, K, T)$$

(Y = Sozialprodukt; A = Einsatzfaktor Arbeit; K = Einsatzfaktor Kapital; T = Technischer Fortschritt).

1. Nach Hicks ist der technische Fortschritt neutral, wenn bei konstanter Kapitalintensität (r = K/A) das Verhältnis der Grenzproduktivitäten der Produktionsfaktoren Arbeit und Kapital, die den Faktorpreisen Lohn (w) und Zins (i) entsprechen (bzw. die Grenzrate der Substitution), unverändert bleibt (s. Aufgabe III, 11):

$$\frac{GP_A}{GP_K} = \frac{w}{i} = \frac{dK}{dA} = \text{konstant}$$

Die Arbeits- und Kapitalproduktivität steigen, d. h. der technische Fortschritt wirkt sowohl ‚labor-' als auch ‚capital-augmenting'; die Isoquanten verschieben sich zum Ursprung bzw. die Produktionsfunktion wird nach oben verlagert.

Der technische Fortschritt ist arbeitssparend (kapitalsparend), wenn die Kapitalintensität steigt (fällt) bzw. wenn die Grenzproduktivität des Kapitals stärker (schwächer) zunimmt als die Grenzproduktivität der Arbeit, so daß das Verhältnis der Grenzproduktivitäten von Arbeit und Kapital (bzw. die umgekehrte Grenzrate der Substitution) sinkt (steigt):

$$\text{arbeitssparend: } \frac{GP_A}{GP_K} = \frac{dK}{dA} \text{ sinkt}$$

$$\text{kapitalsparend: } \frac{GP_A}{GP_K} = \frac{dK}{dA} \text{ steigt}$$

Die Isoquanten verlagern sich in beiden Fällen in Richtung Ursprung; beim arbeitssparenden (kapitalsparenden) technischen Fortschritt werden die Isoquanten gleichzeitig zur Kapital-Achse (Arbeits-Achse) gedreht.

2. Nach Harrod/Robinson ist der technische Fortschritt neutral, wenn bei konstantem Zins ($i = GP_K$) der Kapitalkoeffizient nicht variiert:

$$v = \frac{K}{Y} = \text{konstant}$$

Die Isoquanten werden gegen den Ursprung verschoben und gleichzeitig zur Kapital-Achse hin gedreht. Der technische Fortschritt erfaßt nur den Produktionsfaktor Arbeit (Erhöhung der Effizienz des Faktors Arbeit). Die Harrod-Neutralität entspricht daher dem arbeitssparenden technischen Fortschritt bei Hicks.

Der technische Fortschritt ist arbeitssparend (kapitalsparend), wenn bei konstantem Zins der Kapitalkoeffizient größer (kleiner) wird.

Die Neutralitäts-Kriterien von Hicks und Harrod/Robinson stimmen nur überein, wenn die Produktionsfunktion vom Cobb-Douglas-Typ ist, d. h. wenn die Substitutionselastizität

$$e_S = -1$$

ist. Für die Cobb-Douglas-Funktion

$$Y = A^m \cdot K^n \cdot F^t$$

(m und n sind die Produktionselastizitäten; F^t drückt den technischen Fortschritt aus) gilt:

$$m = \frac{dY}{dK} \cdot \frac{K}{Y} = GP_K \cdot v = i \cdot v$$

und:

$$\frac{n}{m} = \frac{GP_A}{GP_K} \cdot \frac{A}{K}$$

Es ist ersichtlich, daß beim neutralen technischen Fortschritt sowohl das Hicks-Kriterium (Konstanz von GP_A/GP_K und A/K) als auch das Harrod/Robinson-Kriterium (Konstanz von i und v) erfüllt ist, denn m bzw. n/m sind konstante Größen.

Aufgabe 63

Teil a: Zwischen ‚dis-embodied' und ‚embodied' technischem Fortschritt wird in der Wachstumstheorie differenziert, wenn die unterschiedliche Wirkung des technischen Fortschritts auf die qualitative Zusammensetzung der Produktionsfaktoren untersucht wird.

1. ‚Dis-embodied' ist der faktor-ungebundene technische Fortschritt; d. h. eine Erfindung ist direkt im Produktionsprozeß einsatzfähig, ohne daß die Faktorqualitäten geändert werden. Die implizierte Homogenität der Produktionsfaktoren Arbeit und Kapital bleibt bestehen; die Einsatzmengen der Faktoren ändern sich nicht (keine zusätzliche Kapitalbildung, keine zusätzliche Erhöhung des Arbeitseinsatzes). Es wird eine gleichbleibende technische Qualität (‚malleability') der Produktionsmittel vorausgesetzt, da die Faktoren ‚beliebig verformbar' sind.

Der technische Fortschritt wird als ‚im Unternehmer verkörpert' angesehen (Veränderung des ‚know-how'), z. B. Verbesserung der Organisation oder des Arbeitsklimas, Typisierung oder Standardisierung der Produktion, Anwendung moderner Methoden der Leistungs- und Fehlerkontrolle, Erreichung optimaler Betriebsgrößenverhältnisse.

2. Der ‚embodied' oder faktor-gebundene technische Fortschritt ist dann gegeben, wenn die Qualität der Produktionsfaktoren sich ändert, indem die Neuerung in den neuen Kapitalgütern bzw. in den neu eingesetzten Arbeitskräften verkörpert ist (auf die bereits existierenden Kapitalgüter bzw. eingestellten Ar-

beiten hat der technische Fortschritt keinen Einfluß)
Es wird unterschieden:

a) Kapitalgebundener technischer Fortschritt: Der Fortschritt kommt in den ergiebigeren Kapitalgütern zum Ausdruck; nur die zuletzt eingesetzten Kapitalgüter verkörpern den augenblicklichen Stand des technischen Wissens. Der Kapitalbestand ist daher nicht mehr homogen; das jeweilige Baujahr (,vintage') der Produktionsanlagen ist zu beachten, denn die Anlagen jüngeren Datums besitzen eine höhere Effizienz.

Dieser ,vintage-Ansatz' geht davon aus, daß die neuen Kapitalgüter teils in den Re-, teils in den Netto-Investierungen enthalten sind und daß daher die Brutto-Investierungen zu berücksichtigen sind. Für jedes Baujahr (v) wird in der Periode t eine partielle Produktionsfunktion aufgestellt (z ist die Rate des kapital-gebundenen technischen Fortschritts):

$$Y_v(t) = f[z(t), A_v(t), K_v(t)]$$

Das gesamte Sozialprodukt in der Periode t, das mit den Anlagen der verschiedenen Kapitaljahrgänge erstellt wird, ist dann:

$$Y(t) = \int_{v=-\infty}^{t} Y_v(t) \cdot dv$$

In den vintage-Modellen werden hinsichtlich der Substitutionsmöglichkeiten der Produktionsfaktoren drei Ansätze unterschieden: die Substitutionsmöglichkeiten der Produktionsfaktoren, die vor Erstellung der Anlagen (ex-ante) möglich waren, bestehen nach der Inbetriebnahme (ex-post) weiter (,putty-putty-Modell'); die Substitutionsmöglichkeiten werden von vornherein (ex-ante) und auch nachher (ex-post) ausgeschlossen, weil eine Produktionsfunktion vom Leontief-Typ vorliegt (,clay-clay-Modell'); es bestehen vorher Substitutionsmöglichkeiten (ex-ante), aber nicht nachher (ex-post), so daß die Annahme der ,malleability' des Faktors Kapital aufgegeben wird (,putty-clay-Modell').

b) Arbeits-gebundener technischer Fortschritt: Eine bessere Qualität des Produktionsfaktors Arbeit wird durch Investierungen im ,human capital' (Erziehung, Ausbildung usw.) erreicht; diese Investierungen sind damit ,primärer Wachstumsfaktor', da sie ,inventions' als potentiellen technischen Fortschritt induzieren.

Die zuletzt aus dem Ausbildungsprozeß hervortretenden Arbeitskräfte verkörpern den letzten Stand des technischen Wissens. Es kann auch ein ,vintage-Ansatz' gewählt werden (s. Bildungsökonomie), wobei zu beachten ist, daß die Arbeiter nach ihrer Einstellung weiterhin ihre Qualität verbessern können (,learning-by-doing').

Teil b: Der induzierte technische Fortschritt wird modell-endogen erklärt (im Gegensatz zum autonomen technischen Fortschritt, der modell-exogen determiniert ist). Es wird eine bestimmte Kausalitätsbeziehung postuliert: Investierungen im Realkapital oder im ,human capital' (Ausgaben für Bildung, Forschung, Erziehung) bewirken den technischen Fortschritt.

Beim ,embodied technical progress' (s. Teil a) wird die Kausalitätsbeziehung umgekehrt: der technische Fortschritt induziert Investitionen, d. h. die Unternehmer investieren, weil technisch verbesserte Produktionsverfahren zur Verfügung stehen.

Kolibri 360 GmbH
Ferdinand-Jühlke-Straße 7
99095 Erfurt, Deutschland
produktsicherheit@kolibri360.de

Der
Prozeß Biethen
in Elberfeld.

Von

Ernst Barre.

Berlin,
Druck und Verlag von Georg Reimer.
1893.

Im Band 68 Heft 5 der Preußischen Jahrbücher ist eine Darstellung des Falles Ziethen in Elberfeld auf Grund der Akten enthalten, bei welcher ich mich auch gegen die früheren Behandlungen des Falles durch Herrn Paul Lindau wenden mußte. Meine Angriffe gegen seine früheren Bearbeitungen haben Herrn Lindan veranlaßt, den Fall Ziethen wiederum zum Gegenstande einer Publikation*) zu machen, in deren Einleitung er selbst erklärt, daß er seine früheren Aufsätze als durch den neusten beseitigt angesehen wissen will. Gern erkenne ich die neue Arbeit des Herrn Lindau im Gegensatz zu seinen früheren als eine ernsthafte an und bestreite Herrn Lindau durchaus nicht das Recht, den Fall zu diskutiren. Wenn aber auch ich im Interesse der Sache selbst mich jeder Polemik enthalten will, so zwingen mich doch gewisse Einseitigkeiten der Lindau'schen Behandlung, gewisse thatsächliche Unrichtigkeiten, welche nur auf Grund des riesigen Akten-Materials widerlegt werden können, den Fall nochmals zum Gegenstand einer eingehenden Besprechung zu machen. Ich werde zunächst den Fall selbst darstellen und mich dann mit der Lindau'schen Darstellung beschäftigen müssen und sie zu widerlegen suchen.

Albert Ziethen hatte sich im Jahre 1871 mit Marie Hertel verheirathet. Aus der Ehe waren sechs Kinder ent-

*) Der Mörder der Frau Ziethen. Von Paul Lindau. Breslau, Schles. Buchdruckerei u. Verl.-Anst. Schöttländer 1892.

sprossen, von denen jedoch zwei früh verstarben. Bede Gatten waren mittellos, als sie die Ehe eingingen, haben es indeß im Bereich der Jahre zu etwas gebracht; aber während sie äußerlich vorwärts kamen, herrschte im Hause unter ihnen beständig Zank und Streit. Die Schuld trug der Mann, der von allen Zeugen als ein roher, jähzorniger Mensch geschildert wird. Er mißhandelte seine geduldige und kränkliche Frau im höchsten Grade. So hat er sie im October 1882 ohne weiteren Grund in Gegenwart einer Zeugin mit den rohsten Schimpfworten belegt, sie mit der linken Hand in den Nacken, mit der rechten Hand an die Kehle gefaßt, so daß sie im Gesicht blau wurde, und ihre Zunge zum Munde heraushing, er hat sie ein anderesmal in der Küche mit Füßen getreten, ist mehrfach mit dem Messer auf sie eingedrungen, hat ihr einmal mit dem Messer in die Hand und einmal in den Kopf gestochen und bei den Mißhandlungen unter Drohungen oft geäußert, er werde sich noch an ihr unglücklich machen. Mehrere Personen, welche Zeugen der Mißhandlungen waren, mieden in Folge derselben sein Haus, und die Mitbewohner erzählen, daß sie in den letzten drei Jahren die Ehefrau Ziethen fast nur mit blau und schwarz geschlagenem Gesichte gesehen hätten.

Die Frau ergab sich geduldig in ihr Schicksal und hatte auch für die vielen Liebschaften ihres Mannes volle Nachsicht. Die Dienstmädchen im Hause wurden alle von ihm behelligt. Mit einer derselben Emma Alberts unterhielt er ein dauerndes Verhältniß. Dieselbe will zuerst von ihm im Hause vergewaltigt sein; nachher hat sie das Verhältniß freiwillig fortgesetzt. Ziethen ist mit ihr eine Zeit lang in Neuenahr gewesen, wo er sie für seine Frau ausgab, und hat mit ihr eine Reise nach Paris gemacht. Sie hatte von Ziethen ein Kind, welches nach vier Monaten starb, und erwartete zur Zeit des Todschlags wieder ihre Niederkunft. Sie war von ihm in Cöln eingemiethet und außer der Miethe zahlte ihr

Ziethen wöchentlich gegen 10 Mark. Auf ihre Bitte hatte ihr Ziethen einen Trauring geschenkt, weil sie sich schämte, in ihrem Zustande mit ihm auszugehen. Er besuchte sie an jedem Donnerstag in Cöln; seine Briefe an die Alberts sind angefüllt mit Liebesbetheuerungen. Zu ihrem Geburtstage schrieb er ihr am 11. März 1883: „Dann wünsche ich Dir, meine einzig geliebte, treue Emma, daß wir bald auch ewig könnten zusammen sein. Erst dann werde ich glücklich sein auf dieser Welt; eher habe ich keine Freuden. Nun wir wollen das Beste hoffen." Auch mündlich hat er ihr für den Fall, daß seine schwächliche Frau bald sterben sollte, die Ehe versprochen, und als ihre Stiefmutter ihm Vorhaltungen wegen dieses sträflichen Verhältnisses machte, erwiderte er derselben, er lebe schon zehn Jahre in unglücklicher Ehe mit seiner kranken und schwächlichen Frau, und wenn dieselbe stürbe, würde er die Alberts heirathen.

Einmal hat Ziethen seiner Frau in Gegenwart der Alberts, — wie diese behauptet, vor Beginn ihres Liebesverhältnisses, — den Vorschlag gemacht, sich scheiden zu lassen; er hat ihr dreiviertel des Vermögens geboten, und Jeder der Ehegatten sollte eins der damals geborenen Kinder zu sich nehmen. Frau Ziethen ging nicht auf den Vorschlag ein, wahrscheinlich mit Rücksicht auf die Kinder, vielleicht auch weil ihre Confession — sie war katholisch, Ziethen protestantisch — die Scheidung nicht gestattet.

Auch sonst trat Frau Ziethen vermittelnd ein, wo ihr roher Mann Gewaltthätigkeiten begangen hatte. Ein Hausgenosse Frenzel hatte dem Ziethen am 1. Mai die Miethe bezahlt und war bei dieser Gelegenheit in einen leichten Wortwechsel mit ihm gerathen. Als Frenzel sich darauf auf sein Zimmer begeben hatte und mit Packen beschäftigt über seinen Koffer gebeugt war, schlich Ziethen ihm nach und versetzte ihm mit einem Schlüssel von hinten einen Schlag auf die Stirn, so daß Frenzel ein tiefes Loch davon trug und betäubt wurde.

Frenzel schickte zum Arzt, diesem lauerte Ziethen auf und schickte ihn mit dem Vorgeben nach Hause zurück, daß seine Anwesenheit nicht mehr nothwendig sei. Später hat ein anderer herbeigerufener Arzt dem Frenzel die Wunden vernäht. Frenzel strengte eine Klage gegen Ziethen an, zog sie aber auf inständiges Flehen der Frau Ziethen gegen Bezahlung einer Summe Geldes zurück.

Neben seinem Barbiergeschäft betrieb Ziethen eine Wirthschaft niedrigster Sorte. Zuhälter mit ihren Dirnen verkehrten viel dort, und diese anrüchige Gesellschaft bediente die armselige und durch ihr häusliches Mißgeschick gedrückte Frau stets anständig und bescheiden. Niemals ist etwas Unehrenhaftes an ihr bemerkt.

Am Donnerstag den 25. October 1883 war Ziethen wie gewöhnlich nach Cöln gefahren. Der Zug, mit welchem er nach Elberfeld zurückgekehrt ist, kam um 11 Uhr 5 Minuten an. Nach der amtlichen Auskunft der Eisenbahnbehörde können drei Minuten vergangen sein, bis das Aussteigen der Passagiere bewerkstelligt war. Ziethen ist also spätestens 11 Uhr 8 Minuten vom Elberfelder Bahnhof fortgegangen. Die Entfernung zwischen dem Elberfelder Bahnhof Döppersberg und der Ziethen'schen Wohnung beträgt nach gewöhnlicher Gangart 7½ bis 8 Minuten. Mit demselben Zuge kam der dem Ziethen wohlbekannte Wirth Kremer auf der Station Elberfeld an. Er ging sofort in den Wartesaal und wurde auf dem Wege dorthin von Ziethen angerannt. Ziethen kam vom Fahrsteig her an dem Zeugen vorbei. Er rannte im vollsten Trabe vom Bahnhof in die Stadt und war den Blicken des ihm nachfolgenden Kremer bald an der zum Bahnhof führenden Brücke entschwunden. Dem Kremer fiel seine Hast auf, und er bezeichnete den Ziethen bei dieser Begegnung wie einen Rasenden.

Genau um ½12 Uhr begegnete Ziethen von seiner Wohnung kommend nicht fern von derselben dem Nachtwächter

Bergmann. Er rief den Wächter an und theilte ihm mit, daß er eben von Cöln komme, daß er die Hausthür verschlossen gefunden, dieselbe aufgeschlossen habe und dann im Dunkeln über seine in der Wirthsstube liegende, im Blute schwimmende Frau gefallen sei, ohne daß er vorher das geringste Auffällige wahrgenommen habe. Er glaube, die Frau sei erschlagen und werde nicht mehr lange leben. Ziethen befand sich, als er dieses sagte, wie dem Wächter schien, in wehmüthiger Stimmung. Er war auf dem Wege zu einem Arzt, kehrte von dem ersten (Dr. Dahmann) eilend zurück, weil dieser abwesend war, und wurde von dem Wächter zu einem anderen (Dr. Berger) geschickt, welcher auf seinen Wunsch herbeikam. Ziethen war ohne Ueberzieher, und dem Wächter fiel auf, daß er den linken Arm vor die Brust hielt, als wenn er etwas verbergen wollte.

Beim Austritt aus seiner Wohnung hatte Ziethen den Handelsmann Klees und Frau Heinrich angetroffen. Diese beiden waren um 11 Uhr 15 Minuten am Rathaus vorbeigekommen und hatten bemerkt, daß die Rathausuhr genau 11 Uhr 15 Minuten zeigte. Sie kamen am Ziethen'schen Hause vorbei und hörten in demselben Jemanden laut wimmern, dann vernahmen sie die ihnen bekannte Stimme des Ziethen: „Allmächtiger Gott, wer mag wohl meine Frau erschlagen haben? Wer hat Dir was gethan?" Sie nahmen nach Verlauf von 2—3 Minuten durch das über der Eingangsthür befindliche Fenster wahr, wie Jemand auf dem Vorflur das Gas anmachte, und sahen, wie beim Anzünden die Gasflammen deutlich emporschlugen. Vorher war es dunkel: ob es vorher auch im Wirthszimmer dunkel gewesen war, vermochten sie wegen der heruntergelassenen Rolläden nicht zu erkennen. Fast in demselben Augenblick, als das Gas angezündet wurde, kam Ziethen aus dem Hause heraus. Er theilte ihnen mit, daß seine Frau erschlagen sei, und eilte zum Arzt.

Die Entfernung vom Rathhaus bis zu der Ziethen'schen

Wohnung beträgt bei gewöhnlicher Gangart auf dem von den Beiden eingeschlagenen Wege 5½ Minute. Die Zeugen sind also frühestens 11 Uhr 20½ Minuten am Ziethen'schen Hause angelangt, wahrscheinlich etwas später, da zwei Personen, welche ohne besonderen Zweck zur Nachtzeit zusammengehen, im Gespräch langsamer zu gehen pflegen als bei officiellen Messungen, bei denen nur die Zeit und die Entfernung berücksichtigt wird.

Der Zeuge Kremer, der Ziethen hatte vom Bahnhof kommen sehen, war noch etwa eine halbe Stunde in einer Wirthschaft geblieben, und als er aus derselben heraustrat, wurde ihm von einem Wächter mitgetheilt, daß Frau Ziethen erschlagen sei. Nach dem Eindruck, welchen Ziethen am Bahnhof auf den Zeugen gemacht hat, schwebte ihm die Antwort auf der Zunge: „Das ist Ziethen gewesen".

In die wenig gedeihliche Atmosphäre des Ziethen'schen Hauses war der jetzt fünfzehnjährige August Wilhelm als Barbierlehrling eingetreten und seit beinahe drei Jahren dort beschäftigt. Er war ein leichtsinniger Bursche, vor welchem die Schnapsflasche nicht sicher war, hatte auch trotz seiner Jugend ein Liebesverhältniß mit einem benachbarten Fabrikmädchen angeknüpft, welches aber durchaus platonischen Charakters war. Er wurde von seinem Lehrherrn vielfach geprügelt und lebte in sklavischer Furcht vor demselben. Gegen Frau Ziethen benahm er sich anständig und wurde von ihr abgesehen von einer wohlverdienten Ohrfeige gut behandelt.

Wilhelm hat an diesem Nachmittag wie gewöhnlich die Abwesenheit seines Lehrherrn benutzt und der Schnapsflasche etwas zugesprochen. Gegen 5 Uhr kam er zu dem gerade im Hause beschäftigten Anstreicher Röll und hat diesem aus einer Flasche Pfeffermünz eingeschenkt, dabei selbst etwa einen halben Schoppen getrunken. Er war gegen 6 Uhr angetrunken und Frau Ziethen machte ihm Vorwürfe darüber, er saß aber nachher ruhig mit Frau Ziethen zusammen. Gegen ½11 Uhr ist Wilhelm bei dem benachbarten Wirth Faßbender gewesen und hat sich dort nach seiner Geliebten Kesting erkundigt, sie indeß nicht angetroffen. Die Eheleute Faßbender bemerkten, daß er rothere Backen hatte als gewöhnlich, ohne daß er ihnen indeß wegen Angetrunkenheit auffiel. Frau Faßbender bemerkte nur zu ihrem Ehemann: „Wie sieht der aus?" Nach etwa 10 Minuten kehrte Wilhelm nach Hause zurück, und dann hat sich der 14 Jahre alte Lehrling Volberg zu Bett begeben. Als derselbe die Wirthstube verließ, war es nach der im Wirthzimmer hängenden Uhr 10¾ Uhr. Frau Ziethen blieb mit Wilhelm allein unten. Volberg hatte noch nach seiner Gewohnheit der in demselben Hause auf dem ersten Stock wohnenden Frau Stöck Gute Nacht gesagt und sich dann auf sein im 3ten Stock befindliches Schlafzimmer begeben. Gleich darauf, also etwa 11 Uhr, ist Wilhelm heraufgekommen, und Volberg hat ihm auf sein Klopfen die von ihm verschlossene Thür ihres gemeinschaftlichen Schlafzimmers geöffnet. Wilhelm legte sich zu Volberg in's Bett und sagte ihm auf seine Frage, Ziethen sei noch nicht zurück, und Frau Ziethen wolle sich auch zu Bette legen. Volberg ist gleich darauf eingeschlafen.

Die Wittwe Stöck saß an jenem Abend arbeitend an ihrer Nähmaschine. Nachdem Volberg sie Gute Nacht sagend verlassen hatte, hörte sie etwa 15—20 Minuten lang ein Wimmern und Stöhnen; sie glaubte, es komme von einem kranken Kinde in der Nachbarschaft und hat bei ihrer Arbeit wenig Werth darauf gelegt. Dann hörte sie, wie Ziethen die Treppe heraufging, an der Thür seiner Magd laut rief: „Herr Jesus, was ist denn meiner Frau passirt" und sie aufforderte, schnell herunter zu kommen. Hierdurch veranlaßt, weckte Frau Stöck ihren Vater und eilte mit demselben herunter. Sie waren also nach Ziethen die ersten Personen, welche am Ort der That anlangten. In Uebereinstimmung mit ihrem bei ihr wohnenden Vater Frenzel und der Dienstmagd Tasche gab sie nach der in der Wirthsstube hängenden Uhr als den Zeitpunkt ihres Herunterkommens auf $^{1}/_{2}12$ an.

Frau Ziehten lag völlig angekleidet auf dem Erdboden im Wirthszimmer; sie blutete erheblich am Kopf; ihr Gehirnschädel schien eingeschlagen und um sie her lag eine große Blutlache. Sie hatte die Kniee etwas in die Höhe gezogen, das Kleid hatte sich bis an die Kniee in die Höhe geschoben, so daß ihre untern Beine sichtbar waren, und Frenzel das Kleid herunterzog. Ihre Zöpfe hatten sich gelöst und lagen am Boden, aus ihrer Geldtasche waren einige Münzen auf den Erdboden gerollt, und die Geldtasche selbst war ihr abgerissen.

Frenzel nahm die am Boden liegende in den Arm, während Ziethen die Frau nicht anrührte und um sie herumlief. Er rief wiederholt: „August, komm mal herunter", hatte den Hut auf dem Kopf, keinen Ueberzieher an, lief von einem Zimmer in's andre und geberdete sich wie ein Verrückter. Frenzel forderte ihn wiederholt, wie er angiebt, wenigstens fünfmal, auf, einen Arzt herbeizurufen, ohne daß Ziethen dieser Aufforderung folgte. Schließlich bat Frenzel, er möge seine Frau doch selbst halten, dann werde er den Arzt rufen. Ziethen erwiderte: „wir wollen sie auf einen Stuhl setzen." Und als Frenzel hierauf antwortete, sie sei zu schwach dazu, und seine Aufforderung, die Frau zu halten, damit er selbst den Arzt rufe, wiederholte, erklärte Ziethen, er wolle selbst gehen, und verließ in der That das Haus.

Inzwischen war auch die Dienstmagd Tasche heruntergekommen und wurde von Ziethen wieder heraufgeschickt, um Wilhelm herunter zu holen. Auch sie bestätigte, daß Ziethen wohl gerufen habe: „Mariechen wer hat dir etwas gethan"? daß er aber seine Frau mit keinem Finger angerührt habe.

Die Polizeibeamten kamen auch hinzu und es wurden an diesem Abend und am folgenden Morgen die ersten Feststellungen über die Art der Ausführung der That gemacht.

Es mußte ein stumpfes Instrument gewesen sein, mit welchem der Schlag beigebracht war, und als der Lehrling Volberg nach dem Hammer gefragt wurde, holte er denselben von seinem gewöhnlichen Platz im Schubfach des im Vorflur befindlichen Tisches. Der Hammer war an seinen Eisen- und Holztheilen noch mit frischen Blutspuren versehen, und befanden sich an seiner stumpfen Seite noch Haare, welche offenbar von den Augenbrauen der Frau Ziethen herrührten. Er hatte auf Papier gelegen, und dasselbe zeigte einen der Größe des Hammers entsprechenden feuchten, grauen Fleck. Auch waren auf dem Papier noch sonst Flecken vorhanden, welche von mit Wasser verdünntem Blut herzurühren schienen. Der Hammer mußte also nach der That abgewaschen sein. Die Vermuthung, daß der oder die Thäter sich und den Hammer an der auf dem Hofe befindlichen Pumpe gereinigt hatten, bestätigte sich. Denn die im Nebenhause wohnende Frau Dahlmann hörte an jenem Abend nach 11 Uhr in einem Zwischenraume von 3—4 Minuten die vom Ziethenschen Hause nach jenem Hof führende Thür zweimal gehen; es wurde zweimal heftig gepumpt, vor oder nach dem Pumpen vernahm sie eine dumpfe Stimme und nach dem zweiten Pumpen hörte sie Ziethen mehreremale August rufen; er stand bei dieser Gelegenheit auf der untersten Treppe. Die Zeitangaben dieser Zeugin sind leider sehr unbestimmt, weil ihre Uhr still stand.

Das Abspülen an der Pumpe hatte indeß nicht ausgereicht, den Hammer vom Blut völlig zu reinigen. Der Thäter hatte deshalb den Stiel desselben mit einem Messer abgeschabt. Mit Blut getränkte Holztheilchen des Hammers lagen in der Nähe des Tisches auf dem Vorflur umher.

An dem im Haarschneide-Cabinett befindlichen Handtuch hatte der Thäter sich gereinigt, denn an demselben waren deutliche Blutspuren ersichtlich.

Das Ziethensche Haus liegt in der Bachstraße. Zu

ebener Erde befindet sich nach der Straße hin ein Vorflur, zu welchem die Hausthür hereinführt. Rechts von dem Vorflur ist die Wirthsstube; hinter dem Vorflur das Haarschneide-Cabinett. Dasselbe ist von dem Vorflur durch eine Glaswand getrennt, so daß man bei geöffneter Thür des Wirthszimmers von der Barbierstube aus sehen kann, was im Wirthszimmer vor sich geht. Hinter dem Haarschneide-Cabinett liegt die Küche, hinter derselben noch ein andrer Raum, durch welchen man in den Hof gelangt. In diesem Hof steht die Pumpe, an welcher sich der Mörder nach der That die Hände gereinigt hat, im Vorflur in einer Ecke der Tisch, in dessen Schublade der zur That gebrauchte Hammer gefunden ist.

Neben dem Ziethenschen Hause führt von der Bachstraße eine Gasse, von derselben gelangt man durch eine Hinterthür in die Küche, und von dieser Hinterthür aus führt auch die Haustreppe in die höher gelegenen Stockwerke herauf. Vergleiche die folgende Ortsskizze (S. 13).

Es ist noch hervorzuheben, daß die Thür, welche vom Hinterraum zum Hof und der auf demselben befindlichen Pumpe führt, nach innen geöffnet und durch eine Feder zugeworfen wird. Die Thür macht beim Oeffnen kein Geräusch, schlägt aber mit großem Geräusch zu. Oben im dritten Stock, in welchem die Lehrlinge schlafen, wohnen auch die Eheleute Hüßmann. Die Thür ihrer Wohnung liegt 7—8 Schritte von der Treppe entfernt. Im zweiten Stock wohnt Frau Henkel, welche von ihrem Bette aus jedes Geräusch auf der Treppe deutlich vernehmen kann.

Trotz der wuchtigen Schläge und der Schädelzertrümmerung hatte Frau Ziethen sich noch einmal erholt, und als der Polizei-Wachtmeister Weinrich erschien, konnte er Fragen an sie richten. Er trat an die Frau heran und fragte, wer sie mißhandelt habe. Sie erwiderte: „der Anstreicher Roßbach“. Weinrich wartete etwa zwei Minuten und wiederholte dann seine Frage: „Frau Ziethen wer hat Sie mißhandelt Roßbach oder Ihr Mann? Sagen Sie mir die Wahrheit, Sie können bald sterben.“ Hierauf antwortete die Gefragte nicht, so daß er seine Frage noch einmal wiederholen mußte. Darauf erwiderte sie deutlich „Ziethen mein Mann“. Sie wiederholte diese Worte, nachdem die Frage in Unterbrechungen von 2—3 Minuten noch mehrfach an sie gestellt wurde.

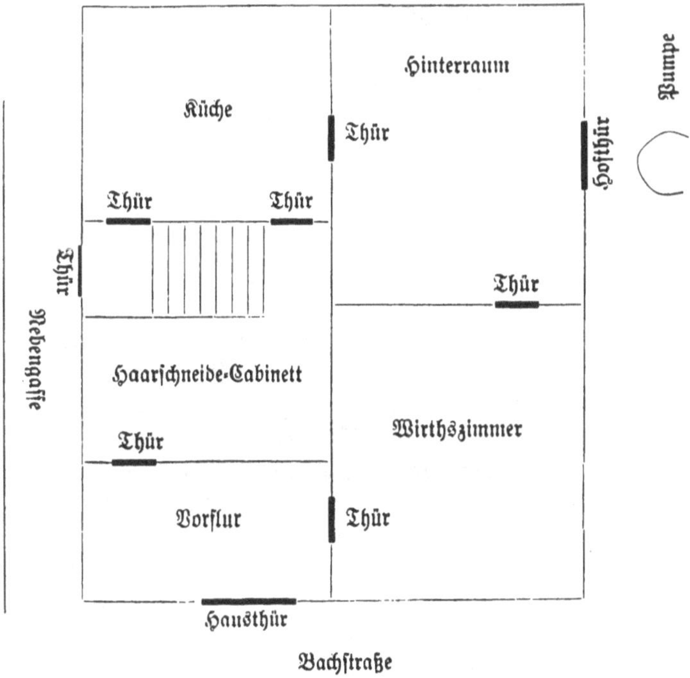

Diese erste Anzeige über den Vorfall änderte Weinrich bei seiner bald darauf erfolgenden eidlichen Vernehmung vor dem Untersuchungsrichter dahin ab, daß Frau Ziethen zuerst „den Anstreicher“, dann den Anstreicher Roßbach und auf seine dritte unter Hinweis auf ihren möglichen baldigen Tod in der einfachen fragenden Form: „Wer hat Sie geschlagen?" „„Ziethen mein Mann"" geantwortet habe. Erst auf diese Antwort will er die Doppelfrage an sie gestellt haben: „Wer hat es nun gethan Roßbach oder Ihr Mann?" und dann die ihren Mann bezichtigende Antwort erhalten haben.

Etwa gegen 12 Uhr traten die beiden Aerzte Dr. Berger und Hertmanni in der Ziethenschen Wohnung ein. Gleich nach ihnen Ziethen, welcher sie herbeigerufen und dann noch den Bruder seiner Frau aufgesucht hatte, um ihm die schreckliche Mittheilung zu machen. Auch in Gegenwart der Aerzte wiederholte Frau Ziethen die Beschuldigung gegen ihren Mann.

Der Polizei-Commissar Weinrich erklärte Ziethen auf Grund dieser Beschuldigung für verhaftet. Ziethen erwiderte Nichts. Der Lehrling Wilhelm aber sprang dazwischen und erklärte, er wisse es mit Bestimmtheit, daß sein Meister es nicht gewesen sei. Darauf wurde auch er von Weinrich für verhaftet erklärt.

Durch dieses Benehmen hat Wilhelm zum erstenmale den Verdacht der Mitthäterschaft auf sich gelenkt. Jetzt erinnerten sich auch die noch anwesenden Zeugen an sein auffallendes Benehmen, als er von der Dienstmagd Tasche gerufen herunterkam. Er war durch die Küche vom obern Stocke auf die da liegende Frau Ziethen zu gegangen, hatte gefragt, was denn hier los sei, und, indem er auf Frau Ziethen zeigte, wer denn die da sei; und als man ihm erwiderte: „das ist ja deine Frau", war er einen Augenblick an sie herangetreten, hatte dann aber das Zimmer gleich wieder auf dem Wege verlassen, welchen er gekommen war. Er machte den Eindruck, als wenn er aus dem Schlafe komme; sein Haar war ganz verwirrt.

Auf dem Wege zum Arresthause machte Wilhelm wiederholt den Versuch, sich Ziethen zu nähern und mit demselben zu sprechen, was indeß von den Begleitern verhindert wurde.

Im Arresthause wurden die beiden untersucht und ihnen, wie immer bei der Aufnahme von Gefangenen, die in ihren Taschen befindlichen Sachen abgenommen. Dem Aufseher Splitgerber schien es, als wenn Ziethen auf dem Rücken seiner Finger einige kleine Fleckchen hatte, welche von Blut herzurühren und über welche schon gewischt zu sein schien. Als er indeß auf der Wachtstube kurze Zeit unbemerkt war, benutzte Ziethen den günstigen Augenblick und wusch sich in einem dort stehenden Waschkübel die Hände. Nachher wurde Ziethen im Arresthause vom Dr. Berger auf Blutspuren untersucht, aber keine solchen an ihm entdeckt. Jedoch befand sich an einem seiner Stiefel ein Stückchen mit Blut gemischter Gehirnmasse. Dasselbe ist von Dr. Berger nicht näher untersucht, weil ihm schon nach dem bloßen Anblick seine Beschaffenheit fest stand. Der Arzt legte auch keinen weitern Werth auf diesen Umstand, weil er sich bei seiner Anwesenheit in der Ziethenschen Wohnung davon überzeugt hatte, daß Jedem, der sich in der Nähe der Frau Ziethen herumbewegte, sehr leicht solche Stückchen an die Stiefeln gerathen konnten.

Unter den Gegenständen, welche Ziethen bei seinem Eintritt in's Arrestlokal abgenommen wurden, befand sich auch sein Taschenmesser. Der Gefangenaufseher Splitgerber nahm es ihm ab und schon jetzt in der Nacht des Todschlags fiel ihm beim Betrachten des Messers auf, daß über die Länge des Messers gewischt zu sein schien, und als wenn dieses verwischte Blutspuren wären. Auch hat derselbe schon damals auf der Messerschneide ein kleines Theilchen bemerkt, welches ihm Holz zu sein schien. Er hat die dem Ziethen abgenommenen Sachen sofort in ein Spind verschlossen und am folgenden Morgen den Polizei-Commissar Gottschalk auf seine Wahrnehmungen aufmerksam gemacht und ihm das Messer übergeben. In der Zwischenzeit war im Ziethenschen Hause festgestellt, daß der Hammerstiel mit einem Messer abgeschabt war, und dadurch gewann das auf der Messerschneide befindliche Partikelchen eine ungeheure Bedeutung.

Als Ziethen im Arresthause einmal in die Nähe seines Messers gerieth, versuchte er sich desselben zu bemächtigen; er wurde aber daran durch das Dazwischentreten eines Polizeibeamten verhindert.

Die Blutspuren am Hammer und am Taschenmesser des Ziethen sowie die auf dem Boden gefundenen blutgetränkten Holztheilchen und das auf dem Messer befindliche Partikelchen wurden einer sorgfältigen chemischen und mikroskopischen Untersuchung unterworfen. Dieselbe hatte folgendes Ergebniß:

Am Hammerstiele, und zwar an den Theilen desselben, welche dem Eisen am nächsten waren, befand sich viel frisches Blut. Im Uebrigen mußte nach der Meinung der Sachverständigen der Hammer abgewaschen sein, ehe sich das Blut durch Gerinnen verdichtet hatte; denn es mußte auffallen, daß der Hammer gerade an seinen geschütztesten Stellen mit Blut bedeckt, und dasselbe hier in die Poren des Holzes eingedrungen war.

An den Holzspähnchen, welche in der Nähe des Tisches im Vorflur auf dem Boden gefunden waren, war gleichfalls viel Blut vorhanden. Diese Holzspähnchen hatten dieselbe Beschaffenheit wie das Holz des Hammerstiels und rührten zweifellos von diesem her.

An der Schneide des Ziethenschen Taschenmessers befand sich ein Partikelchen von Blutgerinsel und ebenso ein 1—1,3 Millimeter langes Partikelchen Holz, welches mit Blut befleckt war. Dieses Theilchen Holz hatte ganz dieselbe Beschaffenheit wie die am Boden gefundenen Holztheilchen. Es wurde aus dem Stiele des Hammers ein Stückchen Holz von gleicher Größe herausgeschnitten, und dasselbe zeigte unter dem Mikroskop ganz dieselbe Beschaffenheit wie das am Messer gefundene Holztheilchen, so daß die Sachverständigen kein Bedenken trugen, ihr Gutachten dahin abzugeben, daß das am Taschenmesser des Ziethen gefundene Holztheilchen von dem Stiele des Hammers herrühre.

Dieselben erklärten es für ausgeschlossen, daß die an der Klinge des Messers befindlichen Blutflecken und das Holztheilchen an das Messer in geschlossenem Zustande etwa dadurch gekommen sein könnten, daß eine blutbefleckte Hand das Messer in geschlossenem Zustande angefaßt habe.

An der Manschette des Ziethen entdeckten die Sachverständigen fünf kleine angespritzte Blutfleckchen, welche der Dr. Berger bei der nächtlichen Untersuchung im Arresthause nicht gesehen hat.

Während so die äußern Spuren den von Anfang an auf Ziethen ruhenden Verdacht zu bestätigen schienen, blieb die Ehefrau Ziethen auch bei ihren spätern Vernehmungen bei der nach kurzem Schwanken schon am Abend der That gegen ihren Mann erhobenen Beschuldigung.

Dem Untersuchungsrichter wurde gemeldet, daß sie vernehmungsfähig sei, und am 28. October erfolgte in Gegenwart des Kreisphysikus ihre eidliche Vernehmung.

Einige seitens des Kreisphysikus an sie gerichtete Fragen beantwortete sie klar und bei vollem Bewußtsein. Sie erkannte den Arzt sofort an der Stimme und nannte ihn mit Namen. Die an sie gerichteten Personalfragen beantwortete sie richtig, nachdem sie anfangs ihren Familiennamen Hertel verkehrt mit Dapper oder einem ähnlichen angegeben hatte. Sie nannte aber gleich den richtigen Namen, als ihr bemerkt wurde, sie müsse sich wohl im Namen geirrt haben, und erklärte, Zeugniß gegen ihren Mann ablegen zu wollen. Dann fand nachstehendes Verhör statt.

Frage. Wer hat Sie geschlagen?

Antwort. Mein Herr Gemahl.

Fr. Womit hat er Sie geschlagen?

A. Mit einem Stock.

Fr. Wohin hat er Sie geschlagen?

A. Auf den Rücken.

Fr. Hat er Sie vielleicht mit einem Hammer geschlagen?

A. Nein mit einem Stock.

Fr. Hat er Ihnen mehrere Schläge versetzt?

A. Nein ich glaube nur einen.

Fr. Sind Sie vielleicht nach dem ersten Schlage bewußtlos geworden?

A. Das weiß ich nicht; das kann ich nicht sagen.

Fr. Wo hat Ihr Mann Sie geschlagen?

A. In der Wirthsstube, Herr Richter.

Fr. War sonst noch Jemand bei Ihrem Mann?

A. Nein.

Fr. Hatten Sie vorher Streit mit ihm gehabt?

A. Nein.

Fr. Also schlug er Sie ganz unerwartet?

A. Ja er schlug mich ganz unerwartet und ohne Ursache in's Gesicht hinein. Ohne etwas zu erwarten, ging das ganz still ab.

Darauf wurde sie nach vorheriger Verwarnung vor dem Meineid vereidigt. Der bei der Vernehmung anwesende Kreisphysikus gab sein Gutachten dahin ab, daß sie ihre Aussage bei klarem Bewußtsein gemacht habe. Auf sein Verlangen war ihr nur diese beschränkte Anzahl von Fragen gestellt, um die Verletzte nicht zu sehr aufzuregen.

Während der Verhandlungen wurde ihr hin und wieder zur Stärkung ein Löffel Rothwein gereicht, und als einige Tropfen verschüttet wurden, äußerte sie, man möge sich in Acht nehmen, Rothweinflecken gingen nicht wieder aus.

Nach ihrer Vernehmung bat Frau Ziethen den Arzt, sie doch noch einmal zu besuchen. Eine kurze Weile, vielleicht eine Minute nach ihrer Vereidigung, begann sie leise zu singen. Diese Erscheinung erklärte der Arzt für eine Folge der Ermüdung und brachte sie mit der durch das Verhör und die an demselben Tage gespendeten Sterbesakramente hervorgerufenen Aufregung in Verbindung.

Auch den Caplan Flecken, welcher ihr die Sterbesakramente spendete, redete sie gleich mit seinem richtigen Namen an. Er war gleichfalls der Ansicht, daß sie bei völlig klarem Bewußtsein gewesen sei.

Mit ihrer Wärterin hat sie auch im Hospital gesprochen und in Gegenwart von zwei weitern Kranken die Frage, was Wilhelm gethan habe, dahin beantwortet: „der hat mir nichts gethan". Man fragte sie weiter, was er denn gesagt habe: „Was sollte er sagen". Und auf die Frage, wo Wilhelm denn gewesen sei, zeigte sie mit dem rechten Finger nach der Seite hin. Bei dieser Unterhaltung wurde Frau Ziethen von der Wärterin befragt, wie viele Kinder sie habe, und beantwortete sie diese Frage richtig, auch ihren Hausnamen gab sie derselben richtig an und als sie nicht gleich verstanden wurde, buchstabirte sie ihn mit H—e—r—t—e—l.

Wir lassen hier noch ein Protokoll über eine von dem Polizei-Commissar Kirchhoff am 27. October aufgenommene Vernehmung folgen, welche sich auch mit Wilhelm befaßt.

Die Verletzte wurde von dem Commissar auf ihrem Krankenzimmer im Bett liegend angetroffen. Sie lag mit geschlossenen Augen und öffnete dieselben auch auf die Anrede des Beamten nicht. Er gab sich als Polizei-Beamter zu erkennen und fragte Frau Ziethen, wollen Sie mir antworten?

A. Ja.

Fr. Hören Sie mich sprechen?

A. Ja.

Fr. Wer hat Sie geschlagen?

Die Antwort erfolgte erst nach längerer Pause, und nachdem der Beamte nochmals gesagt: „Frau Ziethen, Sie wollten mir sagen, wer Sie geschlagen hat. Dann sagte Frau Ziethen:

Das hat mein Herr Gemahl gethan.

Fr. Womit sind Sie geschlagen worden?

A. Ich glaube, mit einem Ochsenziemer.

Fr. Hatten Sie denn Streit mit Ihrem Mann?

A. O was.

Fr. Wo waren Sie, als Sie geschlagen wurden?

A. Vorn im Zimmer.

Fr. Woher kam Ihr Mann?

A. Ich glaube von hinten.

Fr. Wo war Ihr Mann denn gewesen?

A. Sie wollen auch Alles wissen.

Auf weitere Fragen erfolgte längere Zeit keine Antwort. Nach längerer Pause

Fr. Wo war der Gehülfe Wilhelm, als Sie geschlagen wurden?

A. Ich weiß es nicht.

Fr. War Wilhelm schon zu Bett?

A. Ich weiß es nicht.

Fr. Wo war der jüngste Gehülfe?

A. Das weiß ich nicht.

Fr. Womit hat Ihr Mann Sie denn geschlagen?

A. Wohl mit einem Schlüssel.

Auf weitere Fragen erfolgt wiederum keine Antwort. Nach längerer Pause

Fr. Hatten Sie Ihre Geldkassette auf den Tisch gestellt?

A. Nein.

Fr. Wo war denn die Kassette?

A. Die soll wohl im Schloß gestanden haben.

Fr. Wo waren denn die Gehülfen Ihres Mannes?

A. Das weiß ich nicht.

Fr. Womit hat Ihr Mann Sie geschlagen?

A. Mit einem Schlüssel.

Fr. Wann kam Ihr Mann nach Hause?

A. Um die Zeit.

Fr. Hatten Sie Streit mit Ihrem Mann, ehe Sie geschlagen wurden?

A. O was.

Fr. Wo war Ihr Mann gewesen?

A. Das weiß ich nicht.

Auf weitere Fragen wieder keine Antwort. Nach längerer Pause

Fr. War der Anstreicher Rocholl auch in Ihrem Hause?

A. Nein, der war nicht da.

Fr. Wo war Ihr Mann vorher?

A. Hinten im Zimmer; er kam nach vorn und guckte umher.

Fr. Sagte Ihr Mann etwas?

A. Nein, er sagte nichts.

Fr. War Wilhelm auch im Zimmer?

A. Ja, er war hinten.

Fr. Was machte er denn dort?

A. Er räumte auf.

Fr. Womit hat Ihr Mann geschlagen?

A. Mit einem Ochsenziemer.

Fr. Woher nahm er denselben?

A. Unter der Treppe.

Weitere Antworten erfolgen nicht. Die Verletzte begann gleich darauf zu singen. Der Polizei-Beamte verstand davon: „Was kann das Alles nützen? Was purzeln soll, das purzelt doch". Das Uebrige war nicht verständlich.

Da der Beamte von keinem Protokollführer begleitet war, so erfolgte die Niederschrift theilweise erst nachher.

Nicht unabsichtlich haben wir bei den verschiedenen Vernehmungen und Aeußerungen der Frau Ziethen über die That auch die Nebenumstände und Nebenäußerungen erwähnt, welche mit dem Verbrechen selbst in keinem Zusammenhang stehen. Denn die schwerste Belastung des Ehemannes ist und bleibt, abgesehen von einer Zeugenaussage, die Aussage seiner Frau. Und von durchschlagender Bedeutung für die ganze Untersuchung war die Frage, ob Frau Ziethen ihre

Angaben über den Thäter bei klarem Bewußtsein gemacht hatte oder nicht. Die beiden Aerzte Dr. Berger und Dr. Hertmanni, welche die Verletzte noch am Abend des 25. Oktober gesehen und ihre Antworten auf die Frage nach dem Thäter gehört haben, waren der Ansicht, daß sie damals nicht bei Bewußtsein gewesen sei, während der Kreisphysikus, sowie Dr. Peters, welcher sie im Hospital behandelte und mit welchem sie auch über die Thäterschaft ihres Mannes gesprochen hatte und die in der Hauptverhandlung vernommenen Sachverständigen Dr. Pagenstecher und Dr. Kinne auf Grund der Zeugenaussagen ihr Gutachten dahin abgaben, es bestehe kein Zweifel daran, daß sie die im Hospital und bei ihrer eidlichen Vernehmung daselbst an sie gerichteten Fragen mit klarem Bewußtsein beantwortet habe.

Wir werden im Laufe der Abhandlung auf diesen Umstand noch zurückkommen, heben aber schon hier hervor, daß das erste Herumtappen der Frau Ziethen nach anderen Namen, welches sich auch im Hospital bei einem Gespräch mit einer anderen Krankenpflegerin wiederholte, sowie der Umstand, daß sie das Instrument, mit welchem sie getroffen, nicht bezeichnen konnte, Bedenken gegen das klare Bewußtsein der Frau erwecken mußten. Die Personen, welche sie zunächst bezichtigte, wie der Anstreicher Roßbach, hatten zweifellos Nichts mit der That zu thun. Roßbach hatte früher im Ziethen'schen Hause gearbeitet und Frau Ziethen häufig gegen die Mißhandlungen ihres Mannes in Schutz genommen. Er war dann fortgeblieben, weil ihn die ehelichen Zustände anwiderten, und hatte das Haus selbst dann noch gemieden, als Frau Ziethen ihn durch seine Frau bitten ließ, er möge doch wieder bei ihnen arbeiten, wenn er im Hause sei, bekomme sie nicht so viele Schläge. Die Möglichkeit, daß sich in dem kranken Hirn die Wahnvorstellung festgesetzt hat, der sie stets mißhandelnde Mann habe auch diesen letzten Stoß ihr gegeben, wurde stets von der Vertheidigung hervorgehoben, und die Antwort, welche

Frau Ziethen im Hospital ihrer Schwester auf ihre Frage, wer sie mißhandelt habe, gegeben hat: „das weißt Du doch, der Albert wie immer“ kann von beiden Seiten als Bestätigung herangezogen werden. Dem Verfechter des klaren Bewußtseins ist der vertrauliche Ton der Schwester gegenüber ein entscheidendes Moment, da sie die Fragen der Fernerstehenden kurz mit „mein Mann“, „mein Herr Gemahl“ beantwortet, dem Gegner aber ist die Aeußerung ein schlagender Beweis, daß die unglückliche Frau diesen tödtlichen Streich nicht schwerer auffaßt als die Beschimpfungen und Mißhandlungen, an welche sie tagtäglich gewöhnt war.

Am 30. October starb Frau Ziethen an den Folgen der erlittenen Schädelzertrümmerung. Sie hat also wunderbarerweise noch fünf Tage nach der schweren Verletzung gelebt.

Während so der auf Grund des traurigen ehelichen Verhältnisses gegen den Ehemann Ziethen entstandene Verdacht reichliche Bestätigung fand, förderte die Untersuchung auch Umstände zu Tage, welche Wilhelm schwer belasteten.

Der für Wilhelm wichtigste Zeuge, der vierzehnjährige Lehrling Volberg, welcher mit ihm in einem Bette schlief, ist von Anfang der Untersuchung an bei seiner bestimmten Behauptung geblieben, daß Wilhelm kurz nach ihm von unten heraufgekommen sei, und er ihm die Schlafzimmerthür offen geschlossen habe. Volberg ist darauf eingeschlafen. Als er durch den Ruf der Dienstmagd Tasche: „August komm einmal, es ist etwas passirt“ nach seiner Uhr um Punkt $^1/_2$12 geweckt wurde, lag Wilhelm neben ihm im Bette. Die Lampe brannte. Wilhelm muß also entweder die Lampe brennen gelassen oder dieselbe wieder angesteckt haben, ehe Volberg wach wurde.

Dagegen hat die Ehefrau Henkel, welche seit längerer Zeit im zweiten Stockwerk des Ziethen'schen Hauses wohnt, sich an dem betreffenden Abend gegen 11 Uhr zu Bett gelegt. Ihr Bett stand an der Wand nach der Treppe, auf welcher man zu Wilhelm's Schlafzimmer heraufgeht, und konnte man vom Bette aus genau hören, was auf der Treppe vorgeht. Einige Zeit, nachdem sie sich zu Bett gelegt, — wie lange kann sie nicht angeben — hörte sie Wilhelm, den sie genau an seinem Gange zu kennen behauptet, auf den Strümpfen die Treppe herauf und auf sein Schlafzimmer zugehen. Dann vernahm sie deutlich, wie er an die Thür klopfte, sich dieselbe öffnete, und wie in Wilhelms Schlafzimmer ein Paar Stiefeln niedergesetzt wurden, und die Zeugin macht den berechtigten Schluß, daß Wilhelm sie niedergesetzt habe.

Wenige Augenblicke später — die Zeugin meint, Wilhelm habe sich in dieser Zeit vielleicht ausziehen und zu Bette legen können — hörte sie Ziethen schon an die Schlafzimmerthür seines Dienstmädchens klopfen.

Ebenso hat Frau Hüßmann, welche in dem Stockwerk wohnte, in welchem sich Wilhelms Schlafzimmer befand, deutlich gehört, wie sämmtliche Treppenstufen des Ziethen'schen Hauses von unten anfangend knarrten, und sich dieses Knarren bis zum dritten Stockwerk fortsetzte. Es war ihr unverkennbar, daß Jemand sich auf den Strümpfen die Treppe heraufschlich. Wenige Minuten nachher, — die Zeugin giebt an, es seien keine 5 Minuten verflossen — hörte sie die Magd an Wilhelms Schlafzimmer klopfen. Frau Hüßmann öffnete ihre Stubenthür und sah Wilhelm, nur mit Hose und Hemd bekleidet, aus seinem Zimmer stürzen.

Ob Wilhelm auf den Strümpfen heraufgekommen ist, weiß der schlaftrunkene Volberg nicht anzugeben. Er weiß nur bestimmt, daß er ihm nur einmal die Thür geöffnet hat, und daß dieses längere Zeit vorher gewesen ist, ehe die Magd sie weckte. Volberg pflegte sich einzuschließen und da nach Volbergs Aussage angenommen werden muß, daß Wilhelm sich von dem Schlafenden weggeschlichen hat, so muß er in alter Gewohnheit an die Thür geklopft haben, ehe er sie sich selbst öffnete.

Durch die Wahrnehmungen dieser Zeuginnen, welche auch durch die Untersuchung der Oertlichkeit bestätigt wurden, steht also fest, daß Wilhelm zur Zeit der That unten im Hause anwesend war. Er ist also entweder der Thäter oder der Gehülfe des Thäters gewesen, oder er hat dem Todtschlag als Zeuge beigewohnt.

Leider ist das Taschenmesser des Wilhelm, welches, wenn er der Thäter war, zweifellos Spuren zeigen mußte, im Lauf der Untersuchung auf eine seltsame Weise verschwunden. Nachdem Frau Ziethen ihren Ehemann bezichtigt hatte, wurden im Anfang nur die Beweise gegen Ziethen gesammelt. Wilhelm wurde ja nur mitverhaftet, weil er der Verhaftung seines Lehrherrn entgegentrat, und durch die Plötzlichkeit seines Dazwischentretens der Verdacht bei den Polizei-Beamten aufstieg, daß er bei der That mitbetheiligt sei. So hat denn auch, so lange es Zeit war, Niemand auf sein Taschenmesser Werth gelegt; ja er ist anscheinend bei seiner Aufnahme in's Arresthaus nur oberflächlich auf Blutspuren untersucht.

Der einzige Zeuge, welcher über das Messer des Wilhelm zu bekunden vermag, ist Volberg. Nach dessen Aussage hat dieses Taschenmesser geöffnet auf der gemeinsamen Schlafstube auf einem Koffer gelegen, als die Magd Tasche an die Thür klopfte. Volberg folgte dem ihm voraus eilenden Wilhelm nach; er schloß das Messer und nahm es mit herunter, um es Wilhelm zu geben. In der Aufregung über das, was er unten sah und hörte, vergaß er, es zu thun, und hat das Messer in der Tasche behalten. Am folgenden Morgen legte er es wieder auf den Koffer, und von hier ist es verschwunden. Am folgenden Morgen (den 26.) ist Wilhelm zum Umkleiden wieder auf das gemeinsame Schlafzimmer geführt, und die Möglichkeit ist trotz des Bestreitens des ihn bewachenden Polizei-Beamten nicht ausgeschlossen, daß Wilhelm selbst das Messer beseitigt hat.

Gegen Wilhelm trat noch ein wichtiger Zeuge auf.

Der Wirth Schwartmann kam an dem betreffenden Abend aus seiner in der Bachstraße gelegenen Wohnung und ging auf der Mitte der Straße schreitend genau um 11 Uhr 25 Minuten am Ziethen'schen Hause vorüber.

Die Thür zur Wirthsstube stand ein wenig offen, und durch die offene Spalte fiel ein Lichtschein auf die Straße. Das Oberlicht der Thür war aber dunkel. Dicht an der Thür stand ein Mann mit dem Gesicht straßenwärts gekehrt; er berührte die Thür mit dem Rücken, hatte die Hände auf den Rücken gelegt, den Kopf vorgebeugt und lauerte die Bachstraße herauf und herunter. Im Hause selbst war Alles still, und die Rollläden des Wirthslokals waren heruntergelassen.

Der Zeuge ging dem Neumarkt zu und hörte, als er ungefähr fünf Minuten weiter gegangen war, die Kirchenuhr $11^1/_2$ schlagen.

Nachdem er bei seiner ersten polizeilichen Vernehmung die Ansicht ausgesprochen hatte, die am Ziethen'schen Hause stehende Person sei der ihm bekannte Ziethen selbst gewesen, ließ er sich nach Gegenüberstellung von Ziethen und Wilhelm vor dem Untersuchungsrichter folgendermaßen aus:

„Ich kann mit größter Bestimmtheit bekunden, daß Ziethen der Mann nicht ist, welchen ich an jenem Abend vor seiner Hausthür stehen sah. Derselbe trug keinen Bart, während Ziethen einen starken Vollbart trägt."

„Nach meinem Dafürhalten ist Wilhelm der Mann, welchen ich dort stehen sah. Größe und Statur stimmen überein und fällt es mir auf, daß der mir hier vorgestellte Wilhelm eben solche rothe Backen hat, wie sie mir an dem in der Thür stehenden Menschen auffielen."

„Es brannte übrigens eine Gaslaterne in der Nähe des Ziethen'schen Hauses. Mit absoluter Gewißheit kann ich allerdings nicht aussagen, daß Wilhelm dieselbe Person gewesen ist, welche ich an der Thür stehen sah."

Das waren im Wesentlichen die Aussagen der Zeugen,

durch welche gegen Ziethen sowohl wie gegen Wilhelm belastende Umstände bekundet wurden. Unter diesen Umständen muß die Stellung besonders interessiren, wie sie die beiden Beschuldigten der erhobenen öffentlichen Anklage gegenüber einnehmen.

Wilhelm giebt (5. November) an, er sei, obgleich er sonst um 10 Uhr zu Bette zu gehen pflegte, am 25. October bis 10¾ Uhr aufgeblieben, weil sein Herr verreist gewesen sei. Als er heraufgegangen, sei die Hausthür noch nicht verschlossen gewesen, er erinnere sich mit Bestimmtheit, daß sie noch etwa einen Finger breit offen stand. Die in der Wirthsstube und im Flur brennenden Gasflammen seien noch nicht ausgedreht und Frau Ziethen gerade damit beschäftigt gewesen, die Rollläden herunterzulassen. Er habe bereits geschlafen, als die Dienstmagd an seine Schlafstubenthür klopfte, und sei durch sie geweckt.

„Als ich herunterkam", fährt er fort, „kam Ziethen aus der Barbierstube in die Küche, in welcher eine Petroleumlampe brannte. Er sah ganz verwirrt aus und sagte: Sie haben meine Frau todt geschlagen, geh gleich zum Doktor." Da ich dieses nicht konnte, weil ich nur mit einer Hose bekleidet war, erklärte er, daß er selbst gehen wollte, nahm dann die Geldkassette aus einem Schubfach der Anrichte und gab sie mir mit den Worten in Verwahr, ich möge gut Acht auf sie geben.

Wilhelm stellt die Vermuthung auf, daß Ziethen ihm die Kassette gegeben, damit er mit ihr fliehen und so den Verdacht der Thäterschaft gegen sich kehren solle, und führt zur Begründung dieses Verdachts Aeußerungen an, welche der Bordellhalter Kern einige Zeit vorher bei einem im Flüsterton geführten Gespräch Ziethen gegenüber gemacht habe „dann giebst du dem das Geld; er brennt damit durch und dann hast du den Thäter". Damals habe er die Worte auf einen kurz vorher bei Ziethen begangenen Diebstahl bezogen.

Wilhelm erklärt, daß er den Hammer am 24. October gebraucht und wieder in der Tischschublade an seinen Platz gelegt habe; damals seien keine Spähne von dem obern Theil seines Stiels abgeschnitten gewesen.

Acht Tage später (12. November) erklärt Wilhelm, nunmehr die Wahrheit sagen zu wollen, mit welcher er bisher aus Schonung gegen Ziethen zurückgehalten habe.

Er will an dem Abend um 11 Uhr die Wirthsstube verlassen haben; die Rollläden seien schon heruntergelassen gewesen, er sei auf den Strümpfen heraufgegangen, weil er sich in der Barbierstube die Hühneraugen geschnitten habe. Auf dem ersten Stockwerk sei ihm eingefallen, daß er unten ein Stück Wurst habe liegen lassen, und als er, um dieses zu holen, wieder heruntergegangen, will er Ziethen, den er an jenem Abend noch nicht gesehen, in der Barbierstube angetroffen haben. Ziethen sei vom Vorflur aus in die Barbierstube gekommen und müsse durch die Hausthür in das Haus gekommen sein. Ziethen habe ihn mit den Worten barsch angefahren, was er noch hier unten wolle, so barsch, daß er deshalb vergessen habe, sein Stück Wurst mit heraufzunehmen. Wilhelm will jetzt auf den Strümpfen heraufgegangen und auf sein Klopfen von Volberg in's Schlafzimmer eingelassen sein. Als er nachher herunterkam, habe Ziethen ihm sofort gesagt: „Halte nur ja den Mund und sage Nichts. Es ist mir so passirt, es sollte aber nicht so kommen. Ich will es dir schon gut machen." Darauf habe Ziethen die Kassette genommen und ihm in Verwahrung gegeben.

Er giebt hier zu, dem Volberg gesagt zu haben, daß Ziethen noch nicht zu Hause sei, weiß für diese Unwahrheit keinen andern Grund, als daß er betrunken gewesen sei; denn er habe gegen 7 Uhr mit Volberg und dem Anstreicher Röll eine Flasche Branntwein getrunken.

Bei dieser Vernehmung behauptet Wilhelm noch, Ziethen sei stets am Donnerstag nach Cöln gefahren, aber während er sonst um 11 Uhr zurückzukommen pflegte, bereits gegen 9 Uhr nach Hause gekommen und habe sich verborgen gehalten; wo, weiß Wilhelm nicht anzugeben.

Am 14. November machte Wilhelm bei seiner Vernehmung anfangs die Aussage, er habe auf der Treppe einen im Wirthszimmer fallenden Schlag und darauf einen Schrei der Frau Ziethen gehört, sei aber, ohne sich um etwas zu kümmern, heraufgegangen.

Als ihm aber die Aussagen der Zeugen Kremer und der Frauen Henkel, Hüßmann und Dahlmann vorgehalten werden, giebt er an, noch in der Barbierstube gewesen zu sein, um seine Messer zu reinigen, als Ziethen zurückgekommen sei. Derselbe habe ein in ein Taschentuch gebundenes Paquetchen getragen und dieses in der Küche abgelegt, seinen Ueberzieher an seinen Platz gehängt und sich dann durch die Barbierstube auf den Vorderflur begeben. Er habe seiner Frau eine das Geschäft betreffende Frage gestellt, diese Frage wiederholt, weil die Frau sie nicht verstanden, und habe darauf Antwort erhalten. Dann fährt Wilhelm fort:

„Hierauf sagte Ziethen zu seiner inzwischen aus der Wirthsstube in den Vorflur kommenden Frau: „„Du Schafskopf, warum antwortest du nicht direkt, wenn ich dir etwas sage?““ Als Frau Ziethen ihm antwortete, gab er ihr einen Schlag ins Gesicht. Hierauf zog sich die Frau ins Wirthszimmer zurück, weinte und sagte: „„Man kann sehen, daß du wieder von Cöln gekommen bist, du kommst von deinem Saumensch und willst mich nun dafür ausschimpfen.““ Sie brauchte sonst noch Schimpfworte, und Ziethen rief: „Nun ist es mir aber genug“, ging an den im Vorflur stehenden Tisch, öffnete dessen Schublade, drückte sie wieder zu und lief wieder in die Wirthsstube. Gleich darauf hörte ich einen dumpfen Schlag, dann einen kurz abgebrochenen Schrei und unmittelbar darauf einen dumpfen Fall.“

„Nun blickte ich aus der Barbierstube in die Wirthsstube herein. Ich sah Frau Ziethen rücklings auf dem Boden liegen. Ziethen stand neben ihr und gab ihr mit dem Hammer noch fünf Schläge auf den Kopf. Ich sprang auf den Flur und rief „„Herr Ziethen was machen Sie?““ Ziethen stürzte auf mich zu und rief „„du verdammter Lausjunge, ich haue dich auch mit dem Hammer auf den Kopf““. Ich floh nun durch die Barbierstube und die Küche bis auf die Treppe. Auf den untersten Stufen blieb ich stehen.“

„Ziethen ging sofort durch die Barbierstube, die Küche und den hintern Flur auf den Hof. Was er dort gemacht hat, weiß ich nicht; er kam gleich wieder zurück und begab sich in die Barbierstube an den Platz, wo gewöhnlich ein Handtuch hängt. Dann ging er wieder auf den Hof. Ich wartete noch 2 Minuten und begab mich dann durch die Gasse auf die Straße. Dort sah ich Ziethen in der Richtung auf den Neumarkt weglaufen. Ich zog die Stiefeln aus und ging auf den Strümpfen die Treppe herauf, weil ich mit der Sache nichts zu thun haben wollte. Ich klopfte Volberg und legte mich ins Bett. Nach ganz kurzer Zeit kam die Magd.

Als ich herunter kam, sagte Ziethen in der Küche zu mir: „„Sieh nur zu und verschwätze dich nicht, damit ich nicht hereinfalle.““

Als Ziethen nach der That gegen den Neumarkt zulief, trug er seinen Ueberzieher nicht.“

„Das Gas brannte noch, als Ziethen seiner Frau den Schlag gab; erst nachher drehte er es aus.“

Bei dieser Aussage ist Wilhelm mit kleinen Abweichungen während des ganzen ersten Untersuchungsverfahrens geblieben und hat die Aussage des Schwartmann stets als namentlich der Zeit nach durchaus unrichtig bestritten, während er die Möglichkeit zugab, früher nach seinem Meister ausgeschaut zu haben, als er aus der Wirthschaft von Faßbender heimgekehrt war.

Im Gegensatz zu den eben hervorgehobenen schon in diesem Verfahren zu Tage tretenden Abirrungen in den Wilhelmschen Aussagen hat Ziethen seine Aussage über sein eigenes Thun an dem Abende der That niemals geändert.

Seine verschiedenen unsittlichen Verhältnisse hat er von Anfang an zugegeben, ebenso, daß er mit seiner Frau in Unfrieden gelebt habe, er bestritt jedoch, sie thätlich mißhandelt und je ernstlich an eine Scheidung oder Verheirathung mit der Alberts gedacht zu haben. Jedoch hat er, wie er zugesteht, sowohl der Alberts als auch der Emma Rothe, welche gleichfalls bei ihm Dienstmädchen war, die Ehe versprochen, um sie dauernd an sich zu fesseln.

Er ist am 25. October gegen 9 Uhr mit der Alberts in Cöln zusammen gewesen, hat mit ihr in einer dortigen Restauration zu Nacht gegessen, sie dann nach Hause begleitet, ist noch einige Zeit bei ihr geblieben und ist dann mit dem 9 Uhrzüge nach Elberfeld zurückgereist. Er bestreitet, in ungewöhnlich schneller Gangart nach Hause geeilt zu sein; am Bahnhof sei er allerdings etwas schneller gegangen, weil ihn nach der kühlen Fahrt gefroren habe; unterwegs will er sich vor der Prümerschen Wirthschaft noch mit dem Gedanken aufgehalten haben, in dieselbe einzutreten, und hat auch die in derselben weilenden Gäste richtig angegeben. Das war allerdings nicht schwierig; denn ein kurzer Blick durch ein vom Wirthszimmer nach der Straße führendes, dem Lokalkundigen bekanntes Fensterchen genügte, um die dort sitzenden ihm bekannten Herren zu erkennen.

Seinen Eintritt ins Haus beschreibt er folgendermaßen:

„Als ich an meinem Hause anlangt, hörte ich von der Bachstraße her in dem straßenwärts belegenen Wirthszimmer ein lautes Gewimmer. Schnell wollte ich mich ins Haus begeben, fand aber die nach der Straße führende Thür verschlossen, eilte schnell durch die linksseitig belegene Hausgasse und gelangte so in die offen stehende Küche. Dort fand ich eine brennende Petroleumlampe, ergriff diese und begab mich sodann durch die Barbierstube und den Vorflur in die Wirthsstube. Schon vom Vorflur aus sah ich meine Frau in der Wirthsstube am Boden liegen. Sie lag auf dem Rücken und fuhr fortwährend mit der linken Hand nach dem Kopfe. Am Kopf blutete sie stark. Ich faßte sie in den Arm und fragte, wer das gethan, erhielt aber nur ein unverständliches Murmeln als Antwort. Ich lief sofort nach oben und weckte die Magd. Darauf ging ich wieder in die Wirthsstube zurück und fragte meine Frau nochmals nach dem Thäter, erhielt aber auch jetzt keine verständliche Antwort."

Er fährt dann fort, daß er auf Frenzels Anrathen einen Arzt gerufen, den Dr. Dahmann nicht getroffen und dann den Dr. Hertmanni herbeigerufen habe. Auf dem Rückweg sei er noch bei seinem Schwager Hertel gewesen, um demselben von dem furchtbaren Ereigniß Mittheilung zu machen, und bei seinem Wiedereintritt in sein Haus sei er verhaftet.

Er vermuthete bei seinen ersten Vernehmungen, daß ein Raubmord vorliege, und daß der Thäter durch seine Dazwischenkunft an der Ausführung desselben verhindert sei. Seine Frau habe jeden Abend die Geldkassette aus dem Schubfach der Anrichte herausgenommen, wenn sie im Begriffe stand, zu Bette zu gehen. An jenem Abend habe sie, mit 2951 Mark gefüllt, auf der Anrichte in der Küche gestanden und sei jedenfalls von seiner Frau dorthin gesetzt. Er vermuthet, der Raubmörder sei durch den hinteren Flur über den Hof und die neben dem Nachbarhause liegende südliche Gasse davon gelaufen. Er erklärte Verdacht auf zwei übelberüchtigte Persönlichkeiten zu haben, welche mit den Oertlichkeiten durchaus vertraut seien, und bat, aus seinen eigenen Mitteln eine Belohnung von 1000 Mark auf die Entdeckung des Mörders auszusetzen.

Natürlich geschah dieses nicht; denn die Untersuchung war ja gegen ihn und Wilhelm gerichtet. Die beiden von ihm Verdächtigten wiesen in schlagender Weise ihr Alibi nach.

Die Blutspuren an seinem Taschenmesser erklärte er damit, daß er auf Aufforderung des Polizeibeamten mit den von der Berührung seiner Frau blutbefleckten Händen in die Tasche gegriffen und demselben das Messer übergeben habe. Denn im Gegensatz zu den Zeugen behauptete er, seine Frau wiederholt berührt und in den Arm genommen zu haben.

Als ihm vorgehalten wird, daß ein Stück vom Stiel seines Hammers an seinem Messer gefunden sei, fährt er auf und behauptet, dasselbe müsse auf dem Polizeiamte an das Messer gebracht sein, um ihm zu schaden, und bei dieser Anschuldigung gegen den Polizei-Commissar Gottschalk ist Ziethen auch geblieben. Und seltsamerweise auch sein Vertheidiger, der sonst als Criminalvertheidiger so gewandte und berühmte, verstorbene Rechtsanwalt Grommes in Cöln.

Nachdem Wilhelm am 12. November die ersten theilweise zweifellos erlogenen Belastungen gegen Ziethen vorgebracht hat, — darin zweifellos erlogen, daß er behauptete, Ziethen sei gegen 9 Uhr von Cöln wiedergekommen und habe sich versteckt gehalten, — und Ziethen dieses mitgetheilt wird, sagt er am 13. November:

„Ich bin überzeugt, daß Wilhelm selbst den Mord begangen hat. Er hat wegen Wegnahme von Würsten in der letzten Zeit häufig von mir Vorwürfe erhalten. Jedenfalls hat meine Frau wieder Würste bei Wilhelm gesehen und ihm darüber Vorwürfe gemacht. Sie wird ihm gedroht haben, es mir zu sagen, und um dieses zu verhindern, wird Wilhelm meine Frau erschlagen haben."

Er hebt noch hervor, daß seine Frau regelmäßig um 11 Uhr, Wilhelm um 10 Uhr zu Bett zu gehen pflegte, und daß er nicht begreife, warum Wilhelm an jenem Abend so lange aufgeblieben sei.

Wenn wir oben hervorgehoben haben, daß Ziethen sich während der ganzen Untersuchung in seinen Auslassungen gleich geblieben sei, so müssen wir doch betonen, daß er, wie oben erwähnt, dem Wächter Bergmann in der ersten Erregung seinen Eintritt ins Haus anders dargestellt hat. Danach hat er von der Straße aus die Hausthür aufgeschlossen und ist im Dunkeln über seine im Wirthszimmer liegende Frau gestolpert. Dem Zeugen hat er Nichts davon gesagt, daß er auf der Straße schon das Wimmern vernommen habe. Bei seinen späteren Aussagen will er, trotzdem er auf der Straße bereits das Wimmern hörte, noch, was thatsächlich richtig ist, seinen Ueberzieher und sein von Cöln mitgebrachtes Paquet im Hinterzimmer abgelegt, dann erst eine Petroleumlampe genommen und nach vorn zu seiner Frau gegangen sein.

Diese Umstände, das Ablegen des Ueberziehers und des Paquets (ein Paar Strümpfe, Aepfel und Nüsse in ein Taschentuch zusammengebunden) giebt Wilhelm in seiner Vernehmung vom 14. November, in welcher er zuerst Ziethen der That bezichtigt, an. Und daraus folgt, daß er zur Zeit, als Ziethen heimkam, unten im Hause anwesend gewesen ist und diese Beobachtungen gemacht hat.

Während Ziethen und Wilhelm sich so gegenseitig beschuldigten, trat ein Zeuge von der schwerwiegendsten Bedeutung auf, der Metzgermeister Funccius, welcher 25 Schritte vom Ziethenschen Hause entfernt in der Bachstraße wohnte.

Derselbe ging nach seiner Hausuhr um 11 Uhr 35 Minuten — die Uhr ging zweifellos falsch — am Ziethenschen Hause vorüber, um bei seinem Revierwächter für den folgenden Morgen das Wecken zu bestellen. Da hörte er aus dem Ziethenschen Hause eine Frauenstimme laut wimmern, und zwar schienen ihm die klagenden Töne aus Ziethens Wirthszimmer herzukommen. Es machte den Eindruck auf Funccius, als wenn die Frau Schläge bekommen habe, während sie schrie. Das Wimmern dauerte etwa 2—5 Minuten; dann hörte es auf. Als das Schreien der Frau verstummte, hörte der Zeuge Ziethen laut schreien, als wenn er sich mit Jemanden laut zanke; dann vernahm er, als wenn Ziethen weinte. Darauf schrie Ziethen wieder laut. Von Ziethens Worten hat Funccius nur wiederholt die lauten Rufe „August, August" verstanden. Thür und Fenster waren fest verschlossen, und konnte Funccius daher nicht wahrnehmen, ob die Räume erleuchtet waren oder nicht.

Der Vorfall hat etwa eine Viertelstunde gedauert, und als dann Alles ruhig war, hörte Funccius die Ziethensche Hausthür von innen aufschließen. Ziethen trat ohne Kopfbedeckung heraus. Er sagte zu zwei Personen, welche gerade über die Straße kamen (Klees und Frau Heinrichs), seine Frau läge mit eingeschlagenem Schädel da.

Der Zeuge hat Ziethen deutlich an der Stimme erkannt und hörte, während die Frau wimmerte, auch eine andere Stimme leise dazwischen reden; er kann indeß nicht angeben, ob diese leise Stimme diejenige des Ziethen oder eines Andern gewesen ist.

Er versichert auf das bestimmteste, daß in der ganzen Zeit von da an, als er das erste Wimmern der Frau hörte, bis zum Heraustritt des Ziethen aus seiner Hausthür Niemand weder in das Ziethensche Haus herein, noch heraus gegangen sei.

Diese Aussage wurde von derjenigen des Werkführers Steuer bestätigt, daß er in der Zeit zwischen 11 Uhr 20 und 11 Uhr 25 Minuten beim Ziethenschen Hause vorbeigehend laute Stimmen in der Wirthsstube gehört habe. Es war Alles dunkel und das Wimmern hatte bereits aufgehört.

Das war das Material, auf Grund dessen die Königl. Staatsanwaltschaft gegen Beide, Ziethen und Wilhelm die Anklage wegen gemeinschaftlich verübten Mordes erhob. Sie ging davon aus, daß Ziethen sich schon länger mit dem Vorsatz getragen habe, sich seiner Frau zu entledigen, und sich des Wilhelm als seines Gehülfen bedient habe, ohne die Rolle, welche der letztere bei der Ermordung gespielt hat, näher darzulegen.

Die Verhandlungen vor dem Schwurgericht (vom 28. bis 30. Januar 1884) hatten im Wesentlichen das bisher geschilderte Ergebniß. Sowohl Ziethen als auch Wilhelm blieben bei ihren bisherigen Angaben und Wilhelm erklärte, aus Furcht vor dem jähzornigen Ziethen nicht früher die Wahrheit gesagt zu haben.

Ziethen berief sich auf die Zeit als seinen besten Zeugen, indem er die Unmöglichkeit behauptete, in der kurzen Zeit den Mord begangen und die Spuren beseitigt zu haben; er erklärte, daß erst dann der Verdacht gegen Wilhelm bei ihm aufgestiegen sei, als dieser ihn belastet habe; denn wer so lüge, müsse es selbst gethan haben; und er blieb bei seiner Behauptung, daß das an seinem Messer befindliche Partikelchen gefälscht sein müsse; denn am Abend sei Nichts daran bemerkt, und am folgenden Morgen sei es vorhanden gewesen.

Der Hauptstreit zwischen der Staatsanwaltschaft und der Vertheidigung sowohl als auch zwischen den verschiedenen Aerzten entspann sich über den Werth, welchen man der Aussage der verletzten Ehefrau Ziethen beilegen könne.

Von der Vertheidigung wurde besonders Werth auf das Gutachten des Dr. Schmitz zu Cöln gelegt. Derselbe war der Meinung, daß die Verletzung nach ihrer Größe und Beschaffenheit gar nicht mit einem Hammer, sondern mit einem festen Stock oder Todschläger beigebracht sein müsse.

Die Aeußerungen der Frau Ziethen erklärte er für ganz belanglos und ohne jeden Anspruch auf Zuverlässigkeit. Denn die Verletzungen und die mit denselben im engsten Zusammenhang stehenden Gehirnerschütterungen führten nothwendig und unter allen Umständen durch den hochgradigen Eingriff in die Oekonomie des Centralnervenapparats und durch Störungen seines organischen Lebens nicht allein zu einem allmählich sich entwickelnden geistigen, sondern auch zum körperlichen Tode. Der Mittelpunkt zwischen den Eindrücken von Außen und dem Erkennen sei bei diesen Verletzten ausgeschaltet, und sei es wohl möglich, wenn bestimmte Aeußerungen wiederholt und laut fragend an solche Verletzte gethan würden, daß solche Eindrücke momentan hafteten, sie mußten aber ebenso schnell wieder verschwinden.

Unbesinnlichkeit, Schlaftrunkenheit, schwindende Intelligenz, hie und da unterbrochen von lichten und klaren Momenten, seien die Signatur solcher durch die genannten Verletzungen hervorgerufenen geistigen Zustände.

Diesem Gutachten gegenüber betonten alle übrigen Aerzte, wenn sie auch den in demselben aufgestellten allgemeinen Ansichten mehr oder weniger beitraten, daß im vorliegenden Falle auf Grund der von den Zeugen und Aerzten gemachten Wahrnehmungen und bekundeten Thatsachen angenommen werden müsse, Frau Ziethen habe lichte Momente gehabt und habe mit Bewußtsein die von dem Kreisphysikus bekundeten Aeußerungen über die Thäterschaft ihres Mannes gemacht.

Hervorzuheben ist noch, daß Dr. Schmitz den Schwurgerichtsverhandlungen nicht beigewohnt hat, sondern wegen Unwohlseins durch einen Richter in Cöln vernommen wurde. Er stand den Zeugenaussagen und dem Eindrucke, welchen die Verhandlungen machten, also fern.

Die Staatsanwaltschaft hielt gegen Ziethen die Anklage des Mordes aufrecht und beantragte Wilhelm wegen wissentlicher Beihülfe zu demselben zu verurtheilen. Die Geschworenen sprachen über Ziethen das Schuldig, über Wilhelm das Nichtschuldig aus, und Ziethen wurde zum Tode verurtheilt. Durch den König wurde die Todesstrafe im Wege der Gnade in lebenslängliches Zuchthaus umgewandelt.

Auch nach seiner Verurtheilung ist Ziethen sich in seinen Aeußerungen und seinem Benehmen stets gleich geblieben. Wie er schon während des ersten Untersuchungsverfahrens den eindringlichsten Vorstellungen seines alten, ehrwürdigen Vaters gegenüber, doch der Wahrheit die Ehre zu geben, unter den heiligsten Versicherungen seine Unschuld betheuerte, so ist er bei diesen Versicherungen auch nachher geblieben. In allen Briefen an seine Verwandten kehren die Betheuerungen seiner Unschuld fortgesetzt wieder, und auch seinen Mitgefangenen hat er durch die beständige Versicherung seiner Unschuld Theilnahme abgelockt.

Sein Vater und sein Bruder Heinrich Ziethen glaubten in Folge dessen fest an seine Unschuld. Wenn aber Ziethen unschuldig war, so mußte Wilhelm der Thäter sein. Die Familie Ziethen gab sich in Folge dieser Erkenntniß an's Werk, Beweise gegen Wilhelm zu sammeln.

Wilhelm hat sich nach seiner Freisprechung zunächst zu einem Oheim nach Rockenberg in Baden begeben, er hat dann verschiedene Stellen in Süddeutschland und in einem kleinen Orte in Hannover gehabt. Ueberall wurde er von der Familie Ziethen beobachtet und fühlte sich beunruhigt und in dem bewußten oder unbewußten Gedanken, daß er vor ihr in der Nähe und dem Getriebe der Weltstadt am sichersten sei, zog er in die Nähe von Berlin, hat sich fünfzehn Monate lang unentdeckt in Werder und dann in verschiedenen Stellen in Berlin aufgehalten. Dort wurde er Ende April 1887 von der Familie Ziethen entdeckt. Sie suchte auch hier auf ihn einzuwirken, ihn zu Erzählungen über den Mord zu veranlassen, damit er sich in Widersprüche verwickle, und ihn zu einem Geständniß seiner That zu veranlassen.

Der Bruder und Vater des Ziethen wandten sich an einen Berliner Kriminal-Commissar. Sie legten ihm die von dem Verurtheilten in der Zeit seiner Strafverbüßung aus dem Zuchthause geschriebenen Briefe vor, in welchen er fortwährend seine Unschuld betheuerte, und erweckten hierdurch in dem Beamten den Glauben an seine Unschuld. Der Beamte hatte einen seiner Agenten beauftragt, die Bekanntschaft Wilhelms zu machen, und so oft es anginge, ihm gegenüber von dem Morde zu sprechen. Ebenso fing der Principal des Wilhelm auf Veranlassung der Ziethenschen Verwandten oft ein Gespräch mit ihm über denselben Gegenstand an. Wilhelm wurde dadurch unruhig und kündigte den Dienst.

Ebenso hatte man durch einen Freund des Wilhelm, den Maurer Bergel Aeußerungen festgestellt, welche wie ein halbes Geständniß lauten konnten, und in der Nacht vom 9. zum 10. Juni 1887 hat Wilhelm dem Kriminal-Commissar gegenüber nachstehendes Geständniß abgelegt:

Er hebt hervor, daß er im Ziethenschen Geschäft außer dem Barbieren und Haarschneiden auch das Schröpfen und Zähneausziehen besorgt habe, und wenn er hierbei Blut fließen sah, ihm dieses stets ein eigenthümliches, wohliges Gefühl bereitet habe, ohne daß er jedoch geschlechtlich dadurch erregt sei.

Er geht dann auf die Vorfälle vom 25. October 1883 über, behauptet, die Abwesenhenheit seines Principals jedesmal dazu benutzt zu haben, um in Gemeinschaft mit dem Gehülfen Sturm zu versuchen, wer von ihnen die größte Menge Cognak vertragen könne, und habe er auch an jenem Nachmittag dem Cognak sehr zugesprochen. Abends habe er seine Geliebte Auguste Kesting besucht, habe dort auch einige Cognaks getrunken und sei um 10½ Uhr nach Hause zurückgekehrt. Dort sei er mit Frau Ziethen allein gewesen, und habe noch verschütteten Vogelsamen zusammengefegt. „Während des Fegens“, fährt er fort, „wurde mir eigenthümlich zu Muthe, und weiß ich nicht, welches Gefühl mich trieb — ich glaube es war der Durst nach Blut — nach dem Verkaufsraum zurückzugehen, aus dem in der Ecke stehenden Tisch den Hammer zu nehmen und in dem Augenblicke, als sich Frau Ziethen in der Gaststube zum Gasmesser hinabbeugte, um das Gas auszudrehen, mich auf sie los zu stürzen und ihr einen Schlag auf den Hinterkopf zu versetzen. Die Frau fiel, ohne einen Laut von sich zu geben, nach hinten über,

Blut sah ich nicht fließen; sobald sie lag, gab ich ihr noch drei bis vier Schläge auf die Stirn — mit welcher Seite des Hammers weiß ich nicht — das Blut spritzte umher und wurden namentlich meine Hosen stark befleckt."

Wilhelm will dann den Hammer in dem Gläserspülgefäß gereinigt, mit seinem Messer abgeschabt, sich die Hände an der Pumpe gewaschen und an dem Handtuch abgetrocknet haben, und als er Ziethen, der in diesem Augenblick zurückkam, hörte, auf den Strümpfen nach oben geschlichen sein. Er giebt an, sich nicht erklären zu können, wie man das Blut an seiner Hose nicht bemerkt habe, er habe dasselbe erst am Tage vor der Verhandlung am Schwurgericht ausgewaschen und diese Hose während der Verhandlung getragen.

Der dieses Geständniß aufnehmende Kriminal-Inspektor hielt es für unvollständig und glaubte, daß ein Raubmord vorliege.

Die Staatsanwaltschaft erklärte dieses Geständniß von vorn herein für wenig glaubhaft und jedenfalls für nicht geeignet, auf Grund desselben jetzt schon, wie von der Familie des Ziethen beantragt wurde, den Ziethen aus der Haft zu entlassen, nahm vielmehr an, daß Wilhelm zu dem Geständniß beeinflußt sei, beantragte aber die Wiederaufnahme des Verfahrens gegen Ziethen und Wilhelm für zulässig zu erklären, welchem Antrag das Landgericht Elberfeld auch am 15. Juni 1887 Statt gab, nachdem Wilhelm schon am 11. Juni verhaftet war.

Am 20. Juni hält Wilhelm vor dem mit dem Ermittlungsverfahren beauftragten Richter sein Geständniß aufrecht. Auch hier giebt er als Motiv den durch die Trunkenheit hervorgerufenen Durst nach Blut an. Er giebt die nähern Umstände so an wie vor dem Kriminalbeamten in Berlin und erklärt den Umstand, daß Frau Ziethen stets ihren Mann als den Thäter bezeichnet hat, damit, daß Ziethen die erste Person gewesen sei, welche sie nach dem Angriff gesehen habe.

Denn ihn selbst habe sie nicht gesehen, weil er sie von Hinten geschlagen habe.

Zu dem Geständniß sei er dadurch bewogen, weil die Eheleute Barbier Pieske in Berlin, bei welchem er zuletzt in Diensten stand, und sein Freund, der Maurer Bergel, in der letzten Zeit beständig mit ihm von dem Morde gesprochen und ihn dadurch beunruhigt hätten. Dieselben seien von den Verwandten des Ziethen hierzu veranlaßt.

Am 27. Juni wiederholte Wilhelm sein Geständniß und gab auch hier als Motiv zur That eine plötzlich aufwallende Sucht, Blut fließen zu sehen, an; jetzt giebt er die Möglichkeit zu, daß er Frau Ziethen einige Stunden vor der That scherzweise mit einem Strohhalme gekitzelt habe, und er von ihr zurückgewiesen sei, jedoch sei dieser Umstand durchaus ohne Einfluß auf die That gewesen und habe ihn auch sinnlich nicht erregt. Er erklärt jetzt, den Hammerstiel mit einem Küchenmesser abgeschabt zu haben und hält wie Ziethen das an dessen Messer gefundene Holztheilchen für ein gemachtes Ueberführungsstück.

Am 4. und 6. Juli ändert Wilhelm sein Geständniß. Er giebt jetzt an, einen Lustmord begangen zu haben. Er habe, sagt er aus, von seinen Mitgehülfen verführt mit denselben Unzucht getrieben und sei an dem Abend des Mordes durch Branntweingenuß sinnlich errregt gewesen, so daß der Gedanke nach geschlechtlicher Vereinigung mit einer Frauensperson zum erstenmale in ihm aufgetaucht sei. Seine Geliebte habe er nicht angetroffen, den Gedanken an ein Freudenmädchen habe er wegen Geldmangels aufgeben müssen, als er nun in die Ziethensche Barbierstube zurückgekehrt sei, habe ihn Frau Ziethen sinnlich gereizt. Er habe sie mit dem Hammer niedergeschlagen und dann an der Hingesunkenen das geschlechtliche Attentat verübt.

Er will nach der That kein Leben an Frau Ziethen bemerkt, sie vielmehr für todt gehalten und nachher von großer

Angst befallen, die Spuren des Verbrechens so ungeschickt beseitigt haben.

Bei dieser Vernehmung giebt Wilhelm auch die Zeitumstände ganz genau an, bei denen er während der vielfachen Vernehmungen im Wiederaufnahmeverfahren auch verblieben ist. Er will um 10½ Uhr aus der Faßbenderschen Wirthschaft gekommen sein und nach seiner Schätzung hat das Attentat gegen das Leben der Frau Ziethen 20 Minuten vor 11 Uhr mit dem ersten gegen sie geführten Schlag mit dem Hammer begonnen. Die ganze Handlung mit dem daran geknüpften geschlechtlichen Verbrechen hat höchstens eine kleine halbe Stunde gedauert, so daß das Attentat 10 Minuten nach 11 Uhr zu Ende war.

Dieses Geständniß wiederholte Wilhelm an demselben Tage noch in Gegenwart seiner Tante, der Wittwe Linden, welche zufällig zu ihrer Vernehmung geladen war. Er vergoß dabei bittre Thränen, erklärte aber, nachdem sie sich entfernt hatte, daß er sich nunmehr ganz erleichtert fühle. Er fügte hinzu, daß er ursprünglich zu dem Pieske gegenüber abgelegten Geständniß durch die Hoffnung auf eine reiche Belohnung bewogen sei, jetzt aber habe er die volle Wahrheit gesagt, man möge die Verhandlung nur bald Statt finden lassen, aber unter Ausschluß der Oeffentlichkeit, da er sich vor der Elberfelder Bevölkerung fürchte und schäme.

Ueber die Einwirkungen Seitens der Familie Ziethen äußert er sich hierbei in folgender charakteristischer Weise:

„Die Einwirkungen der Pieskerschen Eheleute sind doch weitgehender gewesen, als ich bisher gesagt habe. Pieske sagte mir am Abend, ehe ich ihm die That zugab, unter anderem noch Folgendes: „„Ziethen ist nicht so; wenn du eingestehst und er aus dem Arresthause ist, wird er an dich denken. Er hat dies geschrieben und habe ich dieses auch sonst gehört."" Ich verstand dies so, als wenn Ziethen mich, wenn ich meine Strafe abgebüßt, mit Geld belohnen würde.

Dies Versprechen ist wenigstens mitbestimmend für mich gewesen. Ich war des fortwährenden Zuredens endlich leid. Dazu hatte ich in den letzten Tagen viel gekneipt und befand mich in einem abgespannten, leidmüthigen Zustand. Am andern Tage war ich meines Geständnisses aber schon wieder leid, und es hätte wenig gefehlt, so hätte ich es widerrufen."

Am 16. Juli wird Wilhelm nochmals von dem Untersuchungsrichter vernommen und ausdrücklich darauf hingewiesen, daß er im Irrthum sei, wenn er glaube, daß seine That wegen seiner Jugend vom Gesetz so sehr milde beurtheilt werde. Trotzdem er darauf aufmerksam gemacht wird, daß die That bis zu 15 Jahren Gefängniß bestraft werde, wiederholt er sein Geständniß und erklärt, er sehe der hohen Strafe mit Gleichmuth entgegen. Die an ihn gerichtete Frage, warum er zuerst als Motiv den Durst nach Blut angegeben, beantwortet Wilhelm dahin: „Es fiel mir schwer, mit dem wahren Grunde herauszukommen. Ich genirte mich. Heute bin ich froh, daß ich es los bin."

Am 19. Juli ließ sich Wilhelm vor dem Untersuchungsrichter vorführen und erklärte: „Ich bin es satt, für andre Leute den Kopf in's Loch zu stecken." Dann wiederrief er das Geständniß, zu dem er durch seine Gier nach der ihm vorgespiegelten Belohnung und durch das beständige Zureden der Eheleute Pieskér bewogen sei. Er sei auch müde und abgespannt von dem steten Zureden gewesen nnd in diesem Zustande habe er die That auf sich genommen, indem er sich gesagt habe, die Sache werde nun bald in Berlin verhandelt, und er werde vielleicht vier Jahre sitzen müssen. Nach seinem Geständnisse hätten ihn die Eheleute Piesker in ihrer Freude über die ihnen zugesicherte Belohnung in einer Wirthschaft regalirt und dann zum Kriminal-Commissar geführt, wo er die an ihn gerichteten Fragen nur kurz mit ja beantwortet habe.

Er erklärt, von dem Morde Nichts zu wissen, und will

zu der Angabe, gesehen zu haben, wie Ziethen seine Frau erschlagen habe, durch die Vorhaltungen des damaligen Untersuchungsrichters veranlaßt sein, er müsse doch mehr wissen, als er bisher angegeben habe. Wenn er jetzt durch eingehende Schilderungen sein Geständniß glaubhaft gemacht habe, so habe das seinen Grund in seiner Idee gehabt, er habe einmal so ausgesagt, nun müsse er auch dabei bleiben, es möge kommen, was da wolle.

Wilhelm wird auf die Folgen seines Widerrufs aufmerksam gemacht und darauf hingewiesen, daß er sich der Begünstigung schuldig und deshalb strafbar gemacht habe; er erklärt aber, dieser Strafe mit Reue entgegenzusehen.

Bei seinen folgenden Vernehmungen spricht sich Wilhelm darüber aus, daß ihm das von ihm zuerst angegebene Motiv des Blutdursts bei den Fragen des Berliner Kriminal-Commissars in den Sinn gekommen sei, weil es auf dieselben am besten gepaßt habe; als er später auf die Unwahrscheinlichkeit des Geständnisses aufmerksam gemacht sei, habe er dasjenige des Lustmords hervorgesucht. Dasselbe komme ihm jetzt so unwahrscheinlich vor wie das erste; denn es sei doch unglaublich, daß er, der vorher nie Verkehr mit einer Frau gehabt, zum erstenmale an einer im Blut schwimmenden hochschwangern Frau sich vergangen habe. In geschlechtlicher Beziehung habe er überhaupt wenig Freude am Umgang mit dem weiblichen Geschlecht gehabt.

Bei einer der folgenden Vernehmnngen, in denen er bei seinem Widerruf des Geständnisses beharrt, erklärte Wilhelm, er sei in der Nacht des Mordes kurz nach Volberg auf sein Schlafzimmer gegangen, habe dann Lust verspürt, sich noch einige Zeit auswärts zu amüsiren, und sei deshalb auf den Strümpfen die Treppe heruntergegangen, um von Frau Ziethen nicht ertappt zu werden. Er habe versucht, durch das neben dem Ziethenschen Hause belegene Gäßchen nach hinten in's Freie zu kommen, weil Frau Ziethen gerade vorn an den Fenstern die Rollläden niedergelassen habe. Als es ihm jedoch nicht gelungen, das nach hinten die Gasse abschließende Thor zu öffnen, sei er in's Haus zurückgekehrt und habe jetzt Frau Ziethen wimmern hören. In dem Glauben, sie werde wieder von ihrem heimkehrenden Ehemann mißhandelt, sei er leise auf den Strümpfen die Treppe herauf auf sein Zimmer geschlichen und sei dann bald darauf geweckt.

Auch Ziethen war in der Zwischenzeit wiederum eingehend vernommen und trat jetzt zum erstenmale mit der Ansicht hervor, daß Wilhelm einen Lustmord begangen habe; zu diesem Gedanken will er gekommen sein, weil er seine Frau entblößt angetroffen und weil ihm die Dienstmagd Tasche erzählt habe, daß Wilhelm am Nachmittage der That schon mit Unanständigkeiten gegen seine Frau vorgegangen sei. Nun erfolgte am 29. Juli in Gegenwart der Vertreter der Staatsanwaltschaft und Vertheidigung die Gegenüberstellung von Ziethen und Wilhelm. Der letztere ging ruhig auf Ziethen zu und reichte ihm seine Hand mit den Worten: „Verzeihen Sie mir Herr Ziethen". Dieser nahm die Hand nicht an, sondern fragte nach längerm Stillschweigen: „Warum bittest du mich um Verzeihung?" „„Weil ich Sie falsch beschuldigt habe"", erwiderte Wilhelm. Ziethen stellte nun verschiedene Fragen an Wilhelm, ob er mehr von dem Morde wisse, was dieser verneinte. Und als nun dem Wilhelm Gelegenheit gegeben wurde, seinerseits Fragen an den andern zu richten, und er ihn fragte, ob ihn nicht die Neigung zur Alberts zur That bestimmt und er dieselbe vielleicht durch einen andern habe ausführen lassen, rief Ziethen in Extase aus: „Ich sage es ihm nun auf den Kopf, daß er der Thäter ist. Er kann sonst nicht so fragen." Auf Ziethens weitere Fragen, wie Wilhelm denn zu dem Geständniß gekommen sei, und warum er ihn in der Hauptverhandlung unwahrerweise belastet habe, gab Wilhelm die auch schon dem Richter abgegebenen Erklärungen.

Darauf wurde die Confrontation geschlossen und bei den darauf folgenden Einzelvernehmungen blieben beide bei ihren bisherigen Angaben.

Der Eindruck, welchen die Confrontation auf die Anwesenden machte, war der, daß beide schauspielerten und sie sich in dem gegenseitigen langen, scharfen Ansehen als Gegner erkannten. Auffallend war die Frage des Ziethen, was er denn verzeihen sollte; denn er mußte annehmen, daß Wilhelm Alles eingestanden habe, da ihm der Widerruf des Geständnisses nicht bekannt war.

Am 4. und 9. August von Neuem vernommen, beharrte Wilhelm bei dem Widerruf seines Geständnisses.

Nachdem aber am 11. August die Wittwe Linden vernommen war, muß Wilhelm derselben im Vorzimmer begegnet sein; denn er wurde dem Richter weinend vorgeführt und brach in die Worte aus: „Meine arme Tante, mag sie mich verstoßen. Wenn sie mich nur nicht verflucht!“ und legte dann ein von seinen bisherigen Aussagen vollständig verschiedenes Geständniß ab.

Hiernach kam er von dem vergeblichen Aufsuchen seiner Geliebten angetrunken nach Hause. Die allein anwesende Frau Ziethen machte ihm Vorhaltungen wegen seines Ausbleibens und wegen des fehlenden Cognaks, den er am Nachmittage theilweise ausgetrunken hatte. Sie drohte, es ihrem Manne sagen zu wollen, und beharrte bei ihrer Drohung auch, als Wilhelm sie bat, es nicht zu thun. Es entspann sich ein Wortwechsel zwischen ihnen, und Frau Ziethen gab ihm einen Schlag in's Gesicht. Er erwiderte denselben mit der Hand, und als sie ihm noch einen Schlag hinter die Ohren versetzte, ergriff er den daliegenden Hammer; sie rangen um den Hammer; beim Ringen entfielen der Frau ihre Haarzöpfe. Frau Ziethen zwang ihn indeß soweit, daß sie ihn auf einen Stuhl niederdrückte; dann riß sich Wilhelm wüthend los und versetzte ihr mit dem Hammer einen Schlag gegen die Stirn, so daß sie rücklings auf den Erdboden fiel. Wilhelm hat ihr dann nur noch einen weitern Schlag mit dem Hammer gegeben; es befiel ihn die Angst: er hat jetzt erst bemerkt, daß die Thür nach der Straße noch offen stand, ist herausgetreten und auf der Straße vom Restaurateur Schwartmann bemerkt. Dann hat er die Spuren des Blutes an seinen Händen beseitigt, den Hammerstiel mit seinem eignen Messer abgeschabt und dasselbe in der Berliner Straße aus dem Wagen geworfen, als er am folgenden Abend in der Dämmerung zum zweiten Male in einem Wagen zum Arresthause gefahren wurde. Das Messer will er mit auf sein Zimmer genommen, dort auf einen Stuhl gelegt, mit der Waschschale bedeckt und erst am folgenden Tage zu sich gesteckt und, wie eben erwähnt, beseitigt haben. Wilhelm versichert jetzt, daß an seinem Anzuge keine Blutspuren bemerkbar gewesen seien.

An demselben Tage wurden Wilhelm und Ziethen wieder gegenübergestellt. Beide blieben schweigend längere Zeit einander gegenüber stehen. Und erst als der Richter an Wilhelm die Frage richtete, ob er nicht das Bedürfniß fühle, sich Ziethen gegenüber auszusprechen, begann er mit leiser Stimme, mit welcher er sein Weinen zu unterdrücken schien, den Ziethen um Verzeihung zu bitten. Er vermochte nur zu sagen: „Verzeihen Sie mir, ich bin es gewesen, Sie aber unschuldig.“ Nach einer Pause sagte er dann von neuem: „Verzeihen Sie mir, daß ich Sie in's Unglück gestürzt habe.“ Ziethen erklärte darauf: „Herr Landrichter ich verstehe ihn nicht. Will er sagen, daß er der Thäter ist, ich aber unschuldig bin?“ Nach einer längern Pause fragte Ziethen, wie Wilhelm denn die That begangen habe. Und als letzterer unter Schluchzen sein am Morgen abgelegtes Geständniß wiederholte, Ziethen augenscheinlich gerührt zuhörte und sich hin und wieder eine Thräne abtrocknete, brach Ziethen in die Worte aus: „O August, August mein Leben hast du mir mit meiner Frau genommen; es sitzt mir in der Brust; ich werde nicht mehr lange leben. Meine einzige Beruhigung ist, daß mein alter Vater und meine armen Kinder ihre Ehre wieder bekommen."

Bei der darauf folgenden Vernehmung vom 15. August wurde Wilhelm vorgehalten, daß er unmöglich sein Messer in der von ihm angegebenen Weise beseitigt haben könne, weil er genau beobachtet gewesen und auch nicht einmal durch die Berliner Straße gefahren ist. Wilhelm lächelte darauf und gab, nach dem Grunde des Lächelns befragt, zur Antwort, er lache, weil schon wieder die Versuchung in ihm aufsteige, sein Geständniß zu widerrufen. Dann durch die Gegenüberstellung des Polizeibeamten, der ihn auf der Fahrt begleitet hat, in die Enge getrieben ruft er aus: „Gott mag wissen, wie es gegangen hat."

Kurz darauf betheuert Wilhelm in zwei folgenden Vernehmungen, der Frau Ziethen nur die zwei Schläge mit dem Hammer gegeben und deutlich gemerkt zu haben, daß nicht der erste, wohl aber der zweite Schlag die Hirnschale zerschmettert habe. Er behauptet, die der Ziethen damit beigebrachte Verletzung habe nicht den großen Umfang gehabt, wie sie der Befund ergeben, und legt seine Meinung dar, daß Ziethen seiner Frau nachher noch mehrere Schläge gegeben habe. Er behauptet, daß er selbst den Hammer nicht abgeschabt habe, und erklärt, Alles, was er hierüber und über das Wegwerfen seines Messers gesagt habe, sei unwahr. Auch schildert er den dem Streit vorhergehenden Wortwechsel anders als bei seinem früheren Geständniß, es gelingt ihm indeß bei den nun folgenden zwei eingehenden Vernehmungen diese anfangs hervortretenden scheinbaren Widersprüche zu vereinigen. Zuerst sagt er aus, daß unmittelbar nach seiner Heimkehr aus dem Faßbenderschen Lokal der Streit mit Frau Ziethen erfolgt sei, nach seiner spätern Darstelluug ist indeß eine kurze Zeit darüber hingegangen, während welcher Volberg sich nach oben entfernte und er selbst mit dem Aufräumen von Futter für die Vögel des Ziethen beschäftigt war. Er blieb auch jetzt dabei, daß Ziethen seiner Frau noch einige Schläge mit dem Hammer versetzt haben müsse, da er die Frau nicht an die Gegend der Augen getroffen habe, und Augenbrauen an dem Hammer geklebt hätten, er ihr auch keine so große Verletzung beigebracht habe, und das Abschaben des Hammers nicht durch ihn erfolgt sei. Er habe sich vielmehr damit begnügt, den Hammer abzuwaschen.

Aus den hier mitgetheilten vielfachen Vernehmungen des Wilhelm erhellt, mit welcher peinlichen Sorgfalt das Wiederaufnahmeverfahren durchgeführt ist. Bei jeder neuen Darstellung der That Seitens des Wilhelm wurden die sorgfältigsten Erhebungen zur Unterstützung und Widerlegung derselben angestellt. Wenn es auch für den das Ergebniß des Wiederaufnahmeverfahrens würdigenden Richter nur auf die letzte Darstellung des Wilhelm ankommen konnte, weil er ja in diesem seine frühern Geständnisse theils widerrief, theils abänderte, so muß es für unsre Darstellung doch von Wichtigkeit sein, die einzelnen von ihm gegebenen Versionen seiner Zugeständnisse auf Grund der neuen Ermittlungen zu beleuchten und klar zu stellen.

Das bei seinen ersten Vernehmungen von Wilhelm angegebene Motiv des Blutdursts hatte ja sogar bei dem sein Geständniß aufnehmenden Kriminal-Commissar so wenig Glauben gefunden, daß derselbe ausdrücklich seine Meinung in den Akten vermerkte, es liege ein geplanter Raubmord vor. Und in der That haben auch die in dieser Richtung angestellten Nachforschungen nach Wilhelms Vor- und späterm Leben keine Züge eines besonderen Blutdursts in ihm entdecken können. Der Gehülfe Sturm, welcher mit ihm bei Ziethen arbeitete, sagte aus, daß Wilhelm dort mit Schröpfen und Zahnausziehen Nichts zu thun gehabt habe, indeß habe es geschienen, als wenn er Lust dazu hätte; einmal habe er einem Kinde einen Zahn ausgezogen. Die andern vernommenen Gehülfen haben auch das nicht einmal an ihm bemerkt, und nur einer von ihnen bekundet, daß Wilhelm einmal im Keller mit einem Besen auf eine Katze geschlagen habe. Sonst figurirt noch die bis jetzt unerwiesene Behauptung in den Akten, daß er im Keller sechs Katzen in grausamer Weise auf einmal getödtet habe, eine zur Begründung eines Wiederaufnahmegesuchs aufgestellte These, welche sich mit kriminalistischer Wahrscheinlichkeit bei näherer Besichtigung in den oben gestreiften Fall der geplanten Katzenmißhandlung mit einem Besen auflösen wird.

Dieses Motiv ließ Wilhelm ja selbst bald fallen und stellte dann dasjenige des Lustmords auf. In dieser Beziehung hatte ja schon der im ersten Verfahren vernommene Zeuge Frenzel bekundet, daß die Kleider der Frau Ziethen bis über die Kniee hoch geschoben gewesen seien, als er zuerst mit seiner Tochter zu der Verwundeten herunterkam. Er hat selbst die Kleider heruntergezogen. Die später noch besonders über diesen Punkt vernommenen Zeugen bestätigten diese Beobachtung.

Nach ihrer Darstellung waren ihre Beine gestreckt, sie hat aber ab und zu ein Bein hoch gezogen und dadurch haben sich die Kleider hoch geschoben; nach Ansicht eines der hinzugekommenen Aerzte bewegte sie die Beine, als wenn sie Schmerzen hätte, aber an ein unsittliches Attentat hat Niemand gedacht, auch die Aerzte nicht, denen doch zweifellos in dieser Beziehung auftretende Verdachtsmomente aufgefallen wären. Wenn die Untersuchung sich auch nicht besonders auf diesen Punkt gerichtet hat, so haben doch auch die obducirenden Aerzte in dieser Richtung keine Spuren wahrgenommen, welche auf ein unsittliches Attentat schließen ließen.

Nachdem Wilhelm den Lustmord eingestanden, behauptete Ziethen selbst, die Lage seiner Frau sei, als er sie zuerst nach der Verletzung gesehen habe, derartig gewesen, daß sofort der

Gedanke an ein unsittliches Attentat in ihm aufgestiegen sei. Es ist indeß kaum glaublich, daß Ziethen diesen Umstand bei seinen wiederholten, eingehenden, früheren Vernehmungen, bei denen er sich über Art und Ursache des Todschlags ausspricht, übergangen hätte. Bei dieser Gelegenheit führte Ziethen auch an, von der Dienstmagd Tasche gehört zu haben, daß Wilhelm sich schon am Nachmittage des verhängnißvollen Tages Unschicklichkeiten gegen seine Frau habe zu Schulden kommen lassen. Die Tasche selbst stellte entschieden in Abrede, dieses dem Ziethen gesagt zu haben; nach ihrer Beobachtung hat sich Wilhelm stets anständig gegen Frau Ziethen benommen.

Psychologisch ist es wohl auch von vorn herein ausgeschlossen, daß ein unreifer Bursche, welcher noch keinen geschlechtlichen Verkehr gekannt, zum erstenmale von einer sich anständig benehmenden, schwächlichen, kranken und im sechsten Monat schwangeren Frau gereizt ist, diese niedergeschlagen und sich an der im Blute schwimmenden vergangen hat.

Es bleibt die dritte von Wilhelm gegebene Darstellung des in der Trunkenheit nach vorausgegangenem Wortwechsel verübten Todschlags. Wenn er auch bei diesem dritten Geständniß gelogen hat, so muß ihm doch diese Darlegung als die wahrscheinlichste erschienen sein; denn er ist bei derselben auch bis zum schließlichen Widerruf verblieben.

Gegen diese Darstellung spricht, daß Frau Ziethen den Angreifer, mit dem sie ja gerungen haben sollte, gekannt hätte, und wenn irgend ein Rest von Bewußtsein in der Frau gewesen ist, mußte sie sich der längere Zeit dauernden, dem tödtlichen Schlag vorhergehenden Umstände erinnern. Sie hätte also mit Bewußtsein Angesichts des Todes ihren Mann fälschlich als Mörder bezeichnet.

Bei dem Kampf und dem dann von vorn und nicht meuchlings von hinten erfolgenden Schlag, bei der Plötzlichkeit des Entschlusses und dem damit naturgemäß zusammenhängenden geringen Maß von Vorsicht bei der That muß der Thäter erhebliche Blutspuren davon getragen haben. Und ein unglaubliches Maß von Saumseligkeit gehörte dazu, diese Blutspuren nicht zu entdecken. Wilhelm selbst hat ja bei einer seiner Vernehmungen behauptet, seine Hose sei mit Blut befleckt gewesen, und er selbst habe die Blutspuren erst am Tage vor der Schwurgerichtsverhandlung beseitigt. Thatsächlich hat er einen grau melirten Anzug getragen; derselbe ist ihm ein paar Tage nach seiner Verhaftung abgenommen und kurz vor der öffentlichen Verhandlung wieder eingehändigt. Seine Hose ist von dem ihn ins Wachtlokal abführenden Polizeibeamten befühlt und es sind weder frische noch alte Blutflecken daran entdeckt; auch später ist sein Anzug von zwei andern Polizeibeamten gemustert, ohne daß Blutspuren wahrgenommen wurden, und nach Vorhalt dieser Wahrnehmungen hat denn Wilhelm auch seine Behauptung der Beseitigung der Blutflecke zurückgenommen.

Nach seiner ersten Darstellung des durch den Wortwechsel veranlaßten Todschlags hat Wilhelm mit seinem eignen Messer den Hammer abgeschabt. Er hat das Messer auf seinem Schlafzimmer liegen lassen, dasselbe am folgenden Morgen an sich genommen und will es in der Berliner Straße aus dem Wagen geworfen haben, als er am folgenden Abend in das Gefängniß gefahren wurde. Die Möglichkeit, daß Wilhelm am andern Morgen das Messer wieder an sich genommen hat, als er zum Umkleiden auf sein Schlafzimmer geführt wurde, ist trotz der Anwesenheit des ihn begleitenden Polizeibeamten nicht ausgeschlossen. Dagegen versichern die den Transport beaufsichtigenden Polizeibeamten, daß er das Messer nicht unbemerkt aus dem Wagenfenster geworfen haben könne. Und da bei Verbrechertransporten die Fenster des Wagens stets geschlossen werden, war diese Art der Beseitigung von vorn herein unwahrscheinlich. Auch der damalige Untersuchungsrichter hält diese Weise der Beseitigung für unmöglich, und schließlich ist Wilhelm gar nicht durch die Berliner Straße gefahren. Wilhelm konnte denn ja auch diese Behauptung nicht mehr aufrecht halten, sondern rief, in die Enge getrieben aus: „Gott mag wissen, wie es gegangen hat".

Haben wir so hervorgehoben, inwiefern das neue Verfahren Umstände klargelegt hat, welche Wilhelms Geständnisse unterstützten oder widerlegten, so erübrigt noch in Kürze auf die Momente einzugehen, welche es sonst hinsichtlich Ziethens zu Tage förderte.

Bei der Bedeutung, welche bei der ersten Verhandlung und später auch bei den publicistischen Erörterungen dem Holzpartikelchen beigelegt wurde, sowie der von Ziethen fortwährend aufgestellten Behauptung, daß es gefälscht sei, erschien eine nochmalige, eingehende Feststellung in dieser Beziehung nothwendig.

Der Gefangenaufseher Splitgerber hat nach seiner ausführlichen Vernehmung dem Ziethen bei dessen Einlieferung auf der Wachtstube mit seinen anderen Sachen auch sein Messer abgenommen. Er hat sofort das Messer geöffnet und an dem hinteren Theil der Schneide ein Körperchen bemerkt, welches er für Holz oder Knochen hielt. Dasselbe sah aus wie ein abgebrochenes, kleines Stückchen eines Schwefelholzes; es hatte ungefähr die Größe einer Linse und war ziemlich gleich lang und dick. Es machte auf den Zeugen den Eindruck, als wenn der Gebraucher des Messers gegen ein Aestchen gekommen, und dadurch das Theilchen abgebrochen und an die Schneide des Messers gekommen sei. Auch machte das Messer den Eindruck, als wenn über die Klinge gewischt sei.

Splitgerber legte das Messer mit den andern dem Ziethen abgenommenen Gegenständen auf einen Tisch im Wachtlokale. Ziethen wurde in seine Zelle geführt, nach einer halben Stunde aber zu seiner Vernehmung wieder in das Wachtlokal hereingebracht. Er wurde nach Briefen gefragt und hatte deshalb in der neben dem Messer liegenden Brieftasche nachzusehen. Bei dieser Gelegenheit gelang es ihm, das Messer zu ergreifen; als er aber bemerkte, daß Splitgerber ihn beobachtete, gab er ihm das Messer zurück. Jetzt wurde Ziethen wieder abgeführt, und nun hat Splitgerber das Messer mit den andern dem Ziethen abgenommenen Gegenständen in einen Schrank geschlossen, den Schlüssel an sich genommen und nicht aus der Hand gegeben. Er hat von dem von ihm bemerkten Körperchen zu andern Polizisten gesprochen, und nun erst ließ der Polizei-Commissar Gottschalk sich das Messer daraufhin nochmals vorlegen und äußerte bei Wahrnehmung des Holztheilchens sofort: „Das ist ein Gegenstand von Wichtigkeit".

Splitgerber versicherte eidlich, daß in der Zwischenzeit Niemand das Messer angerührt habe.

Der nochmals eidlich vernommene Polizei-Commissar Gottschalk bestätigte diese Aussage. Er hat an dem Ziethenschen Messer die schwarzen Flecken, welche sich bei der chemischen Untersuchung als Blutspuren herausstellten, schon in der Nacht wahrgenommen und darauf hin den Ziethen gefragt: „Sie essen wohl Schwarzbrod?" Das Holzpartikelchen hat er erst am folgenden Morgen gesehen, als bereits festgestellt war, daß der Hammerstiel abgeschabt war, und er sich gefragt hatte, mit welchem Instrument dies geschehen sein könne. Er hat darauf das Messer dem Splitgerber zurückgegeben und ihm anbefohlen, es unter strengem Verschluß zu halten.

Auf Grund dieser umfassenden Ermittlungen beantragte die K. Staatsanwaltschaft die Verwerfung der Anträge auf Wiederaufnahme des Verfahrens. Dieselbe hebt zunächst die processuale Bedeutung des Gerichtsbeschlusses hervor, daß nämlich durch den Beschluß, das Verfahren wiederaufzunehmen, das rechtskräftige Urtheil beseitigt werde, betont die außerordentliche Tragweite dieses Beschlusses und die Nothwendigkeit einer besonders strengen, sorgfältigen und vorsichtigen Prüfung und geht dann auf die Ergebnisse der erneuerten Beweisaufnahme ein.

Sie macht geltend, daß nur ein glaubhaftes Geständniß nach § 402 Nr. 4 St.-P.-O. die Wiederaufnahme des Verfahrens zu Ungunsten des Wilhelm rechtfertigen würde, daß aber dasjenige des Wilhelm durchaus nicht als ein solches zu betrachten sei. Schon seine schwankenden Angaben im Motive bestätigten dieses. Von den angegebenen Motiven hält sie dasjenige des Blutdurstes und des Lustmordes bei einem unreifen, verschüchterten und im Verkehr mit Frauen unerfahrenen Burschen von vorn herein für ausgeschlossen, und geht dann auf das von Wilhelm zuletzt aufrecht gehaltene des Streits näher ein. Sie hält es für durchaus ausgeschlossen, daß der vor seinem Meister knechtisch zitternde Wilhelm zur Ausübung seiner That gerade die Zeit benutzt haben sollte, in welcher sein Meister zurückerwartet wird, weist den Widerspruch nach, in dem sich Wilhelms Angabe, die That 20 Minuten vor 11 Uhr begangen zu haben, mit den andern, durch die Zeugen festgestellten Zeitumstände befindet, und hebt dann auch die sonstigen Widersprüche hinsichtlich der auf Wilhelms Kleidern angeblich vorhanden gewesenen Blutflecken und des Abschabens des Hammers durch sein Messer hervor. Wenn sonach das Geständniß in seinen vielfachen Widersprüchen in sich selbst und mit den äußern Ermittlungen als ein freies nicht anzusehen sei, sich in demselben vielmehr nur ein Herumtasten und Herumfühlen offenbare, um die Angaben einigermaßen glaubhaft zu machen, so müsse dasselbe durch äußere Einflüsse hervorgerufen sein. Diese äußern Einflüsse seien aber in der bei Wilhelm angeregten Hoffnung auf reiche Belohnung Seitens der wohlhabenden Ziethenschen Familie zu finden.

Die Staatsanwaltschaft hält daran fest, daß die Aussage des Wilhelm im Schwurgerichtsverfahren richtig sei, daß er Zeuge der Ermordung der Frau Ziethen durch ihren Mann gewesen und unter dem Drucke des Ziethen stehend diesen durch sein Auslugen auf der Straße, durch sein Dazwischentreten bei der Verhaftung und jetzt auch durch sein nachträgliches Geständniß begünstigt habe. Auf diese Begünstigung und eine Wiederaufnahme des Verfahrens wegen dieses Vergehens zu Ungunsten des Wilhelm sei indeß das gegenwärtige Verfahren nicht gerichtet.

Eine Wiederaufnahme des Verfahrens zu Gunsten des Ziethen erklärt die Staatsanwaltschaft für ebenso wenig gerechtfertigt; denn die Belastung desselben durch das Zeugniß des Wilhelm bleibe, wenn dessen Geständnisse als durchaus unglaubwürdig betrachtet werden müßten und der Widerruf seines belastenden Zeugnisses gegen Ziethen nur eine Consequenz seiner Geständnisse bilde, als allein glaubwürdig bei den wechselnden Wilhelmschen Angaben bestehen, weil dieses Zeugniß sich allein mit den sonstigen Ermittlungen in Uebereinstimmung befinde. Wolle man aber auch von dieser Belastung absehen, so sei durch die übrigen Thatumstände der Beweis der Schuld des Ziethen vollkommen erbracht, und in dem erneuerten Beweisaufnahmeverfahren seien die Beweise seiner Schuld nur noch vermehrt.

Der für Wilhelm ernannte Vertheidiger beantragte die Untersuchung desselben auf seinen Geisteszustand anzuordnen und ihn zum Zwecke der Beobachtung in einer Irrenanstalt unterzubringen. Er begründete diesen Antrag damit, daß die Laster, denen Wilhelm nach seinem eignen Geständniß ergeben sei, geeignet seien, den Geist bei solchen schwächlichen Constitutionen zu verwirren, und daß man sich die widersprechenden phantastisch ausgestatteten Ein- und Auslassungen des Wilhelm kaum anders als mit geistiger Gestörtheit zu erklären vermöge.

Der Vertheidiger des Ziethen, Rechtsanwalt Grommes zu Cöln, bestritt dem Gerichtshof das Recht, das Geständniß des Wilhelm bei dem Wiederaufnahmeverfahren zu Gunsten des Ziethen auf seine innere Wahrheit hin zu prüfen, da der § 399 Nr. 5 nur die Beibringung neuer Thatsachen verlange und nicht neuer glaubhafter Thatsachen. Er führte aber weiter aus, daß das Wilhelmsche Geständniß insofern vollen Glauben verdiene, als derselbe sich selbst beschuldige, während er die Nebenumstände so gruppire, wie sie ihm selbst am dienlichsten seien.

Der Vertheidiger des Ziethen läßt es dahingestellt, welches der von Wilhelm für seine That angegebenen Motive für ihn das ausschlaggebende gewesen sei, hält aber daran fest, daß dasjenige des Lustmords das wahrscheinlichste sei, und daß Wilhelm das später hervorgesuchte des Streits gewählt habe, um die That in milderm Lichte erscheinen zu lassen, wie denn sein dahin gerichtetes Bestreben auch daraus hervorgehe, daß er zuletzt nur zwei Schläge gegeben haben wolle und die Wahrscheinlichkeit hervorhebe, daß Ziethen selbst seiner Frau die tödtlichen Schläge beigebracht habe. Er hebt die im Lauf der Untersuchung gegen Wilhelm aufgetauchten belastenden Umstände hervor, sucht die Erheblichkeit der von Frau Ziethen ausgesprochenen Belastung ihres Mannes mit dem Hinweis darauf abzuschwächen, daß sie des Erinnerungsvermögens durch den tödtlichen Schlag verlustig geworden sei, und beantragt, die Erneuerung des Hauptverfahrens anzuordnen.

Der Beschluß der Strafkammer des Königl. Landgerichts zu Elberfeld vom 14. October 1887 ordnete darauf die Wiederaufname des Verfahrens zu Gunsten des Ziethen und zu Ungunsten des Wilhelm und die Erneuerung der Hauptverhandlung an. In seiner Begründung geht derselbe davon aus, daß das Geständniß des Wilhelm im Gegensatz zu den Ausführungen der Vertheidigung des Ziethen auf seine Glaubhaftigkeit zu prüfen sei. Er führt aus, daß Wilhelm allerdings eine durch und durch verlogene, sinnlich angelegte und unzuverlässige Natur sei, daß aber sein Geständniß in seinem darin stets gleich gebliebenen Kern Glauben verdiene, daß er der Mörder der Ehefrau Ziethen gewesen sei. Der Beschluß findet das Motiv zu dem Geständnisse in Wilhelms Reue und Gewissensbissen und hebt hervor, daß von einer Beeinflussung durch die erregte Hoffnung auf Belohnung nicht die Rede sein könne, weil Wilhelm jede auf ihn ausgeübte Einwirkung klar gestellt, aber ein solches Versprechen dabei niemals erwähnt habe. Er betont die widersprechenden Angaben Wilhelms in den Nebenumständen als unerheblich im Verhältniß zu dem Kern seiner Angaben, daß er der Thäter sei, hebt die auch früher gegen Wilhelm hervorgetretenen Verdachtsmomente hervor und kommt zu dem Schluß, daß die Wiederaufnahme des Verfahrens zu Ungunsten des Wilhelm nothwendigerweise auch die Wiederaufnahme des Verfahrens zu Gunsten des Ziethen herbeiführen müsse.

Der Antrag des Vertheidigers des Wilhelm, denselben auf seinen Geisteszustand hin beobachten zu lassen, wird abgelehnt, weil Anzeichen geistiger Gestörtheit bei ihm während der Untersuchung nicht hervorgetreten seien, und zugleich hervorgehoben, daß eine derartige Untersuchung bei einer Natur von solcher schauspielerischen Begabung wie Wilhelm die größten Gefahren in sich trage.

Gegen diese Entscheidung legte die Staatsanwaltschaft Beschwerde beim Oberlandesgericht zu Cöln ein, indem sie dieselbe durch lange und eingehende Ausführungen rechtfertigte. Am 25. November 1887 hob der Straffenat des Oberlandesgerichts den Beschluß des Elberfelder Landgerichts auf und verwarf die Anträge auf Wiederaufnahme des Verfahrens sowohl zu Gunsten des Ziethen als auch zu Ungunsten des Wilhelm.

In dem Beschlusse wurde Folgendes zur Begründung ausgeführt:

Wenn auch die Gründe der schwurgerichtlichen Urtheile in den Sprüchen der Geschworenen nicht zum Ausdruck gebracht würden, so müsse doch nach Inhalt der Akten angenommen werden, daß nachstehende Thatsachen für ihren Spruch im vorliegenden Verfahren als festgestellt und ausschlaggebend angenommen seien. Ziethen sei wegen seines rohen, heftigen und leidenschaftlichen Charakters der That fähig gewesen und habe in dem Wunsch, seine gehaßte Frau zu beseitigen und sich mit der Alberts zu verbinden, ein Motiv zur That gehabt. Auch die Zeit und Gelegenheit zur Ausführung habe nicht gefehlt; denn 11 Uhr 15 Minuten sei er in seiner Wohnung angelangt und um 11 Uhr 30 Minuten habe er die Mitbewohner des Hauses geweckt, in der Zwischenzeit sei Niemand in das Ziethensche Haus eingetreten (Zeuge Funccius), sei das Stöhnen der Frau auf der Straße bemerkt, und in dieser Zeit, welche auch zur Begehung des Mordes und zur Beseitigung der Spuren vollständig ausreiche, müsse das Verbrechen vorgenommen sein. Wenn Frau Ziethen auch im Anfang einen Andern als Mörder bezeichnet habe, so habe dieselbe doch später bei wiederholten Vernehmungen und im Zustande des klaren Bewußtseins fortgesetzt ihren Mann als den Thäter bezeichnet, und die Annahme eines wissentlichen Meineids im Angesicht des Todes sei vollkommen ausgeschlossen. An Ziethens Messer hätten sich, als ihm dasselbe bei seiner Verhaftung abgenommen wurde, die deutlichen Spuren von Blut sowie ein blutgetränktes Holztheilchen befunden, welches mit den von dem Hammer abgeschabten Stückchen vollständig übereingestimmt habe, und dessen Uebereinstimmung auch durch die mikroskopische Untersuchung festgestellt sei. Auch an den Manschetten des Ziethen seien Blutflecken und an seinem Stiefel ein Stückchen Gehirnmasse festgestellt, und es sei die Annahme durch die Zeugenaussagen beseitigt, als wenn diese Blut- und Gehirnflecken durch eine Berührung der Frau Ziethen nach der That entstanden seien. Als Ziethen dem Nachtwächter Bergmann unmittelbar nach der That mitgetheilt habe, er sei durch die Hausthür eingetreten und über seine am Boden liegende Frau gefallen, sei Ziethen ohne Ueberzieher gewesen. Er sei mit demselben von Cöln gekommen und hätte mit demselben noch bekleidet sein müssen, wenn seine an Bergmann gerichtete Erzählung der Wahrheit entsprechend gewesen wäre.

Von diesen in den Akten festgestellten Thatsachen sei der Spruch der Geschwornen ausgegangen, und derselbe müsse der Aussage des Wilhelm wenig Werth beigelegt haben, denn nach Wilhelms Aussage sei die That in der Erregung durch den Zank mit Frau Ziethen, also ohne Ueberlegung begangen, während die Geschworenen den mit Ueberlegung ausgeführten Mord angenommen hätten.

Gegen diesen dem Urtheil des Schwurgerichtshofs zu Grunde liegenden Thatbestand werde zur Begründung des Beschlusses auf Wiederaufnahme des Verfahrens vom Landgerichte Elberfeld als eine neue Thatsache nur das zuletzt vorliegende Geständniß des Wilhelm angenommen. Dasselbe sei aber nicht geeignet, den Wiederaufnahmebeschluß zu rechtfertigen. Denn wolle man das allein maßgebende letzte Geständniß des Wilhelm als wahr annehmen, so habe er nur zwei Schläge auf Frau Ziethen geführt, und nachher müßten von Ziethen selbst noch weitere Schläge erfolgt sein. Allein das ganze Geständniß in seinen stets wechselnden Angaben erscheine unglaubhaft; denn Wilhelm sage nach den vielfachen, verschiedenen Auslassungen nicht nach Maßgabe der Wahrheit, sondern nach einer augenblicklichen Stimmung aus. Die verschiedenen Aussagen erschienen als Versuche des durch Beeinflussungen gesteckten Ziels, den Angeklagten Ziethen von der Strafe zu befreien. Da Ziethen nicht in Freiheit gesetzt sei, so erkläre sich hierdurch der fortwährende Wechsel in den Auslassungen des Wilhelm, weil er jeder neuen Aussage diesen Erfolg zutraue. Auch sei Wilhelm Inhalts der Voruntersuchung an der That in irgend einer Weise betheiligt, dadurch erkläre sich seine Gewissensunruhe, diese Betheiligung sei aber nicht in genügender Weise klar gestellt, um eine Verurtheilung herbeiführen zu können.

Demnach könne das Geständniß des Wilhelm weder als eine neue Thatsache angesehen werden, welche die Wiederaufnahme des Verfahrens zu Gunsten des Ziethen rechtfertige noch als eine solche, welche dieselbe zu Ungunsten des Wilhelm gestatte.

Kurze Zeit darauf erschien in den Zeitungen ein Brief, in welchem ein gewisser Stracke dem Vater des Ziethen mittheilt, daß sich ihm gegenüber ein in der französischen Fremdenlegion in Algier dienender Kleinsmann aus Elberfeld des an Frau Ziethen in Gemeinschaft mit Wilhelm begangenen Mordes gerühmt habe. Dieser Kleinsmann habe während seines Dienstes in der Fremdenlegion viel mit ihm verkehrt und eines Abends von reichlich genossenem Absinth berauscht auf seine Frage, was er denn zu Hause ausgefressen habe, erzählt, daß er in Elberfeld viel mit einem Barbierlehrling zusammengewesen und mit ihm ein lustiges Leben geführt habe. Der Lehrling habe ihm anvertraut, daß mit der Barbiersfrau in geschlechtlicher Beziehung etwas zu machen sei, und ihn eines Abends aufgefordert, mit ihm zu kommen „der Alte sei in Cöln". Darauf hätten sie sich in den Barbierladen begeben und hätten dort einen Polizeimann angetroffen, nach dessen Weggang habe zunächst er und dann der Lehrling ein gewaltsames Attentat auf die Frau verübt, und der Barbier habe sein Opfer mit einem Hammer erschlagen, als es sich gesträubt und geschrieen habe; er selbst aber habe Reißaus genommen, als er das Blut gesehen.

Die auf Grund dieses auch der Staatsanwaltschaft mitgetheilten Schreibens angestellten Ermittlungen ergaben in allen Nebenumständen die vollständige Haltlosigkeit dieses Märchens. Es wurde festgestellt, daß am Tage der That kein Polizist in der Ziethenschen Wirthschaft gewesen war, daß Kleinsmann zur Zeit der That allerdings in Elberfeld gewesen, 'aber als 17jähriger, arbeitsloser Bursche unter strenger Controlle seines Vaters gehalten und am betreffenden Abend zu Hause gewesen war, daß er mit Wilhelm nicht verkehrt und namentlich nicht in der Ziethenschen Wirthschaft verkehrt hatte, und daß die kränkliche und durch ihr häusliches Elend verkümmerte Frau Ziethen sich stets ehrbar und anständig benommen und niemals Veranlassung zu solchen Gelüsten gegeben hatte. Es ergab sich auch, daß die aufgestellte Behauptung, Kleinsmann sei unmittelbar nach Ermordung der Frau Ziethen flüchtig geworden, unrichtig war, daß Kleinsmann sich vielmehr noch ein ganzes Jahr in Elberfeld aufgehalten hat. Auch wurde festgestellt, daß Stracke selbst ein unzuverlässiger Mensch war, der Frau und Kinder verlassen und sich vagabundirend in der Welt herumgetrieben hatte, bis er von ihr geschieden, von seiner Familie nach Amerika geschickt und später für die Fremdenlegion angeworben wurde.

Ein auf Grund dieses Strackeschen Briefes von Ziethen beantragtes Wiederaufnahmeverfahren wurde denn auch vom Ober-Landesgericht zu Cöln verworfen.

Hervorzuheben ist, daß während der in Folge des Briefes angestellten Ermittlungen auch Wilhelm wieder eingehend vernommen wurde. Jetzt kam er auf seine vor dem Schwurgericht gemachten Angaben zurück und erklärte, seine falschen Geständnisse gemacht zu haben, weil er von seinem Meister Pieske entsprechend instruirt und darauf hingewiesen sei, daß die Famlie Ziethen ihn für die paar abzusitzenden Jahre schon anständig belohnen werde.

Später wurde nochmals der Antrag auf Wiederaufnahme des Verfahrens Seitens der Vertheidiger des Ziethen mit dem Hinweise darauf gestellt, daß nach dem frühern Geständniß des Wilhelm ein von ihm, sei es allein, sei es in Verbindung mit einem Andern begangener Lustmord vorliege, und aus dem Leben des Wilhelm, namentlich aus seinem spätern Leben in Berlin der Nachweis versucht, daß er ein mordlustiger und wollüstiger Bursche sei. Neu war in diesem Antrage nur die unter Beweis gestellte Behauptung, daß er einmal im Keller sechs Katzen in grausamer Weise getödtet habe. Dieser Antrag wurde vom Landgericht zu Elberfeld und auf erhobene Beschwerde auch vom Ober-Landesgericht zu Cöln abgelehnt.

Auf das Leben des Wilhelm nach seiner Freisprechung und die Art und Weise, wie das erste Geständniß aus ihm herausgelockt wurde, sind wir bisher nicht näher eingegangen, weil die Gerichtsbeschlüsse in ihrer Begründung nur wenig hierauf Bezug nehmen. Es wird indeß zur Klarstellung des Falls nothwendig sein, jetzt auch diese Punkte hervorzuheben.

Zunächst wandte er sich zu einem Onkel in Rockeberg in Baden, der ihn in seine Familie aufnahm und bei welchem er beinahe 6 Monate geblieben ist.

Wilhelm sowohl als auch seine Verwandten suchten seinen Aufenthalt geheim zu halten, damals wohl noch nicht aus Furcht vor der Familie Ziethen, sondern um den unter verdächtigen Umständen in einen Mord verwickelten Burschen vor den Augen der Welt und seiner Bekannten zu verbergen. Da erschien der Vater des Ziethen bei der Wittwe Linden, der Pflegemutter des Wilhelm in Elberfeld. Er forschte wiederholt nach Wilhelms Adresse. Der alte Ziethen erklärte dort: „Wenn Wilhelm heute noch sagt, daß mein Sohn unschuldig ist, soll dies nicht umsonst sein. Mein Sohn hat noch viel Geld und wird es gern springen lassen.“ Alle seine Versprechungen und Zureden nutzten nichts und schließlich wurde ihm von dem damals noch lebenden Ehemann Linden die Thür gewiesen. Später sind noch in der Zeit verschiedene Personen bei Frau Linden gewesen, welche sich augenscheinlich in Ziethens Auftrag nach Wilhelm erkundigten. Obwohl auch diesen die Adresse verschwiegen wurde, gelang es Ziethen doch, durch einen Bekannten Wilhelms Aufenthalt auszukundschaften, und er erschien bald darauf in Rockeberg; dort suchte er auf Wilhelm einzuwirken; er machte, wie Wilhelm in einem Briefe klagte, das ganze Nest rebellisch, und derselbe mußte sich von dort wegbegeben. Er hat nun im April 1884 in Oberrad bei Frankfurt eine neue Stelle gefunden und bat von dort aus seine Verwandten, seinen Aufenthaltsort geheim zu halten. Dort ist Wilhelm nur zwei Monate geblieben und dann begann für ihn eine Zeit, in welcher er stets nur für wenige Wochen oder Monate die verschiedensten Stellen inne gehabt hat.

Denn überall wurde er von der Familie Ziethen verfolgt. Aus den bei dem Restaurateur Ziethen beschlagnahmten Briefen geht hervor, daß die Familie alle Mittel in Bewegung setzte, um den Aufenthalt zu erfahren, und an allen Orten, wo sie Wilhelm vermuthete, bei den Verwandten nachforschen, ihn überwachen und aushorchen ließ.

In Elberfeld hatte Heinrich Ziethen einen gewissen Busch, einen frühern Feldwebel, mit diesen Nachforschungen beauftragt. Derselbe giebt über seine Thätigkeit genaue Rechenschaft. Am 15. Juni 1886 schreibt er:

„Der verdammte Junge hat mir durch alle meine Pläne einen Strich gemacht. Ich habe mir als Helfershelfer einen einer frommen Secte angehörigen Mann willig gemacht, den ich mit einer Anzahl frommer Traktätchen ausgerüstet in erster Linie dem Bengel auf den Hals schicken wollte, um unter dem Deckmantel christlicher Liebe den Jungen mürbe zu machen.“

Mit diesem frommen Freunde hat Busch wiederholt die Tante Linden besucht und ausgehorcht.

Am 21. April 1886 bestätigt Busch den Empfang von 30 Mk. zur Fortsetzung seiner Bemühungen, dann schreibt er am 22. Mai 1886, er habe Wilhelm in Frankfurt, Bingen und Darmstadt aufgesucht und nicht angetroffen. Er berichtet, die Stimmung der Bürgerschaft in Elberfeld fange an, günstiger für den verurtheilten Ziethen zu werden, wie er selbst durch absichtlich herbeigeführte Wirthshausgespräche festgestellt habe. Wilhelm befinde sich in einem kleinen Orte im Hannoverschen, er hoffe indeß, ihn für die Pfingsttage nach Crefeld zu locken. Busch lobt die Idee des Restaurateurs Ziethen, noch einen Helfershelfer zuzunehmen; das sei ja die Regel jedes Criminalisten; allein könne er nicht arbeiten.

Er erbittet weitere Gelder, da die 30 Mk. lange verausgabt seien. Am 24. Juni erklärt er, einstweilen genügend mit Geldmittteln versehen zu sein, und hält sich später mit der von der Familie Ziethen ausgesetzten Prämie von 1000 Mk. für vollkommen abgefunden, wenn er die Entdeckung herbeigeführt habe.

Trotz aller dieser Bemühungen gelang es Wilhelm, funfzehn Monate lang verborgen eine Stelle in Werder zu behalten. Dort ließ er sich in ein Verhältniß mit einer verheiratheten Frau ein, deren Mann im Gefängniß saß, und nach dessen Entlassung ihm das Haus verboten wurde. Er wandte sich nun nach Berlin, nahm dort eine andere Stelle an, aus welcher er entlassen wurde, weil er eines Abends betrunken nach Hause kam, und trat am 2. März 1887 bei dem Barbier Pieske in der Frankfurter Allee als Gehülfe ein. Bis zum 21. April haben weder Pieske, noch seine Ehefrau irgend etwas Auffallendes an ihm wahrgenommen. An diesem Tage wurde Pieske in eine benachbarte Wirthschaft gerufen und traf dort den Restaurateur Heinrich Ziethen mit seinem Vater an. Nachdem dieselben ihn zu einer Weißen eingeladen, theilten sie ihm sofort den Zweck ihrer Herkunft mit, und Pieske ersuchte sie, mit in seine Wohnung zu kommen, weil sie sich dort freier über die Angelegenheit unterhalten könnten, zugleich aber auch, damit seine Frau, welcher er einen besseren Blick zutraute, von der Sache direkt erführe. Dort gaben die Ziethens den Eheleuten Pieske verschiedene von Albert Ziethen geschriebene Briefe zu lesen, in denen derselbe seine Unschuld betheuerte, und erregten so ihr Interesse für den angeblich unschuldig Verurtheilten. Sie ersuchten Pieskser, wie derselbe angiebt, nicht etwa den Wilhelm zum Geständniß zu bringen oder auf denselben in irgend einer Weise einzuwirken, auch haben sie ihm keine Versprechungen gemacht, „sondern sie baten ihn nur, gelegentlich die Rede auf den Vorfall zu bringen". Zugleich baten sie um Mittheilung dessen, was Piesker aus Wilhelm „herausgebracht hätte".

Das Einzige, was Piesker bis dahin an Wilhelm aufgefallen war, bestand darin, daß derselbe hin und wieder Herren, die nach Piesker fragten, wenn er in dem von seiner Wohnung getrennten Geschäftsraum nicht anwesend war, einfach abgewiesen und seinem Dienstherrn nicht mitgetheilt hatte, daß Jemand nach ihm gefragt habe. Dasselbe hatte Wilhelm am folgenden Tage gethan, und dieser Umstand bot Piesker die willkommene Veranlassung, ihm vorzuhalten, daß er sich hierdurch verdächtig mache, denn offenbar fürchte er, daß seinem Principal durch die Abgewiesenen etwas Nachtheiliges über ihn zu Ohren komme. Piesker fragte ihn, ob er etwas auf dem Gewissen habe, ob er etwa ein Mädchen unglücklich gemacht habe, und erzählte ihm nachher eine fingirte Geschichte von einem Sohne seines früheren Lehrherrn, der gestohlen habe, nicht bei dem Diebstahl abgefaßt sei und doch nachher ein reuiges Geständniß abgelegt habe. Wilhelm unterbrach ihn mit den Worten „das muß ein schöner, dummer Kerl gewesen sein, der nicht abgefaßt wird und doch hinterher gesteht". Wilhelm zeigte sich bei diesem Gespräch nach Pieskers Versicherung sehr aufgeregt, und stand ihm der Schweiß auf der Stirne, obwohl es im Lokale nicht übermäßig warm war. Piesker fragte ihn noch nach seinem früheren Lehrherrn, seiner Lehrherrin und seinem Lehrbrief. Wilhelm blieb gleich unruhig und suchte einem weiteren Gespräch dadurch zu entgehen, daß er um den Schlüssel zu seinem Zimmer bat und sich auch sofort dorthin begab. Pieske r folgte ihm, brachte sogleich wieder die Rede auf den Lehrherrn und fragte ihn, warum er sich nicht so mit demselben gestellt habe, daß er später dessen Geschäft übernommen habe. Darauf sagte Wilhelm: „Ich will Ihnen nur gestehen, Herr Pieske r, mein Lehrherr hat seine Frau erschlagen". Ich fragte ihn sofort „„mit was denn"". „Mit einem Hammer." Ich fragte „„Und das haben Sie gesehen?"" worauf er mir mit „Ja" antwortete.

Pieske r theilt seiner Frau diese Unterredung mit, und beide begeben sich gleich in das Geschäftslokal, wo sie sofort wieder von dem Morde zu reden beginnen. Frau Pieske r richtet an Wilhelm die Frage, ob es wirklich wahr sei, daß sein Lehrherr seine Frau erschlagen habe. Nun fährt Pieske r fort:

„Hierauf entgegnete er jetzt „„soviel ich mich wenigstens erinnere"", daß er es nicht gesehen hätte, er hätte nur den Bumbs gehört und hätte dann hinter den Gardinen durch das Thürfenster gesehen. Hierbei habe ihn der Meister bemerkt und er habe zu demselben gesagt „„Meister, was machen Sie da?"" Derselbe habe ihm aber zugerufen: „„Verfluchter Bengel, mach, daß du fortkommst; sonst kriegst du noch eins mit"". Ich machte hierauf den Wilhelm sofort auf den Widerspruch zwischen seiner eben gehörten und der mir kurz vorher auf seinem Zimmer gemachten Aussage aufmerksam. Ich erhielt aber hierauf keine andere Antwort als „„die Frau hat es ja aber beschworen"". Auf meine Bemerkung, daß die Frau ja erschlagen sei, entgegnete er sodann „„sie hat ja noch fünf Tage gelebt"".

„Ich habe in der Folge mit Wilhelm oft Kneipen besucht und versucht ihn in der Angetrunkenheit womöglich in Widersprüche zu verwickeln.

„Wilhelm ließ sich auf weitere Erklärungen mir gegenüber nicht ein. Er pflegte vielmehr meinen desfalsigen Versuchen, ihn zum Sprechen zu bringen, mit den Worten zu begegnen „„Mir kann Niemand““. Hierbei bemerke ich, daß ich dem Wilhem bei dieser Gelegenheit stets die genossenen Getränke spendirt habe. Bei einer dieser Gelegenheiten haben wir zusammen 42 Glas Bier und 10 Cognaks getrunken.“

Nun beauftragte Pieske auch seinen Gehülfen Brey, den Wilhelm auszuhorchen, und er will von diesem die Mittheilung erhalten haben, Wilhelm habe ihm gestanden, er habe seine Meisterin poussirt oder poussiren wollen. (Eine Behauptung welche Brey in Abrede stellt.) Am Abend, bevor Brey seinen Dienst verließ, ging er spät mit Wilhelm spaziren. Das Ehepaar Pieske folgte den beiden und belauschte ihr Gespräch, ohne von ihnen erkannt zu werden, und hörte, wie Brey dem Wilhelm eröffnete, er sei beauftragt, ihn auszuhorchen. Am folgenden Tage kam Wilhelm zu Pieske und kündigte ihm den Dienst auf, indem er auf Befragen als Grund angab, weil er hier ausgehorcht werde.

„Ich kam nun wieder“ fährt Pieske fort, „auf die Angelegenheit zu sprechen und sagte ihm auf den Kopf, daß er und weiter Niemand Frau Ziethen erschlagen habe.“ Wilhelm entgegnete Anfangs nichts, war vielmehr sichtlich verlegen und schwieg. Nach einer Weile sagte er mir „„Nun Sie müssen es ja wissen. Sie sind ja dabei gewesen. Sie wollen wohl den Criminal-Polizisten spielen.““

„Am nächsten Tage habe ich in Gemeinschaft mit meiner Frau dem Wilhelm zugeredet, doch ein Geständniß zu machen; wir gaben ihm dabei zu bedenken, daß Frohnleichnamsfest sei, und daß er da als Katholik in sich gehen und sein Gewissen erleichtern solle.“

„Am Nachmittage des 9. Mai habe ich sodann nochmals das Gespräch auf die Mordangelegenheit gebracht; ich hielt ihm vor, daß er sich in Widersprüche verwickle, daß er jedenfalls der Thäter sei, und daß ihm Alles nichts helfen würde, er vielmehr bald verhaftet werde. Meine deßfallsigen Vorhaltungen haben etwa $1^1/_2$ Stunden gedauert. Wilhelm entgegnete mir Nichts darauf, hörte vielmehr ruhig zu. Schließlich sagte ich noch, daß es ihn ja den Kopf nicht kosten würde. Bei dieser Erklärung sah er mich groß an und meinte, ob das wirklich wahr sei. Ich wiederholte ihm, daß er wegen seiner Jugend nicht mit dem Tode bestraft werden könnte, und gab ihm zur Bekräftigung meiner Worte die Hand. Nunmehr sagte Wilhelm „„Nun dann will ich es Ihnen gestehen. Ich habe die Frau erschlagen; der Mann ist unschuldig.““

Pieske ging nun nicht weiter auf die näheren Umstände ein, veranlaßte Wilhelm nur, sein Geständniß vor seiner Frau zu wiederholten, und beide brachten nun den Wilhelm zum Criminal-Commissar. Als Wilhelm vor demselben gleichfalls das Geständniß abgelegt und zurückgeführt wurde, sagte er zu Pieske „„Nun ist mir ordentlich leicht““.

Pieske behauptet, die beiden Ziethen nur das einemal gesehen und von ihnen weder Geld noch Geschenke oder Versprechungen erhalten zu haben. Er will nur aus Menschenpflicht gehandelt haben. Er sagt allerdings aus, daß er dem Wilhelm mitgetheilt habe, Ziethen würde es ihm danken, wenn er ein offenes Geständniß ablege, will aber dabei nicht an eine Geldbelohnung gedacht haben. „Die Einwirkungen“, sagt er bei seiner nochmaligen Vernehmung, „habe ich eigentlich ununterbrochen fortgesetzt und ihm immer und immer wieder zugeredet. Oftmals setzte sich Wilhelm auf einen Stuhl in die Ecke und weinte. Ich habe dies dann als ein Zeichen von Reue aufgefaßt und mich dadurch immer mehr von seiner Schuld überzeugt. Als er mir schließlich die That eingestand, sagte Wilhelm: „„Es schadet dem Ziethen aber Nichts, daß er sitzt; denn er war schlecht.““

Die Ehefrau Pieske bestätigte im Allgemeinen die Angaben ihres Mannes; während derselbe aber jede Verbindung mit Ziethens in Abrede stellte und erklärte, er habe außer der erwähnten Zusammenkunft weder briefliche noch sonstige schriftliche Mittheilungen von ihnen erhalten, gab sie zu, in der Zwischenzeit 7 oder 8mal bei dem Restaurateur Ziethen gewesen zu sein. Als der letztere ihr mittheilte, er werde den mit Wilhelm bekannten Maurer Bergel mit dem Aushorchen beauftragen, fuhr sie mit Ziethen zu demselben und hörte, wie dieser seine Mitwirkung zusagte.

Nach dem vorläufigen Verhör durch den Criminal-Commissar, hat sie den Restaurateur Ziethen herbeigerufen. Derselbe erhielt die Erlaubniß, Wilhelm zu sprechen, ging nach Darstellung der Frau Pieske auf Wilhelm zu, faßte ihn an beide Arme und sagte ihm in der aufgeregtesten Weise: „„Also Sie sind der Mörder meiner Schwägerin““. Wilhelm fing hierauf an zu weinen und sagte: „„Ja ich bin der Mörder, ich habe Frau Ziethen erschlagen. Ihr Bruder sitzt unschuldig, ich bereue meine That.““ Eine Weile darauf sagte Heinrich Ziethen zu dem Criminal-Commissar: „„Sagen Sie Ihrem Herrn Collegen Gottschalk, daß das, was mein Bruder in der Verhandlung gesagt hat, wahr ist.““ Wilhelm erklärte hierauf: „„Ja ich bin es, der den Hammer abgeschabt hat. Das Messer ist gefälscht.““ Ziethen meinte hierauf zu Wilhelm: „„Sie waren ein schlechter Mensch, jetzt sind Sie ein guter Mensch, da Sie die Wahrheit sagen und den Fleck von unserer Familie abwaschen.““

Sie blieben dann noch eine Weile zusammen im Polizeigebäude und als Wilhelm über Durst klagt, läßt Ziethen durch einen Polizeibeamten eine Weiße und mehrere Stullen holen.

Bei ihrer nochmaligen Vernehmung giebt Frau Pieske an, daß sie und ihr Mann unausgesetzt vom 22. April bis zum 9. Juni auf Wilhelm eingewirkt haben, sie habe ihn darauf hingewiesen, daß er bei seiner Jugend ja nur ein paar Jahre Gefängniß bekomme, und habe ihm auch versprochen, ihn später aus dem Gefängniß abzuholen. Sie hat ihm auch gesagt, er möge denken, es sei seine Militärzeit, die gerade bevorstehe. Bei ihren Einwirkungen sei sie nur durch den Gedanken, ein gutes Werk zu thun, geleitet, sie giebt aber zu, daß Heinrich Ziethen ihnen 5000 Mk. versprochen habe, wenn durch ihre Bemühungen der wahre Thäter entdeckt werde. Dieses wurde auch von Heinrich Ziethen zugegeben. Er hat dieses Versprechen sowohl den Eheleuten Pieske als auch einem gewissen Bergel gemacht, dessen Bemühungen er gleichfalls in Anspruch nahm.

Dieser Maurer Bergel hat Wilhelm im Jahre 1885 kennen gelernt, als derselbe bei Bergels Schwager in Werder in Diensten stand. Während dieser Zeit hat Wilhelm tagtäglich mit ihm verkehrt.

Pfingsten 1887 war Bergel in Werder und hörte von seinem Schwager, daß die Ziethens bei ihm gewesen und sich nach Wilhelm unter Mittheilung ihrer Ueberzeugung, daß er der Mörder sei, erkundigt hätten. Er kam mit seinem Schwager überein, daß er zu Ziethen gehen, Rücksprache nehmen und dann nach Christenpflicht (!) versuchen solle, aus Wilhelm etwas herauszuhorchen.

Bergel ging zu dem Restaurateur Ziethen hin, der seinen guten Willen anerkannte, ihn aber einstweilen abwies, weil die Sache sich in den Händen des Criminal-Commissars befinde.

Inzwischen hatte Wilhelm seinem Lehrherrn Pieske aufgekündigt und Heinrich Ziethen fürchtete, die Spur wiederum zu verlieren, wenn er den Dienst verlasse. Deshalb kam er in Begleitung der Ehefrau Pieske am 7. Juni zu Bergel nach Weißensee.

Sie theilten ihm mit, daß Pieske dem Wilhelm den Mord auf den Kopf vorgeworfen habe und Wilhelm jetzt den Pieskerschen Dienst verlassen würde. Ziethen bat den Bergel, doch jetzt Alles daran zu setzen und Wilhelm auszuhorchen, und übergab ihm zu dem Zwecke 10 Mk. damit er dieselben mit Wilhelm verkneipe.

Am Nachmittag des 8. Juni ging Bergel in die Pieskersche Rasirstube und traf Wilhelm beim Kartenspielen an. Bei seinem Eintritt fuhr Wilhelm mit den Worten in die Höhe: „Du bist von der Polizei geschickt, um mich auszuhorchen." Wilhelm erblaßte bei diesen Worten. Bergel that sehr erstaunt über diese Aeußerung und erklärte, nur zufällig in die Rasirstube gekommen zu sein, um sich barbiren zu lassen. Er wollte nicht gewußt haben, daß Wilhelm hier in Stellung sei. Er schlug dem Wilhelm vor, mit ihm in ein Wirthshaus zu gehn, und hat hier Wilhelm in seiner Gesellschaft wenigstens fünf Glas Bier und einen Cognak getrunken. Er erzähte nun dem Wilhelm die erdichtete Erzählung, daß er von seiner Frau weg nach Amerika wolle. Wilhelm antwortete ihm darauf: „Ich muß auch fort; denn es kostet mich hier noch den Kopf."

Diese Aeußerung hielt Bergel für wichtig genug, um sie sofort dem Restaurateur Ziethen zu berichten. Vorher hatte er aber mit Wilhelm verabredet, sich Abends wieder in der Restauration zu treffen. Bergel beabsichtigte dann den Wilhelm gründlich auszuhorchen, und setzte sich deshalb mit dem Eigenthümer der Wirthschaft in Verbindung; er bewog denselben, ihm für den Abend sein Wohnzimmer zu überlassen und in demselben einen Zeugen ihres Gesprächs hinter dem Kleiderschrank zu verstecken.

Von Ziethen holte sich Bergel weitere 25 Mk. und fuhr mit denselben zum Kriminal-Commissar, der die Wilhelmsche Aeußerung für nicht hinreichend erklärte, um ihn zu belasten, man müsse versuchen, Wilhelm in Widersprüche zu verwickeln.

Abends holte Bergel den Wilhelm wieder ab, und nachdem derselbe wiederum vier Glas Bier, eine Drittel Flasche Rothwein und verschiedene Cognaks getrunken, wurde Wilhelm durch den Vorschlag in das Wohnzimmer gelockt, er könne dort das Schenkmädchen ungenirter poussiren. Bald aber wurde die Kellnerin von dort entfernt, und dann brachte Bergel die Rede wieder auf die vorher von Wilhelm ausgesprochene Befürchtung und fragte ihn, was er damit gemeint habe, wenn er sagte, es koste ihm vielleicht den Kopf, wenn er hier bleibe.

Wilhelm erwiderte, er habe ein Verhältniß mit einer Frau gehabt und er fürchte, daß die Polizei ihn deshalb fassen werde.

„Ich meinte hierauf", fährt Bergel fort, „daß ihm dies den Kopf nicht kosten könne", worauf Wilhelm die Worte hinwarf: „„dann weiß ich es auch nicht"".

Hierauf fuhr ich fort: „„Nun hüte dich nur vor der Frau; die verräth dich"". Bei diesen Worten wechselte Wilhelm die Farbe und entgegnete, entschieden bestürzt: „„Zu der habe ich ja nichts gesagt; ich habe es ja nur ihrer Schwester gesagt und die ist todt.""

Als ich hierauf äußerte: „„Aber die Schwester hat es ihr erzählt"", sah Wilhelm mich groß an und sagte:

„„Na dann will ich es dir erzählen. Ich habe meinem Herrn nur beigestanden, weil ich glaubte, von demselben Geld zu bekommen. Als ich aber sah, daß man gegen mich Verdacht schöpfte, und der Untersuchungsrichter mir sagte, daß ich es gewesen sei, sagte ich mir: Jeder ist sich selbst der Nächste. Ich habe in Folge dessen ausgesagt, daß ich gesehen hätte, wie mein Prinzipal seine Frau sechsmal mit dem Hammer auf den Kopf geschlagen habe. Gewesen ist er es aber nicht. Mir ist es aber auch egal, wenn sie mich reinlegen. Mehr als meinen Kopf kann ich nicht verlieren.""

Der hinter dem Kleiderschrank versteckte Zeuge war vorher nicht in das Geheimniß gezogen und hat daher das zwischen Bergel und Wilhelm geführte Gespräch nur unvollkommen verstanden. Nach seiner Angabe hat dasselbe ungefähr 10 bis 15 Minuten gedauert und hat Wilhelm bei demselben bald geäußert, er sei es gewesen, es werde ihm den Kopf kosten, bald habe er im Gegentheil versichert, er sei es nicht gewesen, ihm könne Niemand an den Wimpern klimpern, ebenso habe er bald von der Frau gesagt, dieselbe habe ein Kind von ihm, bald, er habe niemals geschlechtlich mit ihr verkehrt. Nach seiner Meinung ist Wilhelm betrunken gewesen und hat mit der Zunge gelallt. Und in dieser Annahme dürfte der Zeuge nicht irre gehn; denn nach der von Bergel dem Ziethen gelegten Abrechnung haben die beiden an jenem Tage 2 Flaschen Wein, 20 Glas Bier, 4 Glas Maitrank und verschiedene Cognaks getrunken, von welchen Getränken der Maitrank auf den Kopf der vom Ziethenschen Gelde mit freigehaltenen Kellnerin kommen mag.

Wir verdenken es der Familie Ziethen gar nicht, wenn sie in der Ueberzeugung von der Unschuld des Albert Ziethen und von Wilhelms Schuld zu jedem Mittel greift, um ein Geständniß von Wilhelm herauszupressen. Denn daß sie ihm, sei es selbst, sei es durch dritte in ihrem Auftrag erklärte, er würde mit Geld abgelohnt, wenn er für Ziethen im Wiederaufnahmeverfahren den Kopf in's Loch stecke, ist nicht festgestellt, wenn auch die vom Vater Ziethen der Tante Linden gegenüber in Elberfeld gemachten Aeußerungen in diesem Sinn gedeutet werden können. Aber die von der Familie Ziethen und ihren Agenten angewandten Mittel geben Wilhelms Geständnissen erst ihren Werth.

Schon die polizeilichen Vernehmungen und noch weniger die vor den Polizeibeamten abgelegten Geständnisse erfreuen sich bei den Richtern und in noch geringerm Grade bei den Laien einer großen Gunst. Und in einem gewissen Grade ist diese geringe Meinung gerechtfertigt. Zum Theil weil die polizeilichen Vernehmungen uneidlich erfolgen, während dem vernehmenden Richter auch nach der deutschen Strafproceßordnug die Möglichkeit des Eideszwangs zur Seite steht. Hauptsächlich aber, weil dem Polizeibeamten in den meisten Fällen die allgemein menschliche Bildung und die juristische Schulung abgeht. Er versteht nicht, die Aussagen der Zeugen und die Geständnisse zu individualisiren und seine Protokolle werden vielfach zur Schablone. Wir haben häufig Polizeibeamte kennen gelernt, welche an Findigkeit und Geschicklichkeit, die Verdachtsmomente zu kombiniren und zu gruppiren, die meisten Untersuchungsrichter bei weitem übertrafen. Trotzdem verstanden sie es nicht, den Eindruck der Zeugenaussage oder des Geständnisses im Protokoll wieder zu geben. Die Nebenumstände, die Nüancirung der Sache fällt fort, weil dem Beamten die Fähigkeit abgeht, die Nüancen zu erfassen, noch mehr aber, dieselben schriftlich zum Ausdruck zu bringen.

Auch die Massenhaftigkeit der durch die Hand des Commissars gehenden Anzeigen und einzelnen Untersuchungsverhandlungen wirkt hierauf ein. Unter einer Menge von kleinlichen und einfachen Aufnahmen kommt mal hin und wieder ein schwierigerer und interessanterer Fall, und ist es da zu verwundern, wenn bei der vielfachen, sonstigen Placierei auch hier die Protokolle einen schablonenhaften Charakter bekommen? Der Beamte ist froh, wenn er den Fall aufspürt, nach einer gewissen Richtung hin feststellt, die juristische und ach! auch die menschliche Würdigung desselben ist Sache des Richters.

Und dabei ist der Polizeibeamte ein Beamter, an ihn treten keine Versprechungen heran. Er hat eine gewisse Schulung durch seine tägliche Beschäftigung erlangt, und seine Protokolle und Mittheilungen sind golden im Vergleich mit dem, was ein aufgerührtes Interesse, Verfolgungssucht und Stümperhaftigkeit der Laien dem Untersuchungsrichter und noch mehr dem Staatsanwalt tagtäglich zuträgt.

Wenn aber schon den Protokollen der Polizei ein einseitiger Charakter anklebt, wie steht es dann erst im vorliegenden Fall mit der durch die Ziethenschen Organe zu Tage geförderten Untersuchung?

Schon der Umstand ist von vorn herein verdächtig, daß

sie alle versichern, die Eheleute Pieskеr sowohl wie Bergel, ihre Thätigkeit allein um Gottes willen zur Erforschung der Wahrheit angewandt zu haben, während Heinrich Ziethen selbst zugiebt, ihnen 5000 Mk. versprochen zu haben, und seine beschlagnahmten Haushaltungsbücher Ausgaben für Pieskers sowohl als auch für Bergel nachweisen. (Zeche von Frau Piesker 3 Mk. 80 Pf., Frau Piesker verzehrt 80 Pf., baar 3 Mk., Bergel baar 10 Mk., Bergel 35 Mk.) Auch dem Redakteur Ermert in Elberfeld gegenüber, mit welchem Heinrich Ziethen vielfach über den Fall gesprochen, hat derselbe erklärt, er habe Wilhelm zum Geständniß gebracht, es habe ihn aber auch ein halbes Vermögen gekostet, allerdings fügt Ermert hinzu, er nannte auch schon 30 Mk. eine große Summe.

Nehmen wir an, die Pieskers haben wirklich an die Unschuld Ziethens geglaubt, sie sind nur nebenbei auch von der ausgesetzten Belohnung gelockt, so machten sie doch unbewußt die Aeußerungen ihren Zwecken dienlich; sie spitzten sie zu, sie haben aus den Aeußerungen des von ihnen betrunken gemachten und verwirrten Wilhelm nur das herausgelesen, was ihrem Zwecke dienlich war. Wo ihre Aussagen mit denjenigen unbeeinflußter Zeugen zusammentreffen, erhalten die ihrigen eine gegen Wilhelm gerichtete, schärfere Färbung.

So hat Piesker seinem Gehülfen Brey, welcher mit Wilhelm bei ihm zusammen in Diensten stand, gleichfalls den Auftrag gegeben, denselben auszuhorchen. Derselbe war 18 Jahre alt und hat nur einmal mit Wilhelm über die Angelegenheit gesprochen und ihm in seiner jugendlichen Unerfahrenheit von dem ihm gewordenen Auftrag Mittheilung gemacht. Piesker behauptet, von ihm gehört zu haben, daß Wilhelm ihm gestanden habe, die Ehefrau Ziethen poussirt zu haben, oder daß er sie habe poussiren wollen, eine Aeußerung, welche für den Lustmord ja von bedeutendem Gewicht wäre. Brey aber stellt auf das Entschiedenste in Abrede, dem Piesker eine derartige Mittheilung jemals gemacht zu haben, wohl aber habe Wilhelm von seinem Verhältniß mit einer Schifferwittwe mit ihm geredet, und dabei seien ähnliche Aeußerungen gefallen.

Mit Sergeanten vom Garde-Pionier-Bataillon hat Pieske r über Wilhelm in der Zeit gesprochen, als er ihn zu dem Geständniß bearbeitete; er äußerte über Wilhelm, derselbe sei gerade noch nicht schlecht und noch sehr jung, und er werde ihn auf jeden Fall fangen. Später sprach Pieske r seine Freude über das Geständniß aus, es habe ihn aber auch viel Mühe gekostet, er habe ihm scharf in's Gewissen geredet, habe ihn beobachtet und sei ihm sogar in Verkleidung nachgegangen.

Ebenso verhält es sich mit dem Maurer Bergel, welcher sich als früherer guter Bekannter mit der Klage in Wilhelms Vertrauen einschlich, er müsse nach Amerika, da er es bei seiner Frau nicht mehr aushalten könne. Nach seiner Aussage hat ihm Wilhelm eine wenn auch kurze aber wenigstens klare Mittheilung von seiner Betheiligung am Morde der Frau Ziethen gemacht. Der von Bergel selbst gedungene und versteckte Zeuge Schöneberg bestätigt dies aber durchaus nicht. Denn er stellt die Unterredung so dar, daß Wilhelm sich in seiner Trunkenheit beständig widersprochen habe, sowohl in seinen Aeußerungen über die That selbst, indem er bald sagte, er sei es gewesen, bald, er sei es nicht gewesen, als auch in seiner Darstellung des mit der Schifferwittwe unterhaltenen Liebesverhältnisses.

Wilhelm ist, wie ihn seine nächsten Verwandten und Bekannten schildern, sehr beschränkt in seiner geistigen Auffassung und nicht im Stande, fremden Einflüssen auf die Dauer Widerstand zu leisten. Daß diese Auffassung seines Charakters, wie sie namentlich seine Pflegemutter und Tante, die Wittwe Linden, giebt, die richtige ist, geht auch aus den Akten, aus seinen Vernehmungen hervor. Zunächst leugnet er überhaupt etwas von der That zu wissen, behauptet aber, daß Ziethen ihm die Geldkassette in die Hand gegeben habe, damit er mit derselben flüchte und dadurch den Verdacht des Todschlags auf sich lade. Dann will er auf den Strümpfen heruntergegangen sein, um sich ein Stück Wurst zu holen, er hat Ziethen im Hause angetroffen und ist von diesem mit barschen Worten wieder heraufgeschickt. Nun folgt in seinen Angaben die Darstellung des Falls, wie er sie auch vor dem Schwurgericht aufrecht gehalten hat, daß er Augenzeuge gewesen sei. Nachher nimmt er die That auf sich, es folgen das Blutdurst-, das Lustmord-Motiv und endlich die Darstellung des mit Frau Ziethen gehabten Streits. Durch Fragen und Vorhaltungen in die Enge getrieben, giebt er keine Erklärung ab, ruft aus: „Gott mag wissen wie es gegangen hat" und läßt sich kurze Zeit darauf wieder vorführen, um das Bedenken auszuräumen, oder eine ganz neue Darstellung des Sachverhalts zu geben, mit welcher er dann durchzukommen hofft, und welche er nach Belieben wieder ändert, wenn er nicht damit durchzukommen gedenkt. Dieses ganze Vorgehen und Benehmen zeigt die Richtigkeit der von seiner Tante gegebenen und sonst bestätigten Charakterisirung. Daß er daneben verlogen ist und einen gewissen Hang zur Schauspielerei besitzt, schließt die Beschränktheit nicht aus; gerade bei Naturen von enger Auffassung findet sich die Schauspielerei im gewöhnlichen Leben am meisten.

In Elberfeld lebte er in sklavischer Angst vor seinem Dienstherrn Ziethen, wie denn Ziethen selbst zugiebt: „August hatte es sehr streng." Und was das bei einer so rohen und gewaltthätigen Natur wie Ziethen zu sagen hat, das erhellt abgesehen von den sonstigen Mißhandlungen seiner Frau und seiner Hausgenossen wohl am besten aus der Erklärung seiner heißgeliebten Alberts „sie habe nie daran gedacht, Ziethen auch nach dem Tode seiner Frau zu heirathen, denn auch sie selbst sei während der Dauer ihres Verhältnisses vielfach von ihm mißhandelt worden".

Die verschiedenen Barbiere, bei denen Wilhelm nach seiner

Entlassung thätig gewesen war, gaben ihm zum Theil ein sehr gutes Zeugniß, zum Theil erklären sie ihn für roh und verlogen, einer seiner Lehrherrn beklagt sich, daß während seines Dienstes aus der Ladenkasse häufig kleinere Geldbeträge verschwunden sind, ohne daß jedoch festgestellt wurde, daß er der Thäter war. Sein scheues Wesen ist Vielen aufgefallen.

Daß er eine sehr sinnlich angelegte Natur ist, steht durch die Entdeckungen der Berliner Criminal-Commissarien gleichfalls fest. In der Zeit seines Elberfelder Aufenthalts sind Beziehungen zum andern Geschlecht trotz der in dieser Beziehung sehr trüben Atmosphäre des Ziethenschen Hauses nicht festgestellt. An Anreizungen hat es bei dem von Ziethen gegebenen Beispiel und dem Verkehr von Dirnen mit ihren Zuhältern im Lokale wahrlich nicht gefehlt. Daß er sich einem andern Laster ergeben, ist oben schon erwähnt und meistens schließt ja bei jungen Burschen das eine Laster das andere aus. Auch diejenigen Mädchen, mit denen er längere Zeit intim verkehrt, denen er Heirathsanträge gemacht hat, die Kesting in Elberfeld und später in Berlin eine gewisse Hartmann, bekunden, daß er ihnen niemals geschlechtliche Zumuthungen gemacht hat. Jene Frau, mit der er in Werder verkehrte, war überaus gemein und hatte einen sehr schlechten Einfluß auf ihn. Nur einmal indeß ergeben die in dieser Richtung außerordentlich detaillirten Nachforschungen den Versuch eines gewaltsamen Attentats, der aber in einem ziemlich harmlosen Lichte erscheint. Die Schwester seiner Berliner Wirthin hat er einmal im Zimmer in ihrer Gegenwart umfaßt und als sie dann in einen daneben gelegenen Raum ging, ist Wilhelm ihr gefolgt, hat sie wieder umfaßt und gerufen: „Wenn du nun nicht willst, so halte ich dir die Kehle zu.“ Indeß machte er diese Aeußerung so laut, daß sie die Schwester im Nebenzimmer hörte und ihm zurief, ob es Ernst oder Scherz sei.

Wir haben uns bei diesem Material so lange aufhalten

müssen, weil der gewiegte Criminalist Grommes den Lustmord stets als das den Wilhelm leitende Motiv aufgestellt hat und auch der Berliner Criminal-Commissar, welcher sich am eingehendsten und am geschicktesten mit der Angelegenheit befaßt hat, dieser Muthmaßung gefolgt ist. Und in der That, es ist das einzige, welches mit den aktenmäßig festgestellten Umständen übereinstimmen würde. Denn nur dann, wenn Wilhelm die Frau Ziethen ohne vorhergehenden Zank von hinten mit dem Hammer erschlagen hat, ist es möglich, daß sie nachher Angesichts des Todes unter Eid ihren Ehemann des Todschlags beschuldigte. Nur mit einem plötzlich von hinten erfolgten Attentat ist es auch vereinbar, daß Frau Ziethen das Instrument, mit welchem sie den Schlag empfangen hat, nicht anzugeben vermag. Denn sie giebt ja einen Schlüssel, einen Stock und einen Ochsenziemer als das Werkzeug an, redet aber niemals von einem Hammer. Die Sachverständigen haben gleichfalls die Wahrscheinlichkeit hervorgehoben, daß die Verletzung von hinten beigebracht sei und betont, daß in diesem Falle auch der Schlag beigebracht sein könne, ohne daß der Mörder erhebliche Blutspuren davon getragen habe.

An einer andern Stelle hat der Verfasser sich eingehend mit einer Darstellung der Lustmorde im westlichen Deutschland beschäftigt*). In den wenigen Fällen, in denen es gelang, die Thäter festzustellen, waren es ältere, abgefeimte Gesellen, welche dieses unnatürlichste und bestialischste aller Verbrechen begingen, Verbrecher, denen es ursprünglich nur darum zu thun war, den einzigen Zeugen der verbrecherischen That zu beseitigen, und deren viehischer Trieb sie dann weiter zu diesem Capitalverbrechen der Blutgier und der Wollust reizte. Wir können hier den eignen Ausführungen Wilhelms nur beitreten und halten es für undenkbar, daß der Junge, welcher niemals Verkehr mit einem Frauenzimmer gehabt, sich

*) Tribunal 1885. Heft 10 und 11.

zum erstenmal an einer kränklichen, kümmerlichen, im Blut schwimmenden, hochschwangern Frau vergangen hat.

Wir sind der Ansicht, daß durch das ganze Wiederaufnahmeverfahren hinsichtlich Wilhelms nicht mehr erwiesen ist, als bis zum schwurgerichtlichen Erkenntniß bereits feststand. Die Möglichkeit, daß er Ziethens gedungener oder gezwungener Gehülfe war, ist vorhanden. Er mag Wache gestanden und der Zeuge Schwartmann, welcher glaubt, ihn an der Thür stehend gesehen zu haben, wie er die Straße herauf und herunter lugte, mag richtig gesehen haben. Wilhelm kann auch noch in andrer Weise als Gehülfe an der That betheiligt sein, aber die Geschwornen haben recht geurtheilt, als sie ihr non liquet über den im Uebrigen keine Sympathie erweckenden Burschen aussprachen. Aus seinen nachherigen Geständnissen ist Nichts gegen ihn zu folgern. Er ist einfach das Opfer einer Privatinquisition, an der sich auch die Presse betheiligt hat.

Von seinen Verwandten wurde der Junge verborgen gehalten, soweit es ihre schwachen Mittel erlaubten, damit der Schandfleck, der ihm durch die öffentliche Verhandlung anklebte, allmählich verwischt und er dem Leben wiedergegeben werde. Schon von ihnen, von der Tante Linden und dem Onkel in Rockeberg sind ihm Vorstellungen gemacht, und ist er ermahnt, die Wahrheit zu sagen. Er versicherte heilig und theuer, sie gesagt zu haben, und sie haben seinen Betheurungen Glauben geschenkt. Da gelingt es der Familie Ziethen, ihn in seiner Abgeschiedenheit aufzustöbern. Er muß fort, auf seinen Stellen wird er überall aufgesucht, seine Umgebung wird rebellisch gegen ihn gemacht und nur in Werder findet er eine längere Ruhe, aus der ihn fremde Verführung und eigne Schuld aufscheuchen. Dann folgen die Bearbeitungen und Einflüsterungen. Man zeigt ihm eine Belohnung, wenn er die Schuld auf sich nehme, wenn er nach verhältnißmäßig kurzer Strafe, nach Absolvirung „seiner Militärzeit" als wohlhabender Mann aus dem Gefängniß entlassen, von seinen Freunden abgeholt und in die Welt zurückgeführt werden. Auch ein beschränkt, niedrig und gewöhnlich veranlagter Mensch besitzt doch ein Gemüth und verlangt nach Seelenruhe. Wilhelms Gemüthszustand aber spricht sich in einem Brief an einen Freund aus. Er bittet denselben um Geheimhaltung seines Schreibens. Er klagt, er habe seine Sachen nicht, er müsse seit 4 Wochen seinen guten Anzug tragen und bittet den guten Freund um ein Darlehen von fünf Mark sowie ferner darum, ihm doch indirekt seine Sachen zukommen zu lassen. Er klagt einem der wenigen Lehrmeister, bei denen er Freundlichkeit gefunden, ohne jede Vermittlung: „Mit mir ist Nichts mehr los, nächstens nehme ich mir einen Strick, ich werde mich aufhängen." Er legt seinen Vornamen August ab und läßt sich Visitenkarten mit Carl Wilhelm drucken. Der Gedanke, auszuwandern, taucht in ihm auf. Er telegraphirt an seine Verwandten, sie möchten ihm 50 Mk. schicken. Aber die Mittel kommen nicht, und die Auswanderungspapiere fehlen ihm gleichfalls. Er sagt und das ist das glaubhafteste an allen seinen Auslassungen: „Ich befand mich in einem abgespannten, leidmüthigen Zustande."

Und in diesen Zustand fallen die Zureden seiner Meisterin, die stundenlangen Ermahnungen seines Lehrherrn. Als ein alter Freund ihn unerwartet aufsucht, springt er mit den Worten in die Höhe: „Du bist von der Polizei geschickt um mich auszuhorchen." Und in diesem „Judas aus Christenpflicht" hat sich der beschränkte Junge nicht getäuscht. Er wird von ihm weiter betrunken gemacht, ausgehorcht, bearbeitet und dem schon lange vorbereiteten Criminal-Commissar überliefert.

Und nun folgen die Geständnisse vor dem Criminal-Commissar, vor dem Untersuchungsrichter, von denen jedes neue das alte wieder umstößt, die sämmtlich nur das Bestreben gemeinsam haben, den Ziethen heraus- und sich selbst möglichst gelinde herein-zu-gestehen. Den Stempel der Wahrhaftigkeit, der innern und der äußern Wahrheit, trägt kein einziges an der Stirn, und deshalb waren die Gerichte verpflichtet, den Wahrheitsspruch der Geschworenen diesen lügenhaften und indirekt erpreßten, direkt beeinflußten Geständnissen gegenüber unangetastet zu lassen.

Wenden wir uns jetzt zu der Darstellung des Falls, wie sie Paul Lindau in seiner neusten Brochüre gegeben hat.

Seine Hauptbeweisführung, daß Ziethen der Mörder nicht gewesen sein könne, ist die Zeit, und darin folgt er dem Angeklagten Ziethen selbst, welcher vor dem Schwurgericht aussagt: „Mein einziger Zeuge ist die Zeit". Auf beinahe jeder Seite der Brochüre kommen die Zeitbestimmungen vor. Schon auf dem vorgedruckten Situationsplan der Elberfelder Oertlichkeiten, heißt es: „Ziethen verläßt den Bahnhof Düppersberg 11,8, Ankunft Ziethens in seiner Wohnung etwa 11,14, zweite Begegnung mit dem Wächter Bergmann Schlag 11,30". Lindau rechnet aus, daß dem Ziethen zur Begehung des Verbrechens und zur ersten Beseitigung der Hauptspuren drei Minuten von 11 Uhr 14 bis 11 Uhr 17 Minuten geblieben seien, und hält es für unmöglich, die That in dieser Zeit auszuführen.

Der Rechtsanwalt Dr. Mor. Neuda giebt in dem Nachwort, welches Lindau seiner Brochüre beidruckt, selbst zu, daß er den Proceß Ziethen nur aus Lindaus Abhandlung kennt. Er hat also nur die Lindausche Zeitgruppirung gelesen, welche sehr geschickt für Ziethen vorgenommen ist. Und doch sagt Neuda:

„Als bedeutsame Lichtstrahlen benutzt nun Lindau Uhr und Zeit. Er rechnet aus den einzelnen aneinander gereihten Zeitabschnitten mit mathematischer Gewißheit heraus, daß Ziethen unmöglich die Mordthat verübt haben könne, und er zergliedert mit bewundernswerthem Scharfsinn Minute nach Minute. Gewiß sind mathematische Resultate unanfechtbar, allein dies gilt nicht auch von Zifferngruppirungen; denn der

Jurist, obgleich er ihren Werth nicht verkennt, baut doch auf diesen allein sein Beweisfundament nicht auf, weil fast regelmäßig Gegengruppirungen sich aufstellen lassen und auch in Sekunden das Ungeheuerlichste sich vollziehen kann. Dieser hochinteressante Theil der Beweisführung Lindaus ist daher für den Juristen nicht ausschlaggebend."

Dieser in die liebenswürdigste und wohlwollendste Form gekleideten Kritik Seitens des hervorragenden Wiener Juristen hätten wir eigentlich Nichts hinzuzusetzen. Wenn wir es doch thun und uns etwas eingehender mit dieser Zeitfrage beschäftigen, so geschieht das, weil Lindaus Zeitbeweisführung für den Laien etwas Bestechendes hat.

Lindau nimmt so zu sagen eine Elberfelder Normaluhr an. Nach dieser Normalzeit ist Ziethen um 11 Uhr 8 Min. auf dem Bahnhof, 11 Uhr 14 Min. in seinem Hause angekommen und hat dasselbe 11 Uhr 24 Min. wieder verlassen, um einen Arzt zu holen. Stellen wir uns auf den Standpunkt dieser Normalzeit. Für Lindau ist hauptsächlich bestimmend, daß die Dienstmagd Tasche in der Schwurgerichtsverhandlung erklärt, sie habe, als sie von Ziethen geweckt wurde, fünf Minuten gebraucht, um sich anzuziehen und herunterzukommen; sie ist dann von Ziethen sofort heraufgeschickt, um Wilhelm zu wecken, und gibt an, sie habe weitere fünf Minuten gebraucht, diesen Befehl auszuführen, und sei dann wieder in die Wirthsstube gekommen, als die Wanduhr in derselben gerade 11,30 gezeigt habe. Diese Wanduhr ging vor.

Lindau setzt die von der Tasche angegebenen 5 Minuten auf 3 herab, er gibt ihr 3 Minuten zum Ankleiden und 3 zum Wecken des Wilhelm; er setzt das Heraustreten des Ziethen aus seinem Hause auf 11,24 fest, zieht diese 6 Minuten ab und stellt dadurch fest, daß Ziethen die Dienstmagd um 11,17 geweckt habe.

Das ist eine ganz willkürliche Berechnung, zu der Lindau

allerdings durch die Tascheschen fünf Minuten veranlaßt wurde. Die Zeitangabe solcher Leute, welche nicht gewohnt sind, die Dauer ihrer Handlungen und Wahrnehmungen nach den Umständen und nach der Zeit genau zu bemessen, ist, wenn sie eine kürzere Zeit angeben wollen, gewöhnlich fünf Minuten, die nächste Zeitbestimmung ist in der Regel eine Viertel-Stunde. Die Tascheschen fünf und fünf Minuten tauchen zuerst in der Schwurgerichtsverhandlung auf. Bei ihren früheren Vernehmungen, bei welchen der Untersuchungsrichter verständigerweise sie nicht nach ihrer Meinung über die Länge der Zeitdauer gefragt hat, sondern nach dem, was sie in der Zeit gethan, giebt sie an, daß sie sich auf das Wecken des Ziethen sofort angekleidet und die Treppe herunter in das Wirthszimmer begeben habe. „Vor mir hörte ich Frenzel und die Wittwe Stöck die Treppe heruntergehen." Die Wittwe Stöck war noch angekleidet und an der Nähmaschine beschäftigt; sie hörte, wie Ziethen die Treppe heraufpolterte und die Tasche weckte. Sie ist sofort von ihrer Arbeit aufgesprungen, hat ihren Vater im Nebenzimmer geweckt, derselbe hat nur eben die Hose übergezogen, und sie sind dann sofort die Treppe heruntergeeilt. Die Tasche ist gleich nach ihnen ins Wirthszimmer gekommen, sie wurde heraufgeschickt, um Wilhelm zu wecken, der sich schlafend stellte, sie ist wieder heruntergeeilt. Das sind alles Umstände, welche sich eben so gut in zwei Minuten abgespielt haben können, als in den von der Tasche angegebenen zehn oder in den von Lindau bewilligten sechs Minuten.

Im Leben jedes Menschen gibt es Momente von Bedeutung, in denen mächtige Eindrücke auf ihn einstürmen; die Nerven sind erregter und empfangsfähiger. In der Schlacht, bei der bangen Entscheidung am Krankenbette. Nur mit der Uhr in der Hand vermag der gebildete Mann die Dauer solcher Minuten zu bestimmen und in der Erinnerung werden sie zu Stunden. Wie soll hier ein Dienstmädchen vom

Schlage der Tasche nach drei Monaten noch genau angeben, wie viele Minuten sie unter dem grausigsten und gewaltigsten Eindrucke ihres Lebens zum oberflächlichen Ankleiden gebraucht hat? Sie hat sich eben wie Frenzel in die Kleider gestürzt und giebt die Zeitdauer willkürlich und ohne weiteres Nachdenken nach Monaten auf fünf Minuten an.

Drei Zeitpunkte stehen für die Untersuchung fest: Um 11 Uhr 8 Min. ist Ziethen nach Bahnzeit auf dem Bahnhof Düppersberg angekommen. Um 11,15 gingen Klees und seine Begleiterin nach Rathhaus- und Post-Uhr am Elberfelder Rathhause vorüber und um 11,30 hatte der Wächter Bergmann nach der Uhr auf der lutherischen Kirche seine zweite Begegnung mit Ziethen in der Carlsstraße. Daß die drei Uhren an dem verhängnißvollen Abend gleichmäßig gestellt waren, ist nicht festgestellt, und glaubwürdige Elberfelder Geschäftsleute und Beamte, welche lange Jahre in Elberfeld gelebt haben, versichern, daß diese Uhren vielfach außerordentlich differiren.

Wie die drei in Betracht kommenden Uhren an dem verhängnißvollen Abend gingen, ist wie gesagt, nicht festgestellt, konnte aber auch nicht mehr festgestellt werden. Denn die erste in den Akten enthaltene amtliche Bescheinigung der Eisenbahn-Direktion gab an, daß der Cölner Zug an jenem Abend fahrplanmäßig um 11,3 in Elberfeld angekommen ist, und erst eine später auf Ziethens energische Betonung der Zeit eingeholte erneuerte amtliche Auskunft theilte den weiteren Umstand mit, daß die Ausschiffung der Personen erst 5 Minuten später vollendet gewesen sei, weil der Bahnsteig zufällig von einem anderen Zug vorher gesperrt gewesen war.

Wenn man die Zeitangaben im Ziethenschen Proceß weiter verfolgen wollte, so würde man zu den unglaublichsten Widersprüchen gelangen. Z. B. sagt der Nachtwächter Feiler aus, er habe Ziethen angetroffen, als er um $^1/_2$12 Uhr vom Doktor kommend, sein Haus wieder betreten habe, er sei dann sofort verhaftet und von ihm selbst abgeführt. Der Wachtmeister Weinrich dagegen gibt an, die Aerzte seien gegen 12 Uhr im Ziethenschen Hause angelangt, erst nach ihrer Ankunft habe er bemerkt, daß auch Ziethen zurückgekommen sei, er habe die Verhaftung vorgenommen und ihn dem Feiler zur Abführung übergeben.

Wir verfolgen die weiteren Zeitangaben und Zeitgruppirungen nicht mehr. Nur dagegen verwahren wir uns, daß Lindau bei seinen Berechnungen auch noch die Wilhelmschen Aeußerungen über Nebenumstände, Unterredungen mit Ziethen u. s. w. verwerthet, und so noch einen weiteren Aufenthalt für Ziethen herausrechnet. Alle Angaben des Wilhelm von Anfang bis zu Ende der Untersuchung und des Wiederaufnahmeverfahrens sind wechselnd und widerspruchsvoll und mit den Angaben anderer Zeugen schwer vereinbar. Ob seine Angaben die Geschworenen beeinflußt haben, bezweifeln wir sehr, daß aber im Wiederaufnahmeverfahren die späteren Entscheidungen der Gerichte ihnen nicht den geringsten Werth beigelegt haben, steht aktenmäßig fest. Seine Erzählungen dürfen also auch in Nebenumständen nicht die entfernteste Berücksichtigung beanspruchen.

Gewiß hat die Zeit für jeden Criminalfall, für jede Untersuchung ihre Bedeutung, und der Alibibeweis des Angeklagten wird fast immer von ihr abhängen. Die Unschuld Ziethens läge auf der Hand, wenn, wie Lindau in seinen früheren Publikationen über diesen Fall auf einen Fehler des Druckers gestützt annahm, das Wimmern der Frau Ziethen bereits um 11 Uhr begonnen hätte, während Ziethen noch im Zuge saß. Aber die jetzige Zifferngruppirung ist willkürlich; es bleiben Ziethen immer fünf Minuten zur Ausführung des Mordes, wenn er 11,13 in seinem Hause ankam und dasselbe, nachdem er Lärm gemacht und die theilweise noch nicht im Bett befindlichen Hausgenossen herbeigerufen, gegen 11,24 verließ, um den Arzt zu holen.

Die Aussage des Metzgermeisters Funccius erklärt Lindau auch jetzt für bedeutungslos. Er hält es für ein Mißverständniß, wenn man annehme, derselbe sei ein Zeuge des Verbrechens gewesen. Der Zeuge sagt wörtlich:

„Ich schickte mich an, zu dem Revierwächter zu gehen, um ihm zu sagen, wann er mich am folgenden Morgen wecken solle. Als ich in dieser Absicht vor meinem Hause stand — das Haus liegt 25 Schritte vom Ziethenschen entfernt — hörte ich in unmittelbarer Nähe in einem der benachbarten Häuser eine Frauenstimme bald laut schreien, bald wimmern und oh, oh stöhnen. Dieses Stöhnen und Wimmern wurde allmählich schwächer und hörte, nachdem ich es einige Minuten — vielleicht 2—5 Minuten lang — gehört hatte, auf. Es machte auf mich den Eindruck, als wenn eine Frauensperson Schläge bekommen, wenn ich auch weder Schläge noch irgend welches sonstiges Geräusch dazwischen gehört habe.“

„Nachdem das Stöhnen und Wimmern gänzlich erloschen war, wurde es für einige Augenblicke ganz ruhig, dann wurde in den unteren Räumen der Ziethenschen Wirthschaft Ziethens Stimme laut. Was er sagte, konnte ich nicht verstehen. Ich hörte aber wohl, daß er sehr heftig sprach und zuweilen auch den Namen August aussprach. Auch weinte er dazwischen. Andere Stimmen hörte ich nicht.“

„Ich war inzwischen bis mitten auf die Straße getreten. Die ganze Scene hatte schließlich eine viertel Stunde lang gedauert, und pfiff ich nun zweimal, um einen Wächter herbei zu rufen. Als ich das zweitemal pfiff, trat Ziethen aus seiner Hausthür heraus.“ Und nun schildert der Zeuge die Begegnung Ziethens mit Klees und der Heinrich.

Die Aussage ist so klar und so einfach, daß sie sich gar nicht mißverständlich auffassen läßt. Ziethen mußte an dem Zeugen vorbei, wenn er vom Bahnhof kam. Funccius erklärt, daß er nicht an ihm vorbei gekommen sei, und daß während der ganzen geschilderten Scene Niemand in das Ziethensche Haus hereingegangen sei. Ziethen ist also im Hause als das laute Wimmern gehört wird. Er verhält sich ruhig, so lang die Frau wimmert und klagt. Er wartet, bis sie verstummt, um, wie er hofft, nie mehr den Mund zu öffnen. Dann wird es still im Hause; er besorgt die Beseitigung der Spuren, er wäscht sich ein-, zweimal an der Pumpe die Hände ab, er schabt den Stiel des blutbefleckten Hammers ab und dann macht er Lärm, dann ruft er August und weint dazwischen.

Ziethen selbst kennt die Bedeutung dieses fürchterlichen Zeugen ganz genau und unterschätzt sie nicht. Ihm liegt es fern hier ein Mißverständniß zu behaupten und in seinen Anträgen auf Wiederaufnahme des Verfahrens will er ihn nur mit der Anklage des Meineids beseitigen.

Denn was in den Pr. J. S. 641 über das am Ziethenschen Hammer gefundene Partikelchen gesagt ist, haben wir nicht viel hinzufügen. Paul Lindau läßt die von Ziethen aufgestellte Behauptung, dasselbe sei gefälscht und an sein Messer gebracht, um ihn zu verderben, jetzt fallen und behauptet, Widersprüche in den Aeußerungen der Zeugen und Sachverständigen über das Partikelchen. Dieselben sind in den beiden stenographischen Berichten allerdings enthalten, im Gutachten selbst nicht. Nach dem mir vorliegenden schriftlichen Gutachten, welches der Verhandlung vor dem Schwurgericht zu Grunde gelegen hat, waren außer Blutflecken an der äußeren Fläche der Messerklinge zwei kleine Partikelchen am Ziethenschen Messer vorhanden. Das eine befand sich an der Klinge des Messers da, wo in dem Winkel die Schneide des Messers beginnt und war ein weißliches Körperchen von 0,2 mm Länge, welches sich unter dem Mikroskop als ein Längsschnitt eines Strohhalmes herausstellte.

Das andere, wichtigere Partikelchen befand sich ungefähr in der Mitte der Schneide, war theils röthlich, theils weißlich, weich, nicht vertrocknet, von der ungefähren Größe einer Linse. In diesem der Schneide des Messers anklebenden Körperchen entdeckten die Sachverständigen bei der mikroskopischen Untersuchung ein 1—1,3 mm aus sechs langgestreckten Holzzellen bestehendes Bündelchen. Diese Zellen hatten im Allgemeinen eine helle Farbe; am Ende derselben Zelle eine schräg verlaufende, wie abgeschnittene Fläche, es lagerte in der Nähe des Endes auf derselben eine rothgefärbte Masse, in der die Sachverständigen kleine Blutpartikelchen entdeckten. Ein von dem Hammerstiel abgeschnittenes kleines Theilchen Holz bot unter dem Mikroskop völlig dieselben Eigenschaften, völlig dieselbe Auflagerung von Blut dar, wie jenes Partikelchen, so daß die Sachverständigen kein Bedenken trugen, die Identität festzustellen. Die um jenes Holztheilchen befindlichen, röthlichen Bestandtheile des kleinen, linsenförmigen Gesammtkörperchens wurden chemisch untersucht und erwiesen sich als Blutkörperchen.

Dieses Partikelchen — wir wiederholen es — befand sich auf der Schneide des Ziethenschen Messers, als dasselbe dem Ziethen abgenommen und von dem Gefangenaufseher besichtigt wurde; es wurde am folgenden Morgen auf dem Messer von dem Polizeikommissar Gottschalk wahrgenommen, dem Staatsanwalt auf und mit dem Messer vorgezeigt und ebenso auf dessen Anordnung den beiden Sachverständigen übergeben. Die mikroskopische und chemische Untersuchung fand sofort Statt.

Es ist richtig, daß der Polizei-Commissar Gottschalk damals, als nach den ersten Geständnissen des Wilhelm angenommen wurde, daß Wilhelm der Mörder sei, darüber nachgedacht hat, wie sich dieses nach seiner Meinung so schwer wiegende Beweisstück gegen Ziethen mit dem Wilhelmschen Geständnisse vereinigen lasse, und daß er dabei auf den Gedanken gekommen ist, ob es nicht möglich sei, daß der als Vogelfänger bekannte Ziethen im Walde Holz geschnitten und daher das Holzpartikelchen auf dem Messer sitzen geblieben sei.

Trotz dieses Gottschalkschen Gedankens und den Lindauschen Ausführungen bleibt dieses Holzkörperchen mit dem Blutgerinnsel ein schwerwiegendes Glied in der Kette der für die Ziethensche Schuld vorhandenen Beweise. Der Anschein des Messers, als wenn über seine Klinge in der Mitte frisch übergewischt sei, die an Klinge und Schneide des Messers vorhandenen Blutspuren, der Versuch Ziethens, sich im Arresthause des Messers zu bemächtigen, alle diese Nebenumstände fallen mit in's Gewicht und erhöhen die Bedeutung des Belastungsmoments.

Gottschalk behauptet übrigens bei seiner späteren in dem Wiederaufnahmeverfahren stattgehabten Vernehmung, daß er die Aeußerung, „das Partikelchen saß so fest, daß ich es kaum abbringen konnte" nicht gemacht habe und daß sie nur durch Mißverständniß in die stenographischen Berichte gekommen sei.

Am schwächsten sind trotz der glänzenden Namen der Wissenschaft, welche Lindau als Eideshelfer bringt, die medicinischen Ausführungen gegen die Vernehmungsfähigkeit der Frau Ziethen und gegen ihr den Ehemann belastendes Zeugniß.

Als Einleitung giebt er im Abschnitt VIII die grausige Beschreibung der der unglücklichen Frau beigebrachten Verletzungen und findet es für den Laien schwer begreiflich, daß die Frage, ob eine so verwundete Frau überhaupt bei Sinnen gewesen sei, noch zur Diskussion gestellt werden konnte.

Wenn bei derartigen Schädelverletzungen wie bei Frau Ziethen die Frage des Bewußtseins, der Zurechnungsfähigkeit hinsichtlich der Beobachtungen, welche dem gegen das Leben gerichteten Schlage vorausgingen, nicht einmal mehr diskutirt werden könnte, so sähe es um die irdische Sühne des schwersten Verbrechens, des Mordes übel aus. Wir lassen weiter unten eine Reihe von Fällen folgen, in welchen bei ähnlichen Verletzungen die Frage nach der Zuverlässigkeit der Aeußerungen des Getödteten über den verhängnißvollen Schlag und die begleitenden Umstände allerdings nicht diskutirt wurde und nicht diskutirt werden konnte, aber nur weil diese Aeußerungen zweifellos richtig waren und sich mit den Aussagen anderer Zeugen vollkommen deckten.

Es ist ja eine ganz bekannte Thatsache, daß nach Schädelverletzungen und Gehirnerschütterungen ein Defekt im Gedächtniß für vergangene Umstände sich häufig zeigt, aber nicht in jedem Falle. Im Gegentheil kann man durch aktenmäßige Thatsachen beweisen, daß Verletzte mit zertrümmertem Schädel und verletztem Gehirn ganz genaue, länger zusammenhängende Angaben machten, die sich als vollkommen wahr herausstellten, und bei welchen eine Lücke im Gedächtniß in Bezug auf die That nicht vorhanden war.

Solchen Thatsachen gegenüber muß eine gutachtliche Aeußerung von Sachverständigen, die ganz allgemein bei schweren Gehirnerschütterungen eine Vernehmungsfähigkeit verneinen, um so mehr bedauert werden, je größer im Uebrigen das Ansehen eines solchen Sachverständigen ist. Wenn eine Autorität auf psychiatrischem Gebiete wie von Krafft-Ebing im Ziethenschen Falle positiv die Vernehmungsfähigkeit der verletzten Frau in Abrede stellt, so muß es als moralische Pflicht betrachtet werden, diesem Ausspruch entgegenzutreten.

Auch die größte Autorität kann sich irren und für den einzelnen praktischen Fall hat jede sinnliche Wahrnehmung eines unbefangenen, einsichtsvollen Menschen, jede auf Grund dieser Wahrnehmungen und genauer Kenntniß des Falls abgegebene gutachtliche Aeußerung eines praktischen, erfahrenen Arztes mehr Werth als das auf Grund einseitiger Darstellung ohne genaue Kenntniß des Falls abgegebene Gutachten einer medizinischen Koryphäe.

Die Personen, mit welchen die Frau Ziethen im Krankenhause auf demselben Zimmer lag, die Krankenwärterinnen sind vernommen, sie sagen aus, daß Frau Ziethen auf die an sie gerichteten Fragen meistens richtige und zutreffende Antworten gegeben habe. Der Geistliche, welcher ihr die letzte Oehlung ertheilte, der vernehmende Polizeibeamte, der Untersuchungsrichter, der die Verletzte behandelnde Arzt haben an der Vernehmungsfähigkeit derselben nicht gezweifelt. Sie alle haben ihre Wahrnehmungen und ihre Unterredungen eingehend mitgetheilt. Der behandelnde Arzt wohnte der eidlichen Vernehmung der Frau Ziethen durch den Untersuchungsrichter bei und gab sein Gutachten dahin ab, „daß die Verletzte während der Vernehmung bei durchaus klarem Bewußtsein war. Auch die Gerichtsbeamten hatten hieran keinen Zweifel“ heißt die betreffende Stelle des Protokolls.

Dr. Schmitz, dessen Gutachten wir (S. 660 Pr. J.) mitgetheilt haben, war nur am ersten Tage der Schwurgerichtsverhandlungen zugegen, er hat also die maßgebenden Aussagen des behandelnden Arztes Dr. Feldmann, des Geistlichen und der die Frau Ziethen während der letzten Tage ihres Lebens umgebenden Personen nicht gehört. Dr. Berger, welcher als Sachverständiger zunächst über die Art der Verletzungen vernommen wurde, sagt: „Ich halte die Verletzung für so bedeutend, daß das Gehirn unmöglich normal fungiren konnte. Ich bestreite aber nicht, daß lichte Augenblicke vorgekommen sind.“ Dr. Kinne: „Es sind wiederholt Auslassungen von der Kranken vorgetragen, aus denen mit Bestimmtheit der Schluß gezogen werden kann und muß, daß sie in bestimmten Zeiten ihrer Krankheit mit vollem, klarem Bewußtsein dessen, was sie sagte, ihre Aussage gemacht hat. Zu diesen Aussagen rechne ich unter andern die Aussage der Wärterin, wonach sie ihren Namen buchstabirte und über ihre Kinder und das Alter derselben Auskunft gegeben hat, vor allen Dingen rechne ich dahin ihre Aussage dem Sanitätsrath Dr. Feldmann gegenüber. Dieser hat in der That die Kranke nach der Richtung hin befragt, woraus das momentane, geistige Bewußtsein geschlossen werden kann, und muß die Frau Ziethen zu der

Zeit mit Bewußtsein die Aussagen gemacht haben, welche sie in der That gemacht hat. Soweit ich darüber ein Urtheil habe, hat sie auch die Aussagen vor dem Untersuchungsrichter im Zustande des vollen Bewußtseins gemacht."

Und der andere Sachverständige Dr. Pagenstecher äußert sich dahin: „Wir haben uns hier nur genau an die vorliegenden Thatsachen, an weiter gar nichts zu halten; und nach dem, was die Zeugen hier über die genaue Beantwortung der an Frau Ziethen gestellten Fragen deponirt haben, kann darüber gar kein Zweifel existiren, daß Frau Ziethen mit Bewußtsein die Fragen beantwortet hat, welche an sie gestellt wurden. Ich hebe besonders das Zeugniß des Dr. Feldmann hervor und die Ueberzeugung des Herrn Kaplans von ihrem vollständigem Bewußtsein. Ich bin der Ansicht, daß sich Frau Ziethen in einem ähnlichen Zustand befand wie etwa ein Typhusdelirant, der in der Regel auch ruhig daliegt und nur antwortet, wenn er etwas kräftig angeredet wird."

Die Akten Ziethen sind von mir, soweit sie sich auf die einschlägige Frage der Zurechnungs- und Erinnerungsfähigkeit der Frau Ziethen beziehen, noch Aerzten von bedeutendem Ruf und großer kriminalpraktischer Erfahrung vorgelegt; sie haben mir übereinstimmend erklärt, daß sie nach den aufgenommenen Protokollen und Zeugenaussagen die volle Zurechnungsfähigkeit der Frau Ziethen bei den Vernehmungen vor dem Untersuchungsrichter und dem Gespräch mit Dr. Feldmann annehmen müßten.

Daß Frau Ziethen über das Werkzeug, mit welchem sie den tödtlichen Schlag erhielt, verschiedene Angaben macht, ist gänzlich gleichgültig. Nach Annahme der Aerzte hat sie jedenfalls den ersten Schlag von hinten erhalten, der sie gleich betäubt machte; sie konnte also das von ihrem Manne gebrauchte Instrument nicht sehen und gab daher Werkzeuge, mit denen die Aermste sonst die Mißhandlungen ihres Mannes empfangen hatte, als das von ihm gebrauchte an.

Ebenso wenig von Belang ist es, daß Frau Ziethen nach den Vernehmungen und Gesprächen wieder in Apathie oder einen Zustand der Unbesinnlichkeit verfällt. Jeder Arzt kann nach der Versicherung Sachverständiger aus seinem Leben ähnliche Fälle von Bewußtlosigkeit in Folge von Gehirnerschütterung, Schlagfluß oder hohem Fieber anführen, in denen derartige Zustände eintraten. Es gelingt beim Abwarten der richtigen Zeit durch Einreden und richtige Behandlung die Kranke zum Sammeln ihrer Gedanken zu bringen, so daß sie vollkommen klare und gesammelte Antworten ertheilt. Aber der Zustand dauert nicht lange; die Besinnlichkeit verschleiert sich wieder und die Kranke ist nicht mehr im Stande, vernünftige Antworten zu ertheilen.

Die von Paul Lindau angeführten Beispiele beweisen gewiß, daß es Gedächtnißstörungen und Erinnerungsauslöschungen in Folge von Gehirnverletzungen gibt und sie sind interessant zu lesen. Ebenso unzweifelhaft ist es aber, daß die heftigsten Schädelzertrümmerungen diese Folgen oft nicht haben, und die Verletzten mit der vollkommensten Klarheit ihre Angaben über die Verletzung und die begleitenden Umstände machen.

Der Landgerichtsbezirk Trier hat verhältnißmäßig wenig Industrie und steht deßhalb in der Rohheits- und Messerstatistik ziemlich gut. An den üblichen Sonntagsraufereien fehlt es natürlich auch hier nicht, aber das landesübliche Instrument ist, wenn die Sache ernster wird, nicht das Messer sondern der Weinbergspfahl, und der ganz merkwürdigen Widerstandsfähigkeit der Moselschädel verdanken wir es, daß diese Sonntagsbelustigungen verhältnißmäßig harmlos endigen. Bei dem Zusammenprall zwischen Weinbergspfahl und Moselschädel zertrümmert meistens nur der Pfahl und der Schädel brummt ein paar Tage nach. Trotzdem war es mir möglich, aus dem mir hier zu Gebote stehenden Material sofort einige Fälle herauszufinden, in welchen die Schädelverletzung wohl den Tod, aber nicht die Gedächtniß- und Besinnlichkeitsschwäche des Verletzten zur Folge hatte.

Am 3. Februar 1886 wurde der Füsilier Berg vom 69. Infanterie-Regiment vom Kriegsgericht der 16. Division zu Trier wegen Körperverletzung des Bäckers Heinrich Schmitz zu Oberzissen, welche den Tod des Verletzten zur Folge hatte, zu einer Gefängnißstrafe von 3 Jahren und 6 Monaten verurtheilt.

Der in seine Heimath beurlaubte Berg war am 1. Weihnachtsnachmittage 1885 mit verschiedenen Bauernburschen herumgezogen und hatte in angetrunkenem Zustande mit Schmitz Streit bekommen. Er zog sein Seitengewehr und versetzte mit demselben dem Schmitz einen derartigen Schlag auf den Kopf, daß die Parirstange des Gewehrs demselben tief in den Schädel drang, und zwei kräftige Bauernburschen das Gewehr nur mit der größten Mühe herausziehen konnten.

Der fast dreißigjährige Schmitz starb in Folge der Verletzung, und bei der Obduktion stellte sich heraus, daß sich über dem linken Stirnhöcker, 5 cm über dem Rand der Augenhöhle eine rundliche im Durchmesser 3 cm große Vertiefung befand, in welche man bequem den Daumen einlegen konnte. Aus der Tiefe dieses Eindruckes verlief nach dem hintern Rande eine 2 cm lange Zusammenhangstrennung und zwischen den Rändern dieser Trennung befand sich eine etwa 2 cm tiefe Höhle. Die harte Hirnhaut war in der Größe eines Thalerstückes durchlöchert bezw. in Fetzen verwandelt; die weiche Hirnhaut ebenfalls dem entsprechend zerstört, die Gehirnsubstanz im Umfange eines kleinen Hühnereies zertrümmert, erweicht und mit eitriger Flüssigkeit durchtränkt.

Trotz dieser Gehirnzertrümmerung, welche gerade die Partie traf, welche als Sitz der intellektuellen Fähigkeiten und des Sprachvermögens gelten, ist der Verletzte nach dem Schlag zusammengebrochen, hat sich aber gleich wieder erhoben und ist nach Hause gelaufen. Er ging am 4. Tage nach der Verletzung aus eigenem Antriebe zu dem etwa 10 Kilometer von seiner Heimath wohnenden Arzt. Derselbe legte ihm ein Pflaster auf, welches auf Schmitz's Bitten nach einiger Zeit wieder entfernt wurde, weil er den Druck nicht ertragen konnte. Er hat sich außer dem Gang zum Doktor ruhig zu Hause gehalten und, als sich die Schmerzen verschlimmerten, zu Bett gelegt. Am 1. Januar wurde Schmitz durch den Bürgermeister vernommen; er schilderte die That und die sie begleitenden Umstände ganz genau so, wie sie nachher von den Augenzeugen bestätigt wurde, äußerte sich über den dem Schlage vorhergehenden Zank mit Berg, und theilte dem Bürgermeister noch mit, daß Berg betrunken gewesen sei, und derselbe im nüchternen Zustande ihn zweifellos nicht mit der Waffe verletzt haben würde. Dem behandelnden Arzt hat Schmitz während seiner Krankheit richtige Angaben über sein Befinden gemacht; er wurde von demselben außer dem eignen Aufsuchen noch am 1. und 3. Januar in seiner Wohnung besucht, und wurde von dem Arzt ein in Anbetracht der schweren Verletzung fast wunderbar guter Zustand festgestellt. Am 6. Jan. trat die Verschlimmerung ein und am 8. starb Schmitz.

Ein anderer Fall spielte sich in Wittlich ab. Dort wurde der Fuhrmann Johann Teusch, 44 Jahre alt, am Abend des 31. Mai 1888 von seinem mit ihm dasselbe Haus bewohnenden Schwager Teusch-Arend mit einem wuchtigen Instrument vor die Stirn geschlagen; er legte sich zu Bett, ohne die Wunde zu verbinden, wurde am folgenden Morgen blutüberströmt im Bett gefunden, in's Krankenhaus gebracht und dort bis zu seinem am 6. August erfolgten Tode verpflegt.

Das Stirnbein war zertrümmert und dadurch eine Erkrankung des Stirnlappens und des Gehirns in großer Ausdehnung herbeigeführt. Der Stirnknochen war in einer Ausdehnung von 2,5 cm und 1,1 cm zertrümmert, die harte Hirnhaut linsengroß durchlöchert; ein abgesprengtes Knochenstück lag nach innen.

Das Gehirn war gleichfalls mitverletzt; denn im Stirnlappen fand sich eine mandelgroße Erweichungsmasse mit deutlichem Eiter vor, die in direkter Verbindung mit dem beschriebenen Loche der harten Hirnhaut stand. Im Uebrigen fanden sich 35 ccm gelbliche Eiterflüssigkeit in der Seitenkammer des Gehirns und ein eitriger Belag der Gehirnbasis vor.

Trotz dieser schweren Gehirnverletzung war das Bewußtsein und Erinnerungsvermögen des Teusch durchaus nicht gestört; er ist wiederholt über die die Körperverletzung begleitenden Thatumstände vernommen, und stellte bei seinen Vernehmungen sowohl wie auch in seinen angesichts des Todes an den behandelnden Arzt gerichteten Aeußerungen die That stets gleichmäßig dar. Nach seiner Erzählung ist er Abends nüchtern aus einer Wirthschaft nach Hause gegangen. Als er die Treppe im Hause heraufstieg, trat sein Schwager Teusch-Arend, an dessen Schlafstubenthür er vorbeigehen mußte, um in sein Schlafzimmer zu gelangen, aus seiner Schlafkammer heraus und schlug Teusch mit einem Karst vor die Stirn. Diesem letzten Streit waren manche Streitigkeiten zwischen den beiden Schwägern vorausgegangen, und zuletzt hatte am Mittag des verhängnißvollen Tags ein heftiger Zank zwischen ihnen stattgefunden.

Die einzigen Zeugen des Vorfalls waren der beschuldigte Teusch-Arend, sowie dessen Frau und Kinder, welche zusammen in der erwähnten Teusch-Arendschen Schlafkammer schliefen. Nach deren übereinstimmenden Aussagen soll Teusch schwer betrunken nach Hause gekommen und tobend und lärmend die Treppe heraufgegangen sein; er habe dann gegen die Teusch-Arendsche Schlafzimmerthür gestoßen, bis diese aufgeflogen sei, Teusch sei dann mit geöffnetem Messer in das Zimmer gekommen, habe die im Bette liegenden Angehörigen seines Schwagers mit dem Messer bedroht, der 18 Jahre alte Sohn des Teusch-Arend sei aus dem Bett gesprungen, habe dem Teusch das Messer entrissen, während der alte

Teusch dem Angreifer einen Schlag mit einem Stocke auf dem Kopf gegeben habe.

Durch die Untersuchung wurde festgestellt, daß der Verletzte nüchtern nach Hause gekommen war, daß die Verletzung nicht mit dem Stocke, wohl aber mit dem Karst beigebracht sein konnte, und daß in der Teusch-Arendschen Schlafkammer keine Blutspuren, wohl aber auf dem Flur und in der Teusch-schen Schlafstube in reichem Maße vorhanden waren. Diese Umstände unterstützten die Darstellung des Verletzten. Und trotz der Stirnbeinzertrümmerung und Gehirnverletzung wurde von der Staatsanwaltschaft, dem über die Eröffnung des Hauptverfahrens beschließenden Gericht, den Geschworenen und der Richterbank die Darstellung des Schwerverletzten als richtig angenommen, der von der Familie Teusch-Arend einstimmig behauptete Zustand der Nothwehr als nicht vorhanden anerkannt und Teusch wegen Körperverletzung, welche den Tod zur Folge hatte, verurtheilt, demselben aber wegen des schlechten Rufs des Getödteten und der vielfach vorhergegangenen Streitigkeiten mildernde Umstände von den Geschworenen zugebilligt.

Noch größere Aehnlichkeit mit dem Fall der Ehefrau Ziethen zeigt nachstehender Fall:

Der Ackerer Peter Steffen aus Föhren, ein schwächlicher, kleiner Mann, 24 Jahre alt, befand sich in leicht angetrunkenem Zustande am 12. April 1891 in einer Wirthschaft zu Hochkreuz bei Föhren, gerieth dort in Streit, wurde mit einem Pfahl auf den Kopf geschlagen und starb an den erlittenen Gehirnverletzungen in der Nacht vom 21. auf den 22. April.

Der anderthalb Stunden nach der Verletzung herbeigerufene Arzt fand die linke Kopf- und Stirnseite stark geschwollen, Blut lief aus der Nase und dem linken Ohre heraus; auch erfolgte bei dem Verletzten hin und wieder Erbrechen.

Die Verletzung des Steffen stellte sich bei der Obduktion als eine ganz kolossale heraus. Das linke Stirnbein war in winkliger Form zerschlagen. Der untere Schenkel dieses Winkels begann 2 cm vom vorderen Rande des linken Schläfenbeins und stieg nach oben zur Höhe des linken Stirnhöckers, $3^1/_2$ cm von diesem entfernt. Von hier aus ging der zweite Schenkel nach hinten und oben bis zur Mitte des hinteren Randes des linken Scheitelbeins in einer Länge von 8 cm und setzte sich dann noch in einem stumpfen Winkel nach hinten und unten 5 cm weit fort.

Die linke Hälfte des Stirnbeins, des ganzen Scheitelbeins, die ganze knöcherne Basis waren schwer verletzt und das Keilbein war bis in die linke Augenhöhle hinein gespalten. In Folge der Verletzung zeigte sich Blut unter der Haut über den ganzen Schädel, über die ganze Stirn und über die ganze linke Gesichtshälfte und innerlich über das ganze Hirn von oben nach unten. Von innen sickerte Blut durch den gespaltenen Knochen zum Ohre und zur Nase heraus. Außerdem fand sich im Gehirn selbst an zwei Stellen je eine 1 cm im Durchmesser haltende Blutung vor, ein Beweis, daß das Gehirn selbst durch den wuchtigen Schlag gelitten hatte. Wenn die knöcherne Schädelbasis wie hier durch Contrecoup nach Gewalteinwirkung auf die äußere Schädeldecke zerreißt, muß die äußere Gewalteinwirkung eine ganz gewaltige gewesen sein. Diesem gewaltigen Eingriff entsprechend muß auch die Gehirnerschütterung eine ganz außerordentliche gewesen sein. Dieser Auffassung entspricht der Krankenbericht und die Obduktion.

Als Steffen von dem Schlag zusammengeschmettert auf dem Boden liegend angetroffen wurde, war er völlig besinnungslos; er wurde auf einen Wagen gepackt und nach seiner eine halbe Stunde entfernten Wohnung gefahren. Er wurde zu Bett gebracht, kam sofort in ärztliche Behandlung und befand sich nach dem gutachtlichen Bericht des behandelnden Arztes meistens in einem bewußtlosen, unbesinnlichen Zustand. Hin und wieder traten völlig klare Momente bei ihm ein. In denselben erkannte er seine Umgebung, beantwortete die an ihn gestellten Fragen klar und präcise und erzählte dann in klarer und stets übereinstimmender Weise die dem Streit vorhergehenden Umstände und die That selbst. Nach diesen klaren Augenblicken verfiel er wieder in ein Stadium der Unbesinnlichkeit. Die lichten Augenblicke nahmen bei der Verschlimmerung seines Zustandes stets ab. In den beiden letzten Tagen lag er meistens besinnungs- und bewußtlos, beständig phantasirend und für sich unartikulirte Laute ausstoßend da, ohne sich um seine Umgebung zu kümmern, bis er unter fortwährenden Delirien und vollständiger Apathie starb.

Seine Darstellung des Streits war folgende. Er habe ruhig im Wirthshause zu Hochkreuz gesessen, als sein Dorfgenosse Weyer ihn mit den rohen Worten zum Nachhausegehen aufgefordert habe: „Willst Du Schwein denn noch nicht mit nach Hause gehen?" und habe ihn mit diesen Worten förmlich aus dem Wirthszimmer herausgeschleift. Im Hausflur habe Weyer ihn am Halse gegriffen und unter gegenseitigem Ringen ihn weiter vor die Hausthür gezogen. Dort sei es ihm gelungen, sich loszumachen; erbost über die Behandlung sei er in die Höhe gesprungen, habe einen auf dem Hofe liegenden Stein ergriffen und sei mit diesem auf seinen Gegner losgegegangen. Dann habe er von Weyer einen gewaltigen Streich erhalten, so daß er besinnungslos zu Boden gefallen sei. Bei dem Streit auf dem Hofe seien Weyer und Haubrich zugegen gewesen, er könne wegen der Dunkelheit nicht genau angeben, wer von beiden ihm den Schlag versetzt habe, er glaube indeß, daß es Weyer gewesen sei.

Der Verletzte hat auch die dem Streit vorhergehenden Umstände im Wirthshause ganz genau angegeben. Seine Erzählung, welche er gleichmäßig in lichten Momenten seinem Vater gegenüber wiederholt hat, wurde von den Zeugen des Vorfalls in allen Einzelheiten bestätigt. Nur hat er sich in dem Dunkel der Nacht insofern geirrt, als er Weyer für den Thäter hielt, während thatsächlich der mitanwesende Haubrich sich anscheinend ohne jede Veranlassung in den Streit gemischt und ihm den Schlag beigebracht hat. Haubrich selbst hat insoweit der Wahrheit die Ehre gegeben und bekannt, daß er den tödtlichen Schlag versetzt habe; er stellte den Vorfall so dar, als wenn Steffen mit dem Stein sich zunächst auf Weyer und dann auf ihn selbst gestürzt und er nur, um sich zu vertheidigen, zu dem Pfahl gegriffen habe.

Der Schwurgerichtshof hat indeß der Darstellung des Verletzten Glauben geschenkt, die Nothwehr als nicht vorhanden angesehen und wurde Haubrich wegen Körperverletzung mit tödtlichem Erfolge zu einer zweijährigen Gefängnißstrafe verurtheilt. Zeugen der Mißhandlung selbst waren nicht vorhanden, weil die Wirthin sofort, nachdem die drei die Wirthschaft verlassen, die Hausthür verschlossen und dieselbe noch nicht einmal wieder geöffnet hat, als der Zusammengebrochene um Hülfe winselte, während die beiden Gegner das Reißaus nahmen.

Bei der schwächlichen Constitution des Verletzten war dieses einer der selteneren Fälle, in denen der Schädel des Moselbauern dem Widerstande gegen den Weinbergspfahl nicht gewachsen war. Ich habe aber schon hervorgehoben, daß der Landgerichtsbezirk Trier kein in der Rohheitsstatistik besonders dunkel verzeichneter ist. Trotzdem ist es mir gelungen, aus den letzten Jahren drei dem Fall der Frau Ziethen ähnliche Fälle aus dem mir zu Gebote stehenden Aktenmaterial herauszusuchen, in denen bei schweren Gehirn- und Schädelverletzungen die Verletzten mit den klarsten Worten alle Nebenumstände der tödtlichen Verletzung wiedergaben und von einer Unbesinnlichkeit und Trübung des Gedächtnisses für die lichten Momente des auf die Mißhandlung folgenden krankhaften Zustands keine Rede sein kann. Wie viel ähnliches, praktisches Material muß in den Akten der übrigen deutschen Gerichtshöfe vorhanden sein und namentlich bei solchen Gerichten, in deren Bezirk bei einer fluktuirenden Fabrikarbeiterbevölkerung das Messer das gewöhnliche Werkzeug der rauflustigen Jugend bildet.

Dieser letzte Fall hat eine ganz überraschende Aehnlichkeit mit demjenigen der Frau Ziethen. Die Gehirnverletzung war mindestens eine gleiche, auch der Krankheitsverlauf ein durchaus ähnlicher, dasselbe bewußtlose Daliegen, unartikulirte Laute und dazwischen wieder zweifellose, von Arzt und Laien beobachtete, lichte Momente, in denen der Verletzte die That mit allen Umständen klar und präcise erzählt.

Aus den mitgetheilten Fällen ergibt sich aber eins zur Evidenz, daß ein allgemein gehaltenes, ärztliches Gutachten ohne ganz genaue Kenntniß des einzelnen Falls und welches dahin geht: „die Aussage der Frau Ziethen als einer Sterbenden, Delirirenden hat für mich gar keinen Werth" und würde es von der höchsten medicinischen Autorität abgegeben, für die Beurtheilung des Falls von keinem Werthe ist.

Nachdem wir so die Hauptausführungen Paul Lindaus beleuchtet haben, erübrigt es noch auf einige Einzelheiten einzugehen und deren thatsächliche Unrichtigkeit festzustellen.

S. 112 wirft Paul Lindau mir einen Widerspruch vor, indem ich an einer Stelle hervorgehoben, „Wilhelm sei bei seiner Aufnahme ins Arresthaus nur oberflächlich auf Blutspuren untersucht," und an einer andern Stelle, „seine Hose sei von den ihn in's Arresthaus abführenden Beamten befühlt und weder frische noch alte Blutspuren daran entdeckt, später sei sein Anzug von zwei anderen Polizeibeamten gemustert, ohne daß Blutspuren wahrgenommen seien. Ich finde hierin keinen Widerspruch; denn ich kann die an zweiter Stelle erwähnte Musterung auch nur als eine oberflächliche bezeichnen.

Wenn aber Herr Paul Lindau weiter geht und mir eine thatsächliche Unwahrheit vorwirft, indem er auf Grund des stenographischen Berichts mit gesperrter Schrift hervorhebt:

Es ist also zeugeneidlich durch die maßgebenden Polizeibeamten festgestellt worden Wilhelm ist nicht untersucht worden, so muß ich diesen Versuch, mir eine Unwahrheit vorzuwerfen, auf das entschiedenste zurückweisen.

Die in der Schwurgerichtsverhandlung über die Untersuchung von Wilhelms Kleidern auf Veranlassung von Wilhelms Vertheidiger vernommenen drei Polizeibeamten hatten natürlich diese Untersuchung nicht vorgenommen, weil sie bei der Einbringung der beiden Beschuldigten gar nicht im Arresthause waren. Gottschalk war im Ziethenschen Hause zurückgeblieben, um weitere Nachforschungen vorzunehmen, und die Polizei-Commissäre Kirchhoff und Brouvers kamen erst in's Arresthaus, als Ziethen und Wilhelm bereits in ihren Zellen untergebracht waren. Ziethen wurde durch den Nachtwächter Schlipköter in's Arresthaus gebracht, Wilhelm durch den Nachtwächter Feiler. Die Aufsicht im Arresthause hatte der Polizei-Sergeant Holle und derselbe bekundet eidlich: „ich habe den Wilhelm genauer besehen, aber Blutflecken an seiner Hose nicht wahrgenommen. Frische Blutflecken sind aber auch unmöglich an derselben gewesen; ich entsinne mich genau, daß ich mit der Hand mehrere male über die Hose gestrichen habe, ohne jedoch auf eine feuchte Stelle zu stoßen."

Ich halte diese Untersuchung allerdings für eine oberflächliche; denn sie fand bei Lampenlicht in der Nacht statt und hätte am folgenden Morgen wiederholt werden müssen, aber die Lindauschen Ausführungen, welche sich hieran knüpfen, zerfallen doch in Nichts.

Wenn Paul Lindau nach seiner Würdigung der verschiedenen Geständnisse behauptet, Wilhelm sei schließlich bei der Erklärung geblieben, er habe Frau Ziethen zwei Schläge mit dem Hammer versetzt, so ist auch diese gleichfalls gesperrt gedruckte Behauptung unrichtig. Schon in den Pr. J. S. 679 habe ich hervorgehoben, daß Wilhelm zuletzt bei den auf Grund des Strackeschen Briefs wieder aufgenommenen Verhandlungen vernommen wurde und damals seine vor dem Untersuchungsrichter und dem Schwurgericht gemachten Angaben für wahr erklärt hat.

Diese Erklärung des Wilhelm erfolgte am 18. Januar 1888 und ist die letzte, welche er überhaupt abgegeben hat. Will man also auf seine Aeußerungen überhaupt etwas geben, so wäre diese letzte die maßgebende. Sie stimmt ja auch mit den Aeußerungen der Ehefrau Ziethen überein, welche dem Polizei-Commissär Kirchhoff erklärte, Wilhelm habe sich hinten im Zimmer befunden und dort aufgeräumt, während ihr Mann sie mißhandelt habe. Und auf die Frage der Pflegerinnen, wo sich Wilhelm befunden habe, hat die unglückliche Frau mit der Hand nach der Seite gezeigt, und so auch hier seine Gegenwart bestätigt. Damit würde denn auch die Aussage Schwartmann übereinstimmen, welcher den Wilhelm um 11 Uhr 25 Minuten, also nach der That vor dem Ziethenschen Hause gesehen haben will, wie er die Straße herauf- und herunterlugte.

Die volle und ganze Wahrheit wird Wilhelm auch hier nicht gesagt haben. In irgend einer unaufgeklärten Weise mag er an dem Morde betheiligt sein, wenn er auch nur während der That oder während der Beseitigung der Spuren des Verbrechens Wache gestanden hat. Und psychologisch lassen sich seine falschen Geständnisse am einfachsten erklären, wenn neben der Geldgier, neben den Verfolgungen und den Einflüsterungen durch die Helfershelfer der Familie Ziethen auch noch der Druck des eigenen Gewissens auf ihn eingewirkt hat. Aber das Schwurgericht hat recht gehandelt, als es sein non liquet über den unreifen Burschen aussprach und seine späteren verlogenen und widerspruchsvollen Enthüllungen und Geständnisse können nicht dazu führen das Schuldig über Ziethen zurückzunehmen und über Wilhelm zu verhängen.

Pierantoni-Mancini, Grazia, Am Tiber. Novelle. Autorisirte Uebersetzung von Th. Höpfner. 1,60 M., geb. 2,20 M.

Platon's Werke v. F. Schleiermacher. 3. Aufl. I.—III. Thl. 1. Band. 9.— M.

Reimer, H., klimatische Winterkurorte. Dritte neubearbeitete und stark vermehrte Auflage. Mit einer Uebersichtskarte und 3 Plänen. geb. 9.— M.

— Klimatische Sommerkurorte. Leitfaden für Aerzte und Laien. 2. Aufl. geb. 5.— M.

Retzius, G., Finnland. Schilderungen aus seiner Natur, seiner alten Kultur und seinem heutigen Volksleben. Autorisirte Uebers. von Dr. C. Appel. Mit 93 Holzschn. u. einer Karte von Finnland. Octav. geb. 6 M.

Ritter, C., Einleitung zur allgemeinen vergleichenden Geographie und Abhandlungen zur Begründung einer mehr wissenschaftlichen Behandlung der Erdkunde. geb. 4 M.

— Allgemeine Erdkunde. Vorlesungen, an der Universität zu Berlin gehalten. Herausgegeben von H. A. Daniel. geb. 4,50 M.

— Europa. Vorlesungen, an der Universität zu Berlin gehalten. Herausgegeben von H. A. Daniel. geb. 6,50 M.

— Geschichte der Erdkunde und der Entdeckungen. Vorlesungen, an der Universität zu Berlin gehalten. Herausgegeben von H. A. Daniel. Mit C. Ritters Bildnis. 2. Aufl. geb. 5,50 M.

— Die Erdkunde im Verhältniss zur Natur und zur Geschichte des Menschen, oder allgemeine vergleichende Geographie. 2te stark vermehrte und umgearbeitete Ausgabe. (1r Theil: Afrika 1822 fehlt.)
2—19r Theil, mit 2 Registerbänden und 1 Registerkarte. Asien vollständig, bis auf das kaukasische Ländergebiet. 136.— M.

Schaubühne, Dänische. Die vorzüglichsten Komödien des Freiherrn Ludwig von Holberg. In den ältesten deutschen Uebersetzungen mit Einleitungen u. Anmerkungen neu herausgegeben von Dr. J. Hoffory und Dr. P. Schlenther. 2 Bde. 10.—, geb. 12.— M.

Schleiermacher, Friedrich, Monologen. Eine Neujahrsgabe. — Neue Ausgabe. geb. 2 M.

— Ueber die Religion. Reden an die Gebildeten unter ihren Verächtern. 7. Aufl. geb. 2,75 M.

— Predigten über den christlichen Hausstand. 4. Aufl. geb. 1,60 M.

— Leben, aus —. In Briefen. 5 Bde. geb. 16 M.

Schmidt, Alex., Gesammelte Abhandlungen. Mit einer Lebensskizze herausgegeben von Freunden des Verstorbenen. Mit Alex. Schmidt's Bildniss. geb. 8 M.

— Shakespeare-Lexicon. A complete dictionary of all the English words, phrases and constructions in the works of the poet. 2 vol. 24.— M., geb. 29.— M.

FSC
www.fsc.org
MIX
Papier | Fördert gute Waldnutzung
FSC® C083411

Kolibri 360 GmbH
Ferdinand-Jühlke-Straße 7
99095 Erfurt, Deutschland
produktsicherheit@kolibri360.de